KB246357

사업의 모든 것은 엄마한테 배웠다

지은이_ **팀 녹스**Tim Knox

과학 기술 회사 임원이었던 팀 녹스는 몸담고 있던 회사를 떠나 자신만의 기업 왕국을 세웠다. 여기에는 기업 교육 회사 한 곳과 매우 성공적인 인터넷 마케팅 회사 한 곳이 포함되어 있다. 그의 칼럼 "팀 녹스와 함께하는 소사업 상담(Small business Q&A with Tim Knox)"은 수천 개의 웹사이트에 기재되며, 65,000명 이상의 회원들이 있는 뉴스레터 "팀 녹스 리포트(The Tim Knox Report)"를 통해 매주 받아볼 수 있다. 그가 진행하는 라디오 프로그램 "팀 녹스 쇼(The Tim Knox Show)"는 유머와 사업을 위한 상식적인 조언으로 가득하다. 팀 녹스의 홈페이지 www.timknox.com에서 더 많은 정보를 얻을 수 있다.

옮긴이_ **구세희**

한양대학교 관광학과와 호주의 호텔경영대학교(ICHM)를 졸업하고 국내외 호텔과 외국계 기업에서 근무하며 운영 관리 및 인사 업무를 담당했다. 번역에 매력을 느껴 과감히 하던 일을 그만둔 후 현재는 여러 가지 분야의 글을 공부하며 영어를 우리글로 옮기는 데 매진하고 있다. 옮긴 책으로는 『이노베이션 매뉴얼』, 『위대함의 법칙』, 『인생, 전쟁처럼』 등이 있다.

사업의 모든 것은 엄마한테 배웠다

지은이 팀 녹스 | **옮긴이** 구세희 | **처음 찍은날** 2010년 10월 22일 | **처음 펴낸날** 2010년 10월 29일 | **펴낸곳** 이론과실천 | **펴낸이** 김인미 | **등록** 제10–1291호 | **주소** 121–829 서울시 마포구 상수동 323–2 2층 | **전화** 02–714–9800 | **팩시밀리** 02–702–6655

Everything I Know About Business I Learned from My Mama: A Down-Home Approach to Business and Personal Success by Tim Knox
Copyright © 2007 by Tim Knox
All rights reserved.
English edition is published by John Wiley & Sons, Ltd.

Korean Translation Copyright © 2010 E-shil MBA Publishing Co.
Korean edition is published by arrangement with John Wiley & Sons, Inc. through Corea Literary Agency, Seoul

이 책의 한국어판 저작권은 Corea 에이전시를 통한 John Wiley & Sons, Inc와의 독점계약으로 도서출판 이론과실천에 있습니다. 신저작권법에 의해 한국 내에서 보호를 받는 저작물이므로 무단 전재와 복제를 금합니다.

978-89-313-4004-4 13320

*값 13,000원
*잘못된 책은 바꾸어 드립니다.

가까운 사람들에게 배우는 창업 성공의 모든 것

사업의
모든 것은
엄마한테
배웠다

_팀 녹스 지음 _구세희 옮김

"사업이란 마치 익스트림 스포츠의 스키 경기 같다. 승자란 가장 덜 망가지고 죽지 않는 사람이다." — 보 피버디Bo Peabody

●●●

"사람들이 당신의 아이디어를 훔쳐갈까 봐 걱정하지 마라. 아이디어가 조금이라도 좋다면 그것을 활용하기 위해 사람들을 사정없이 밀어붙여야 할 테니까." — 하워드 에이켄Howard Aiken

●●●

"나의 아들은 이제 '기업가'다. 그것은 실업자의 다른 이름이다." — 테드 터너Ted Turner

●●●

"모든 것은 가능하다. 그것이 제대로 돌아가게 만드는 방법만 찾으면." — 월리 에이모스Wally Amos

우리의 일터는 극적으로 변화하고 있다. 전문가들의 말을 빌리면 미국은 지금 남에게 고용되어 일하는 사람이 전체 근로자 중 50%밖에 되지 않는 환경으로 빠르게 변하고 있다. 나머지는 모두 컨설턴트, 임시직, 일용직, 도급 계약자, 기업가, 그리고 새로운 기회가 생기면서 창출되는 다양한 직업으로 나뉠 것이다. 직장 생활을 풍자한 유명한 만화 『딜버트 *Dilbert*』의 작가 스콧 애덤스Scott Adams는 이렇게 변덕스러운 직업 환경에서는 "겁에 질린 줄다람쥐"라는 명칭이 많은 이들에게 적절하리라고 했다. 물론 명함에 새기기에 그다지 좋은 직함은 아니지만.

내가 팀 녹스를 처음 만난 것은 글솜씨를 갈고 닦을 목적으로 찾은 작가 세미나였다. 그의 독특한 사고방식과 순발력 있는 재치와 유머는 곧 나를 사로잡았고 금세 더 많은 이야기를 해달라고 조르게 만들었다. 처음 나의 관심을 끈 것은 사업에 대한 그의 유쾌한 견해였지만 나는 곧 그가 사업의 본질에 대해서도 깊이 이해하고 있다는 사실을 깨닫게 되었다. 그는 많은 것을 누리지 못하고 자랐지만 누구도 원망하지 않고, 자신의 현재 위치에 대한 책임을 기꺼이 받아들인다는 것도 알게 되었다. 맨주먹으로 시작해 기업의 출세 가도에 도전했다가, 자신의 사업을 운영하며 여러 차례 코피가 터지면서 다양한 교훈을 얻은 그야말로 현재 변화하는 일터에서 고생하고 있는 많은 사람들에게 희망을 전하고 용기를 북돋아줄 수 있는 사람이라고 생각한다. 그는 사업에 관해 공유할 귀중한 지식뿐만 아니라 세상을 바꾸고 자신의 노하우를 무료로 나누고자 하는 마음가짐을 지녔다.

용기를 심어주는 훌륭한 책을 발견하면 나는 즉시 한 권씩 선물할 사람들의 목록을 만들곤 한다. 이 책 『사업의 모든 것은 엄마한테 배웠다 Everything I Know About Business I Learned from My Mama』는 그러한 책 중 하나다. 진로 상담가로서 나는 전통적인 고용 환경의 예기치 못한 변화에 겁먹은 사람들을 매일 만난다. 이 책은 그런 사람들에게 희망을 보여준다. 세상의 변화에 눈을 감고 세상이 진짜로 변하는 것은 아니라고 자신을 속이는 헛된 희망이 아니다. 이 책은 그러한 변화에 희생양이 되지 않고 오히려 그것을 이용할 수 있는 진짜 희망을 준다.

그는 어떻게 목표한 바에 따라 인생을 사는지, 어떻게 성공하기로 마음을 먹는지, 그런 다음 인생의 여러 면에서 어떻게 진정한 성공을 즐길 수 있는지 사람을 잡아끄는 필체로 책을 써내려간다. 그는 '생각을 너무 많이 해서' 결국 해고당했지만 여전히 그것이 자신의 최대 장점이며 어떻게 그것이 당신의 강점도 될 수 있는지 알려준다. 앨라배마에서 자라면서 일어난 재미있는 이야기들을 통해 그는 성공이 집으로 찾아와 문을 두드리지 않으니 자신이 직접 찾아나서야 한다는 것을 알려준다. 또한 그는 우리 모두 사용할 수 있는 진정한 해결책과 새로운 근무 방식을 제안한다. 그리고 전통적 의미의 실물 기업, 즉 오프라인 기업뿐만 아니라 전기, 전자와 온라인 사업에서도 계속 이어지는 다양한 기회를 소개한다. 당신의 독특한 재능과 성격에 맞는 기회가 아직 많다고 용기를 북돋워주기도 한다.

나는 이 책을 다음과 같은 사람들의 손에 쥐어주고 싶다.

- 기업 축소에 겁먹고 있는 수많은 사람들
- 자동차 산업에서 일자리를 잃은 수만 명의 충실한 근로자들
- 가치 있는 일터를 제공하지 못하는 전통적 학교를 떠나고 있는 수많은 교육자들
- 기술의 발달과 IT 산업 이민자들로 인해 일자리를 잃은 근로자들

- 고등학교를 졸업하고 사회에 발을 디딘 사람들. 교실에서는 다루지 않는 성공 기회에 대해 놀라운 식견을 얻을 것이다.
- 대학을 졸업하고 사회에 발을 디딘 사람들. 지식이란 단순히 잠재력에 지나지 않는다는 중요한 교훈을 얻게 될 것이다. 지식이란 의미 있게 사용해야만 유용한 법이다.
- 생의 다음 단계에서 더 이상 사회에 이바지할 수 없을까 봐 걱정하고 있는 베이비 붐 세대들
- 지루한 일을 즐겁고 보람 있는 경험으로 바꾸고 싶어 하는 모든 사람들

우리는 성공이란 필요악이라고, 심지어는 신의 저주라고 생각하는 경향이 있다. 이 책 『사업의 모든 것은 엄마한테 배웠다』는 삶에서 가장 큰 부분을 차지하고 있는 자신의 일에 웃음과 재미를 되찾아줄 것이다.

지금이야말로 남들과 우리 자신을 위해 새로운 것을 시도할 때다. 이 책을 읽어라. 우리 모두 팀의 엄마한테서 많은 것을 배울 수 있을 것이다.

—댄 밀러Dan Miller(작가, 라디오 진행자, 인생 상담사)

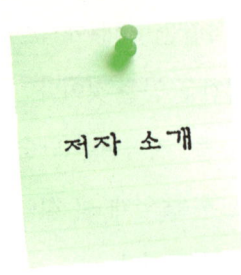

미국 전역에 잘 알려진 기업가, 작가, 트레이너, 강사, 라디오 진행자, 사업 칼럼니스트, 웹사이트 Entrepreneur.com의 고정 저자로서 팀 녹스의 사업과 인생에 대한 독특한 관점은 그의 칼럼을 읽거나 강연을 듣는 수많은 사람들에게 큰 즐거움을 안겨 주고 있다.

사업, 성공, 동기 부여, 인생, 가족, 자녀, 심지어 개에 대한 이야기까지 (팀은 개를 여섯 마리 키우고 있다.) 팀 녹스의 독특한 메시지는 오늘날 세상에서 보기 드문 유머와 상식으로 가득 차 있다.

팀 녹스는 폭스 뉴스, 뉴욕 포스트, ABC 뉴스 등 수많은 대중매체에서 기업가 정신과 소(小)사업, 인터넷 사업에 관해 다양한 인터뷰를 하기도 하였다.

그의 메시지는 엄청난 속도로 전 세계에 퍼지고 있다. 그의 온라인 칼럼 '팀 녹스와 함께하는 소사업 상담(Small business Q&A with Tim Knox)' 은 25,000개가 넘는 웹사이트에서 찾을 수 있으며 그 숫자는 매일 늘어나고 있다.

팀 녹스는 매주 월요일부터 금요일 오후 5시~7시까지 앨라배마 헌츠빌, 주파수 WVNN 770AM과 92.5FM에서 방송되는 '팀 녹스 쇼(The Tim Knox show)' 라는 라디오 쇼의 진행자이기도 하다. 그의 프로그램은 "재미가 곁들여진 상식적 사업 상담" 이라고 알려져 있으며 유머와 기업가적 통찰력, 소사업에 관한 조언으로 꾸며져 있다. 이 프로그램은 그의 웹사이트 timknox.com에서도 생방송으로 즐길 수 있다.

팀 녹스는 댄 밀러의 라디오 쇼 '사랑하는 일까지 48일(48 Days to the work you love)' 의 공동 진행을 맡기도 했다. 그는 사람들에게 끔찍이 싫어하는 미래가 없는 일에서 벗어나 자신이 사랑하는 일을 시작할 수 있게 조언을 해주었다.

연쇄 기업가인 팀 녹스는 성공적인 기술 관련 기업 네 곳을 창립하고 대표이사를 지내고 있으며 그의 고향 앨라배마 헌츠빌에서 수많은 기업의 투자자, 스승, 조언자로도 활동하고 있다.

이 정도로는 충분하지 못한지 그는 인터넷 상의 최고 마케터로서 지난 수년간 온라인에서 엄청난 금액의 제품 판매 매출을 올리기도 했다.

그의 뉴스레터 〈팀 녹스 리포트 *The Tim Knox Newsletter*〉는 매주 65,000명이 정기적으로 받아보고 있다.

기업가가 되기 전에는 보잉 에어로스페이스(Boeing Aerospace) 사와 텔레다인 테크놀로지(Teledyne Technologies)에서 15년 이상 임원으로 근무했다. 개인 사업 컨설턴트로서 그는 어드밴스 인터넷(Advance Internet), 메르세데스 벤츠(Mercedes-Benz), 타임워너(Time Warner) 등 수많은 기업을 위해 인터넷 사업 노하우를 전수하기도 했다. 그 전에는 코미디언, 라디오 쇼 진행자, 급진적 신문 편집자, 유머 칼럼니스트, 카툰 작가로도 활동했다.

팀 녹스는 부인, 자녀 둘, 개 여섯 마리와 함께 앨라배마의 헌츠빌에서 살고 있다. 그에 관한 더 자세한 정보는 웹사이트 www.timknox.com에서 접할 수 있다.

감사의 말

독실한 기독교 신자이자 비스킷과 그레이비소스, 달디단 차, 피칸 파이를 사랑하는 골수 미국 남부 사내라면 누구나 그렇듯 이 책을 가장 먼저 나의 어머니 거트루드 녹스 여사에게 바친다.

어머니는 내가 원한다면 무엇이든 될 수 있고 원한다면 무엇이든 할 수 있다는 것을 가르쳐준 첫 번째 사람이었다. 우리 집은 너무나 가난해 빈곤층 사람들조차 얕보는 극빈곤층이었지만 어머니는 고집 세고 자존심 강하고 말솜씨가 좋으며 마음이 따뜻한 사람이라면 못 할 일이 없다고 가르치셨다.

"네가 무슨 일을 할 수 있고 무슨 일을 못하는지 다른 사람 말을 듣지 마라. 그리고 네가 무엇이 될 수 있고 무엇이 될 수 없는지도 다른 사람에게 귀 기울이지 마라. 무엇을 할 수 있는지 네가 직접 사람들에게 보여주렴. 그러면 진정으로 원하는 것이 될 수 있어."

나는 어머니의 말씀을 믿어 의심치 않았고, 스스로 만든 인생을 살게 되리라는 굳은 믿음을 갖게 되었다. 자신의 행복과 성공을 위해 남에게 의지하는 것은 바보가 하는 짓이고, 자신의 미래를 운명에 맡기는 것은 게으른 사람이 하는 짓이다. 나는 내가 원하는 것은 무엇이든 할 수 있고 내가 바라는 것은 무엇이든 될 수 있다. 그리고 나를 전진시키거나 중간에 멈추게 할 힘을 지닌 유일한 사람은 바로 나다.

어머니는 내가 이루는 모든 일의 결과와 그로 인해 얻게 되는 수입은 모두 나의 직감과 지능, 노력의 직접적인 결과라고 가르치셨다.

"아들아, 네 일을 대신 해줄 사람은 아무도 없어. 네가 스스로 해야 한단다."

어머니는 어려울 때 내게 힘이 되어주셨고 좋을 때는 함께 기뻐해주셨으며 전화를 끊을 때나 내가 집으로 돌아갈 때 사랑한다는 말씀을 단 한 번도 빠뜨린 적이 없었다. 그리고 어머니의 미트로프 요리는 지금도 늘 나를 미소 짓게 하고 내 뱃속을 따뜻하게 덥힌다.

어머니, 이 책은 어머니를 위한 거예요.

어머니 다음으로 내 유년 시절에 가장 큰 영향을 준 사람은 누나 팻이다. 누나의 사랑과 가르침, 보호, 약간의 괴롭힘이 없었다면 지금의 나는 없었을 것이다. 나는 열두 살 어린 나이에 기타를 배웠는데 모두 누나가 지켜보고 있다가 음정 하나 틀릴 때마다 들고 있던 파리채로 신나게 때려준 덕분이었다. 누나의 모진 사랑이란! 따지기 좋아하는 사람들이라면 그것을 아동 학대라고 하겠지만 누나는 동기 부여라고 불렀다. 내가 엄청난 속도로 기타를 배운 것은 두말할 필요도 없다.

내가 태어났을 때 누나는 이미 열세 살이었다. 처음에는 나를 그리 달가워하지는 않았지만 몇 달 지나지 않아 나는 누나가 가장 좋아하는 장난감이 되었다. 누나는 나의 가장 열렬한 팬이었고 40년이 지난 지금도 우리 사이는 그때와 똑같이 돈독하다.

그 다음으로 릴라 이모가 있다. 어머니의 큰 언니인 릴라 이모는 어머니를 도와 우리를 키우고 돌봐주셨다. 이모는 몇 년 전 돌아가셨고 그 이후 나를 비롯해 이모를 알고 사랑한 모든 사람들은 가슴에 커다란 구멍이 뚫렸다. 이모를 아는 사람이라면 그녀를 사랑하지 않을 수 없었다. 이모는 어릴 때 아버지가 젖소 한 마리와 자신을 맞바꿨다고 농담 삼아 이야기했다. 할아버지는 젖소가, 이모부는 아내가 필요했던 것이다. 이모는 남편이 밑지는 거래를 했다고 말했는데 젖소는 늘 기꺼이 우유를 내어주었지만 자신은 남편에게 전혀 순종적인 아내가 아니었기 때문이다.

릴라 이모는 그 남자와 오래 살지 않았다. 이모는 뒷문으로 몰래 밀주를 팔고 남들, 특히 전남편의 명령을 따르지 않는 자유로운 영혼이었다. 여든 해가 넘는 인생을 살면서 이모는 교회에서 발가락을 꼼지락거리느니 파티에서 힘껏 발을 차대며 춤을 추었을 사람이다. 그리고 이 이야기를 하는 지금 이 순간에도 이모는 천국에서 다른 사람들에게 춤을 가르치고 있으리라는 것을 나는 잘 안다.

문자 그대로 이모가 아니었다면 나는 세상에 나오지 못했을 것이다. 내가 태어나던 날 밤, 의사가 분만실에서 나오더니 아기와 산모를 모두 구할 수 없으니 둘 중 하나를 선택하라고 말했다. 이모는 둘 다 구해내지 못하면 죽여 버리겠다고 의사에게 협박을 퍼부었다. 눈에서 불이 이글거리고 가방 안에는 권총을 가지고 있던 성난 남부 아주머니의 말이 의학적 기적을 일으킬 수 있다니 정말 놀라운 일 아닌가.

그 후 수년간 나는 이모와 많은 시간을 보냈고 당신이 상상하는 것보다 훨씬 더 많이 이모의 인생에 대해 알게 되었다. 이모는 돌아가셨지만 오늘날까지 나와 함께하신다. 나는 늘 이모에게 말을 건네고 이모는 대답을 해주신다. 아마 다음 책은 이모를 주제로 쓸지도 모르겠다. 그렇게 된다면 너무나 재미있는 책이 나올 것 같다.

다음으로 나의 형제 써니와 돈을 빼놓으면 안 된다. 의붓 형인 써니는 내가 태어났을 때 열일곱 살이었고 해군 복무 중이었다.

형은 남자로서 지녀야 할 덕목을 갖춘, 내가 본보기로 삼을 수 있는 몇 안 되는 사람 중 하나였다. 형은 열심히 일하고, 가정적이고, 헌신적이고, 열정적이고, 상냥하고, 재미있고, 술을 가까이 하지 않고 정말로 키가 컸다. 형을 우러러보았다는 말은 정말로 형을 올려다보았다는 뜻이다. 어른이 되면 형을 따라잡을 수 있을 줄 알았는데 결국 15cm도 넘게 차이가 나고 말았다. 키와 나이가 얼마나 차이 나든 형은 언제나 나의 영웅이다. 이렇게 오랜 세월이 흐른 후에도 나는 여전히 여러 가지 면에서 형을 우러러본다.

내 동생 돈은 나보다 3년 늦게 태어났다. 어머니는 동생을 뜻밖의 선물이라고 불렀지만 나는 엄청난 실수라고 불렀다. 누구 말이 맞든, 결국 나는 동생이 태어나 잘되었다고 생각하게 되었다. 동생은 웃긴 아이였는데 자라면서 더 웃긴 어른이 되었다. 동생 덕분에 시골 벽지에서 자라는 것이 조금 더 즐거웠던 것 같다. 형 써니처럼 돈도 나보다 머리 하나는 더 크다. 두 사람이 큰 키를 물려받았지만 나는 잘생긴 얼굴을 물려받았으니, 뭐, 그 정도면 공평하다.

내 인생의 또 다른 여자, 흔히 남자 뒤에 숨어 날카로운 막대기로 엉덩이를 쑤셔댄다는 이 사람은 나의 아내 멜리사다. 아내는 나의 기반이자 중심이고, 나의 영감의 원천, 가장 가까운 친구, 등대지기, 나의 모든 것이다. 가끔 가장 큰 골칫거리이기도 하지만 내 마음의 열쇠를 쥐고 있는 사람이기도 하다.

어머니처럼 아내는 언제나 끝없이 나를 믿는다. 아내도 내가 원하는 일은 무엇이든지 할 수 있다고 말한다. 단, 아내가 허락한 일만.

아내를 처음 만난 것은 인생의 갈림길에서였다. 당시 나는 개인적으로나 사업적으로 모두 실패를 겪고 내리막길을 걷고 있었다. 10년간 몸담았던 '좋은 직장'을 잃고 갈 곳이 없어 어머니 댁 소파에서 새우잠을 자며 입에 풀칠을 하기 위해 세 개나 되는 단순 노동일을 하고 있었다. 내가 가진 것이라고는 낡은 고물차와 기타, 옷가지뿐이었고 미래는 거의 보이지 않았다. 하지만 아내는 나에게서 나조차 모르고 있던 가능성을 보았다.

아내는 나를 품에 받아들이고 나의 망가진 영혼에 믿음과 사랑, 이해심을 불어넣었다. 어머니처럼 아내도 내가 툭툭 털고 일어나 다시 일에 뛰어들 능력이 있다고 믿었고, 내가 자신을 믿게 될 때까지 매일 내 머리에 그러한 메시지를 쑤셔 넣었다.

아내의 굽히지 않는 믿음이 없었다면 오늘날 내가 어디에 있을지 나조차도 모르겠다. 지금 이 자리에 있지 못했을 것이라는 사실은 분명하다.

우리 눈이 마주친 날이 진정 내 삶이 다시 시작된 날이었다.

이 감동적인 이야기에 웃긴 사실이 한 가지 있다. 나에 대한 엄청난 믿음과 사랑, 그리고 우리가 결혼한 지 13년이나 지났다는 사실에도 불구하고 아내는 자기 남편이 무슨 일을 하는지 전혀 모르고 있다는 점이다. 사업과 라디오, 말하기, 쓰기와 관련되어 있다는 것은 알지만 아내가 아는 것은 그게 전부다.

분명 부인하겠지만 아내가 내가 쓴 글을 단 한 줄도 읽은 적이 없고, 내가 강연하는 것을 단 한 번도 들은 적 없으며, 내가 주최하는 세미나에도 참석한 적이 없다는 사실을 나는 잘 알고 있다.

아내는 그저 이 돈이 마약 밀매에서 번 것이 아니라는 나의 말만 믿고 안락한 생활을 즐기고 있다. 남편의 능력에 대해 전혀 알지 못하지만 아내는 너무나 행복하다.

상식적으로 이 책을 아내에게 가장 먼저 바친다고 써야겠지만 아내는 분명 이것을 읽지 않을 테니 굳이 그럴 필요가 있겠는가? 하지만 여기서 중요한 것은 내가 아내 없이 살아갈 수 없다는 사실을 아내가 잘 알고 있다는 점이다. 물론 그것은 아내가 내게 매일 상기시키는 점이기도 하다.

다음으로 사람이 바랄 수 있는 최대의 선물을 둘이나 주신 하느님께 감사해야겠다. 나의 사랑스러운 딸 첼시와 시에라는 나의 삶의 빛이요, 내가 살아가는 이유다. 매일 딸들은 포옹이나 미소, 시에라의 경우 가슴팍에 꽂히는 펀치로 내게 영감을 준다. 아빠의 사랑스러운 딸들. 아이들이 손가락만 까딱해도 나는 알아서 무릎을 꿇는다.

이 책을 쓰는 와중에 큰딸 첼시는 열아홉 살이 되어 앨라배마 주립대학에 들어갔다. 첼시는 아빠가 높다란 건물도 뛰어넘을 수 있다고 믿었고, 그러한 믿음과 사랑 덕분에 나는 매우 힘든 시기도 극복할 수 있었다. 내 삶의 가장 행복한 기억 중에는 첼시와 함께 보낸 시간이 많다.

딸아이가 세상에 자신의 발자취를 남기기 위해 자신만의 여정을 시작했다는 사실이 매우 자랑스럽다. 하지만 동시에 이제는 내가 첼시의 절대 독재자가 아니라는 사실에 마음이 아프다. 물론 용돈을 타기 위해 전화를 걸어올 때는 사정이 다르지만.

어릴 때 내가 "버그(벌레)처럼 귀여워."라고 늘 이야기해서 결국 '버그'가 별명이 된 막내딸 시에라는 이제 열한 살이다. 시에라가 내가 아는 사람 중에 가장 웃긴 사람이라는 사실에는 의심의 여지가 없다. 버그는 우리 가족의 즐거움의 원천으로 언제나 자기가 만든 춤 동작이나 직접 그린 그림, 지어낸 농담으로 우리를 웃긴다.

"아빠, 노란색이고 잔디에 누워 있는 것이 뭐게요? 죽은 스쿨버스! 하하하하⋯⋯"

그렇다. 사실 이것은 버그가 아니라 내가 지어낸 농담이다. 딸아이는 이것이 자기가 들은 이야기 중에 가장 바보 같다고 생각하지만 내가 이 말을 할 때마다 그 아이가 보이는 반응은 억만금을 주고도 살 수 없을 만큼 소중하다. 언제든 여러분의 아이에게 이 농담을 써먹어보라. 적극 추천한다.

버그는 나의 레슬링 상대이자 나의 '최고-최고' 친구다. 나는 그 아이의 활기와 열정, 순수함을 사랑한다. 어떤 때는 버그 때문에 눈알이 튀어나올 정도로 너무 화가 나고 아이가 학교에 간 동안 다른 곳으로 이사를 가버리고 싶기도 하지만 나의 버그가 옆에 있는 한 평생 지루하거나 우울한 순간은 없을 것이다.

버그도 언니처럼 아빠를 손에 쥐고 흔들고, 자신이 원하는 일은 무엇이든지 하게 만들 수 있다. 덕분에 나는 얼굴 화장을 박박 문질러 지우고, 머리에 잔뜩 엉킨 고무줄을 잘라내느라 수도 없이 고생했다. 이제 아내가 왜 딸아이와 소꿉장난을 하지 않는지 알 것 같다.

나는 버그의 장난감이고 버그는 내게 영감을 주는 천사다. 그 어떤 것으로도 우리 사이를 바꾸어놓을 수 없을 것이다. 고마워, 버그.

살아오면서 내게 힘이 되어준 다른 사람들이 있다. 그들이 내게 미친 영향과 아낌없는 조언에 대해 감사하지 않을 수 없다.

제멋대로 떠오르는 수많은 생각을 하나의 일관된 메시지로 만들어내는 방법을 가르쳐준 설리번 강연 서비스의 비키 설리번에게 감사드린다.

강사 겸 작가인 래리 윙겟, 직접 만난 적은 한 번도 없지만 글쓰기와 강연 일에 대해 최고의 본보기이자 배움의 원천이 되었다. 래리는 남들에게 도움을 주려면 '그들이 듣고 싶어 하는 것' 대신 '그들이 들을 필요가 있는 것'을 직설적으로 말해야 한다는 것을 알려주었다.

이 단순한 원칙을 이해하게 된 날부터 나의 삶은 개인적으로나 업무적으로 훨씬 나아졌어. 고맙네, 친구.

그리고 나의 뛰어난 에이전트 존 윌리그에게 감사한다. 존을 만난 것은 플로리다 올랜도의 한 도서 컨벤션이었고 우리는 만나자마자 서로 통했다. 나는 회의 시간이 빌 때마다 그를 찾아 만났고 다행히 그는 내 남부 사투리와 카우보이 부츠를 참고 내 말을 들어주었다. 그 다음 주에 그는 내 에이전트가 되었고 두 주 뒤에는 책 계약을 맺었다. 그건 우리 둘 모두에게 좋은 일이었어. 존, 고맙네.

그리고 마지막으로 존 와일리 앤드 썬(John Wiley & Sons, Inc.) 출판사의 내 담당 편집자 매트 홀트에게 감사를 전한다. 그는 남부식 유머와 상식적 접근법을 믿어준 몇 안 되는 뉴욕 사람이다. 매트, 자넨 정말 좋은 사람이야. 양키치고는 말이야.

나의 인생 여정에 도움을 준 사람이 많다. 하지만 그들은 그러한 사실조차 모르고 있을 것이다. 잠깐 스친 만남이나 긴 대화는 긍정적이었든 부정적이었든 모두 기억에 남을 흔적을 남겼다.

나는 늘 나 자신과 나를 믿고 따르는 사람들에게 솔직하기 위해 애썼지만 내가 선택한 길을 가다보면 힘든 경우가 많다. 한번은, 사업 자금을 확보하기 위해 열었던 투자자 조찬 모임이 끝나고 한 투자자가 내게 다가오더니 내가 늘 신고 다니는 카우보이 부츠를 내려다보았다.

경멸이 가득 담긴 말투로 그가 말했다. "카우보이 부츠를 신는 사람이 운영하는 사업에는 돈을 투자해본 적이 없소."

"대단한 우연의 일치군요. 나는 카우보이 부츠를 신지 않은 사람한테서 돈을 받은 적이 없거든요." 나는 그의 비싼 수제화를 내려다보고 웃으면서 대답했다.

한 시간 후 그는 다섯 자리 금액이 적힌 수표를 써주었고 나는 한 치의 망설임도 없이 그것을 받았다. 둘 다 거짓말을 한 셈이다. 우리가 위선자라서일까? 둘 다 도덕성이 결여된 것일까?

절대 그렇지 않다. 우리는 다만 사업가였을 뿐이고 그것이 사업이 돌아가는 방식이다. 나는 전망이 밝은 사업에 필요한 자금을 확보하러 갔던 것이고 그는 돈을 투자하고 수익을 얻기 위해 그곳에 온 것이었다. 우리는 무슨 신발을 신든 상관없이 각자의 목표를 달성하기 위해 서로가 필요했다. 그도, 나도, 그리고 거기 모인 수많은 다른 사람들도 그 사실을 잘 알고 있었다. 각자의 성격이나 서로에 대해 못마땅한 마음은 잠시 제쳐두고, 각자의 목표는 마치 퍼즐 조각과 같이 완벽하게 맞아들어 갔기 때문에 거래가 성사되었던 것이다.

나에게 사업은 마치 모험과 같았다. 엄청나게 높은 지점과 예기치 못한 낮은 지점이 있는 롤러코스터처럼. 진심으로 좋아하고 존경하는 사람들도 많이 만났지만 칼을 맞을까 봐 겁나 잠시라도 등을 돌리지 못하는 사람들도 만났다. 안타까운 일이지만 후자가 전자보다 훨씬 많았다.

나는 파트너, 고용인, 컨설턴트, 관료, 변호사, 회계사, 정치인, 투자자들을 모두 만나보았다. 이런 사람들이 없다면 살기 훨씬 수월하겠지만 그만큼 재미도 없을 것이다.

사업을 하다보면 스스로 조심해야 한다는 점을 배웠다. 왜냐하면 다른 누구도 그렇게 해주지 않기 때문이다. 그들이 그렇게 해야 할 이유도 없다. 당신이 당신 자신을 책임져야 한다. 개인적으로든, 사업적으로든, 신체적, 영적, 감정적으로든 말이다.

이것이 바로 이 책의 전반적인 주제가 될 것이다. 모든 일이 자신에게 달렸다. 자신만이 그러한 힘이 있다. 우리 스스로 그 힘을 사용하는 법을 배워야 한다.

사업을 하다가 배운 점들이 있다.

첫째, 사업가는 모두의 기린아가 되었다가도 다음 날 바로 탕아로 전락할 수 있다.

둘째, 돈이 많은 늙은이는 세상을 떠날 때 어떻게 그것을 가지고 갈지, 돈이 많은 젊은이는 죽기 전에 그것을 어떻게 다 써버릴지 고민하며 시간을 낭비한다.

마지막으로 무엇보다도 중요한 것은 죽을 때 가지고 가는 것이 아니라 뒤에 남는 것이다. 내가 죽고 나면 이 책이 다른 사람들에게 용기와 영감을 심어줄 나의 유산으로 남아 있길 바란다. 그렇지 않다면 적어도 문이 닫히지 않게 문틈에 끼워두기에는 아주 유용할 것이다.

사랑스러운 나의 아내가 누군가에게 조금이라도 모욕적이라고 할 만한 말을 할 때면 반드시 앞에 붙이는 표현이 있다. "나쁜 뜻은 아니야. 하지만……."

예를 들어보자. "나쁜 뜻은 아니야. 하지만 그 여자 거기서 조금만 더 살이 찌면 후진할 때 비키라고 소리가 나는 경보기를 차고 다녀야 될걸."

아니면, "나쁜 뜻은 아니야. 하지만 그 아기는 너무 못생겨서 강아지가 그 아기랑 놀게 하려면 아기 목에 소시지를 묶어놓아야 될걸."

"나쁜 뜻은 아니야. 하지만……." 이 표현은 아내의 다용도 면책 선언이다.

아내에게 이 표현은 누구에 관해서 어떤 말이든 할 수 있지만 하늘에 계신 그분께 점수를 잃지 않을 수 있는 권리나 마찬가지다. 빠져나올 구멍을 만들어놓은 죄악이라고 보면 되겠다.

특히 기분 나쁜 말인 경우에는 천국에 맡아놓은 자신의 자리를 위태롭게 하지 않으려고 아내는 그 말 뒤에 이 표현을 덧붙인다. "하느님, 돌봐주소서." 나는 이 표현을 아내의 '더블 면책 선언'이라고 부른다.

다시 예를 들어보자. "나쁜 뜻은 아니야. 하지만 그 사람은 폭풍우 속의 칵테일 우산만큼이나 쓸모가 없다니까. 하느님, 돌봐주소서."

어느 정도 감이 오는가? 그러니 지금 당신이 서점에 서서 이 부분을 읽고 있다면, 나쁜 뜻은 아니다. 하지만 이것이 당신을 위한 책이 아닐 수도 있다. 하느님, 돌봐주소서.

이 책은 투덜거리고, 서툰 변명이나 늘어놓고, 무능력하고, 훌쩍거리며 지난 이야기나 하는 사람들을 도무지 참아주지 못하는 사람 즉, 내가 쓴 것이다. 그러니 당연히 그러한 태도가 나의 글과 삶에 대한 관점 전반에 스며들어 있다.

이 책은 지난 15년 동안 밑바닥에서 시작하여 성공적인 사업체 몇 개를 세우면서 얻은 나의 경험과 관찰의 산물이다.

이 책은 피땀 흘려 얻은 수천 개의 교훈을 바탕으로 쓰였다. 여기에는 사업에서 성공하는 법뿐만 아니라 개인적인 성취도 맛볼 수 있도록 나의 솔직한 의견과 조언이 담겨 있다. 개인적 성취가 없다면 사업상의 성공은 아무 의미가 없기 때문이다. 그것은 마치 차고에 포르쉐가 한 대 있지만 차 열쇠가 없는 것과 똑같다. 바로 공허한 승리다.

당신이 나의 관점에 동의하지 않거나, 나의 의견을 존중하지 않거나, 나의 농담에 웃지 않을 수도 있다. 그리고 나 역시 여기서 나누는 조언을 모든 사람들이 쉽게 받아들일 것이라고 생각하지 않는다. 다만 상식과 유머를 곁들인 더 나은 삶과 훌륭한 지식에 목마른 사람이라면 나의 말을 진심으로 받아들이고 거기에서 많은 혜택을 얻을 수 있을 것이다.

그렇지 못한 나머지 사람들은…… 음, 하느님, 돌봐주소서.

그래도 괜찮다.

사실을 받아들이자. 모든 사람들이 행복하고 의미 있는 삶을 누릴 자격이 있는 것은 아니지 않나.

나쁜 뜻은 아니다. 하지만……

어떤 이들은 엄청난 고통을 퍼뜨리는 데서 기쁨을 찾는다.

어떤 이들은 돼지가 진흙탕에서 그렇듯이 자신만의 괴로움에 빠져 헤어나지 못하는 것을 즐긴다.

어떤 이들은 자신이 실로 비참할 때, 아니면 주변에 있는 사람들도 자신처럼 비참할 때만 행복해한다.

어떤 이들은 별의별 짓을 다해 자신을 불행하게 만들 때 가장 행복하다.

어떤 이들은 자폭한다. 그리고 나서 가만히 앉아 왜 자신이 늘 실패만 하는지 의아해한다.

어떤 이들은 인생이 불공평하다고 투덜거리며 무덤에 간다. 이들의 묘비에는 아마 "내가 이럴 줄 알았지." 나 "삶이 나한테 한 짓 좀 봐." 같은 말이 새겨져 있을 것이다.

어떤 이들은 성공을 실은 배가 항구에 정박하여 기회를 문 앞에 가져다줄 때까지 기다리다가 불행한 죽음을 맞을 것이다.

하느님, 이 형편없고, 가엾고, 우는 소리만 늘어놓는 불쌍한 이들을 돌봐주소서.

만약 당신이 이런 사람들 중 하나라면 이 책은 당신을 위한 것이 아니다.

만약 지구상의 모든 사람들이 당신의 행복을 책임져야 한다고 생각한다면 이 책은 당신을 위한 것이 아니다.

아마도 당신은 이런 사람이 아닐 것이다. 그런 이들은 대체로 서점에 발조차 들이지 않기 때문이다.

"서점? 새로 생긴 대형 마트 옆에 있는 책 많은 그 가게 말하는 건가?"

이런 바보들은 서점에 있는 책 중 한 권이라도 제목을 대기는 고사하고 집에서 가장 가까운 서점이 어디에 있는지조차 모를 것이다. 그들이 책을 읽는 때라고는 마트 계산대에서 줄 서서 기다리다가 옆에 꽂힌 잡지 몇 개를 쭉 훑어보는 일이 다일 것이다.

그들은 베스트셀러가 된 자기 계발서의 저자가 누구인지는 몰라도 브래드 피트와 안젤리나 졸리의 아이들 이름이 무엇인지, 어느 배우가 누구랑 사귀고 있는지, 죽었다던 엘비스 프레슬리가 살아서 지난 몇 년간 몇 차례나 사람들 눈에 띄었는지 바로 알려줄 것이다.

엘비스 프레슬리가 살아 있고, 남아메리카 어디엔가 살고 있다고 치자. 하지만 여기서 중요한 것은 그것이 아니다.

이런 사람들은 외계인과 전설의 설인, 아메리칸 아이돌, 허섭스레기 같은 토크 쇼, 통속 드라마, 리얼리티 쇼, 복권, 무료 쿠폰 등은 믿는다. 하지만 절대로 자신은 믿지 않는다. 그것이 가장 안타까운 점이다.

다음, 당신이 한 손에는 텔레비전 리모컨, 다른 한 손에는 맥주병을 들고 집 안에 앉아 왜 자신은 큰 집에 살지 못하는지, 왜 더 좋은 차를 몰지 못하는지, 혹은 왜 더 비싼 맥주를 마시지 못하는지 한탄하면서 자신의 팔자와 다른 사람들을 욕하는 사람이라면 이 책은 당신을 위한 것이 아니다.

물론 서점에 오려면 아랫목에서 엉덩이를 떼어 일어나야 하기 때문에 당신이 이러한 사람일 것이라고는 생각하지 않는다.

당신이 "그것은 내 잘못이 아니야" 같은 말을 수시로 내뱉는 사람이라면 이 책은 당신을 위한 것이 아니다. 그러한 사람은 "남

탓하는 사람"이고 남 탓하는 사람들은 자신의 삶을 낮게 만들 책 따위는 읽지 않는다. 그들은 자신의 분노를 정당화하고 변명거리를 찾아줄 책이나 부모, 사회, 떠난 옛 사랑처럼 남에게 책임을 돌리는 데 도움이 될 책을 찾는다. 그들은 문제를 떠맡길 사람들이 없으면 더 높은 존재에게 자신의 화를 돌리면서 비난을 늘어놓기 시작한다.

"내 인생이 이따위인 것은 내 잘못이 아니야! 신이 나를 미워해."

하느님이 인간 세상을 내려다보면서 고개를 절레절레 저으며 중얼거리고 계실 것이다. "내가 무슨 생각으로 저런 놈을 만들었을까?"

만약 당신이 "인생은 불공평해"라는 말을 입에 달고 산다면 이 책은 당신을 위한 것이 아니다. 사실, 인생이 우리에게 무엇인가를 공짜로 해주어야 한다고 생각한다면 당장 이 책을 내려놓고 그 무거운 엉덩이를 들어 밖으로 나가라. 그러고 나서 길모퉁이에 앉아 잡지사에서 경품으로 흔히 내거는 자동차나 엄청난 금액의 복권이 당첨될 때까지 기다려라. 그러고 나서 자동차나 자신의 인생을 바꿔놓을 거액의 현금을 건네받을 때 미소를 지어라.

"치즈!"

파티에 쓸 엄청난 양의 케이크나 음료수를 미리 준비해놓았기를 바란다. 영원히 기다려야 할 테니까.

내 말이 심하다고 생각할지 모르겠다. 하지만 이것은 위에서 묘사한 것과 똑같은 사람들을 수도 없이 만나다보니 절로 생겨난 버릇이다.

위에서 이야기한 각각의 예는 지난 수년간 내가 직접 만난 실제 인물에 기초한 것이다. 그들 모두 성공하기 위해 필요한 모든 일을 기꺼이 할 준비가 되어 있다고 했다. 물론 그러한 노력이 괴롭지 않고, 자신의 텔레비전 시청 스케줄을 방해하지 않는 조건 하에서만.

우리는 소위 은쟁반 사회, 즉 거의 모든 사람들이 가만히 앉아 누군가 자신이 원하는 것을 은쟁반에 올려 가져다주기를 바라는 사회에 살고 있다. 게다가 대부분 거실을 지나 문 앞에 놓인 은쟁반을 가지러 가기조차 귀찮아하기 때문에 남이 은쟁반을 그들의 무릎 위에 놓아주어야 한다.

기회가 문을 두드리기를, 자신의 배가 항구에 들어오기를, 자신의 번호가 뽑히기를 기다린다고 말하는 사람들을 볼 때마다 나는 슬픈 기분이 든다. 기회가 스스로 문을 두드리지 않는다는 사실에 대해 뒤에서 이야기하겠다. 하지만 기회가 찾아와 문을 두드린다고 해도 위에서 이야기한 게으른 바보들은 자리에서 일어나 문을 열러 나가기조차 귀찮아할 것이다. 하느님, 돌봐주소서.

만약 당신이 위에 이야기한 사람 중 하나라면 성공에 관한 책은 필요 없다. 물론 사업가가 되겠다는 생각 따위도 잊어라. 사고

방식과 생활방식에 급격한 변화를 일으키기 전에는 어림도 없다. 지금과 같은 마음가짐이라면 실패할 것은 불 보듯 뻔하다.

사실 지금 당신에게 필요한 유일한 책은 전화번호부다. 한참 페이지를 넘기다보면 당신의 삶이 엉망진창이라는 사실에 조금이라도 관심을 가져주고 그것이 모두 당신 잘못이 아니라는 사실을 믿어줄 사람의 이름과 전화번호가 나타날 테니까.

미국의 컨트리 음악 가수 트래비스 트릿Travis Tritt이 노래했다. "여기 동전이 있어요. 관심을 가져줄 누군가에게 전화를 걸어요."

이것이 바로 내 번호가 전화번호부에 실려 있지 않은 이유다. 나는 '불평 제로, 변명 제로' 지역에 살고 있고 그곳에서는 그런 사람들이 나와 같은 공기로 숨 쉬는 것조차 금지되어 있다.

그런 머저리들과 부대끼지 않는다니, 정말 행복한 인생 아닌가? 여러분 모두에게 강력 추천한다.

자, 이제 필요 없는 거대 인구를 따돌렸으니 누가 이 책을 읽고 성경처럼 따라야 할지 알려주겠다.

이 책은 사업주든, 관리자든, 간부든, 사업에서 자신의 경력을 쌓을 결심을 한 사람들을 위한 책이다.

이 책은 이미 사업에 발을 들여놓았으며 상식적인 사업상의 조언과 논리적인 방향 제시가 필요한 사람들을 위한 책이다.

이 책은 본래 자기 계발서는 아니지만 여기에서 다룰 사업을 운영하고 삶을 살아가는 원칙은 여러분이 성공의 꿈을 좇는 데에도 사용할 수 있을 것이다.

나는 진정한 사업과 재정적 성공은 개인적 삶의 성공, 그리고 행복과 직접적으로 연결되어 있다고 믿는다. 사업에서 엄청난 성공을 거두고도 개인적으로 불행할 수 있다. 그것은 퍼즐의 일부만을 완성했다는 뜻이다. 나머지 조각들이 모두 제자리를 찾을 때까지 퍼즐은 완벽한 것이 아니다.

오른손이 행복하지만 왼손이 비참하다면 당신의 삶은 균형 잡힌 것이 아니다. 사업의 성공도 곧 개인적 불행으로 인해 그 빛을 잃을 것이고, 그러면 카드로 지은 위태로운 집은 어느 순간 무너져 내릴 것이다.

나는 불행한 백만장자와 행복한 가난뱅이를 수없이 많이 알고 있다. 그들의 차이점은 가진 돈이 아니라 삶에 대한 태도다.

당신과 주변 사람들이 모두 행복하고 건강하며 조화롭게 살고 있을 때 비로소 당신은 개인적으로 성공한 것이다.

당신이 가진 돈이나 재산이 아니라 당신 자체로 남들에게 사랑받을 때 비로소 당신은 개인적으로 성공한 것이다.

당신 자신보다 남들을 먼저 생각할 때 비로소 당신은 개인적으로 성공한 것이다.

받는 것보다 주는 것에서 더 큰 기쁨을 얻을 때 비로소 당신은 개인적으로 성공한 것이다.

당신이 존경하고 사랑하는 사람들로부터 존경과 사랑을 받을 때 비로소 당신은 개인적으로 성공한 것이다.

개인적인 관점에서 이 책은 자신의 인생에 대해 책임을 질 줏대와 결심이 있는 사람을 위한 책이다.

이 책은 소유할 가치가 있는 것은 그것을 얻기 위해 열심히 노력할 가치도 있다는 사실을 아는 사람을 위한 책이다.

이 책은 더 나은 삶을 원하고 그것을 이루기 위해 필요한 일은 무엇이든 겁내지 않는 사람을 위한 책이다.

이 책은 목표 의식을 가지고 살고 싶은 사람을 위한 책이다.

이 책은 스스로 움직이는 운전자를 위한 것이지, 가만히 몸을 싣고 따라가는 승객을 위한 것이 아니다.

이 책에 당신의 돈과 시간을 투자하기 전에 알아야 할 것이 몇 가지 더 있다.

첫째, 이 책은 여느 경영서와 다르다. 나는 말도 안 되는 거짓말을 늘어놓으면서 사업을 시작하고 관리하기가 쉬운 일이라고 하지 않겠다. 그것은 절대 쉬운 일이 아니기 때문이다.

술술 잘 풀리는 때에도 힘들게 일하고, 오랫동안 일하고, 돌아오는 보상이 거의 없는 것이 바로 사업이다. 사업가가 된다는 것은 해변에 앉아 하루 종일 칵테일이나 홀짝거리는 것을 의미하지 않는다. 물론 언젠가는 그 정도 성공에 도달하는 때가 오겠지만 당신이 매일 간섭하고 끼어들지 않아도 사업이 스스로 설 수 있는 단계가 되려면 그 때까지 해변이나 칵테일 따위는 잊어라.

둘째, 이미 어느 정도 파악했겠지만 나는 이 책에서 여러 사람을 화나게 만들 이야기를 많이 할 것이다. 나는 응석을 받아주는 사람이 아니다. 나는 내 의견을 말해놓고 상처 입을까 봐 포옹으로 마무리하는 사람이 아니다. 나는 당신이 원하는 것을 말해주지 않을 것이다. 나는 당신이 들을 필요가 있는 것을 말할 것이다.

나는 당신이 성공하는 데 도움을 주려는 것이지, 실패에 대해 변명거리를 생각해내는 데 도움을 주려는 것이 아니다.

수많은 전통적인 경영 전문가들이 내 말에 전적으로 동의하지 않을지도 모른다. 그래도 괜찮다.

나는 그들을 도우려는 것이 아니니까.

나는 당신을 도우려는 것이다.

그러니, 이 책이 진정 당신을 위한 책인가?

오직 당신만이 이 질문에 대답할 수 있다.

지금쯤이면 알리라 생각한다.

하느님, 돌봐주소서.

자, 이제 계산대로 가서 책값을 치르고 같이 즐거운 시간을 보내자.

머리말

이 책을 써달라는 요청을 받았을 때, 아니, 밝힐 것은 밝혀야겠다. 에이전트에게 나를 받아달라고 애원하고, 이 책을 펴내달라고 출판사에 애원했을 때, 나는 어떤 이야기를 써야 할지, 그리고 어떻게 써야 할지 생각하며 많은 시간을 보냈다.

내가 저지른 수많은 사업상의 실수를 피하고 성공의 가능성을 높이기 위해 다른 사업가나 관리자들에게 알려줄 만한 지식이 내게 있는 것은 분명했다. 문제는 이러한 나의 생각을 어떻게 하면 독자들에게 유익하면서도 흥미로운 방식으로 전달하여, 그들이 나의 요점을 받아들이게 하고, 관심을 갖게 하며, 책을 읽다가 잠들지 않게 만들 수 있을까 하는 것이었다.

우리끼리 하는 말이지만, 대부분의 경제 경영서는 약국의 불면

중 코너에서 판매해야 한다고 생각한다. 나는 독자를 곯아떨어지게 할 책을 팔고 싶지 않다. 나는 독자들을 잠에서 깨우고, 무언가 새로운 행동을 취하게 만들 책을 팔고 싶다. 단순히 직업적으로뿐만 아니라 개인적, 그리고 감정적으로도 말이다.

나쁜 뜻은 아니다. 하지만 나는 수많은 사업가들 앞에서, 강의실과 회의실에서 수도 없이 강연을 했다. 시작한 지 5분이 지나면 그들 대부분은 천장에서 돌아가는 선풍기를 쳐다보고 있는 강아지처럼 변한다. 눈에는 초점이 없고, 입은 헤 벌어져 있고, 머리가 앞뒤로 끄덕거리기 시작한다. 무엇인가 동의하는 것처럼 보이지만 사실은 아무 소리도 듣지 못하고 있다.

그때 갑자기 "왁!" 하고 소리를 지르면 그들 중 반은 심장마비를 일으킬 것이고 나머지 반은 바지에 오줌을 쌀 것이다. 둘 다 하는 사람도 있을지 모른다. 보는 재미는 있겠지만 내가 전달하고자 하는 메시지는 요점을 상실할 것이다. 그래서 나는 정보를 전달함과 동시에 독자들이 나의 메시지를 완전히 받아들일 때까지 책에 집중할 정도로 재미있는 책을 써야겠다고 생각했다. 물론 내가 바라는 것은 당신이 이 책을 끝까지 읽고 여기서 얻은 것을 실제로 이용하는 것이다. 한두 장 정도 읽고 책을 치워버린다면 스스로에게 못할 짓을 하는 것이나 마찬가지다.

어쨌든 당신이 책값으로 낸 돈은 이미 내 몫이니 여기서 손해 보는 사람이 누구겠는가?

딱딱한 기술적 사업 지침서를 썼다면 쓰는 것이 훨씬 더 쉬웠을 것이다. 하지만 그것이 얼마나 재미있겠는가? 나 역시 사업을 시작할 때 그런 책들을 여러 권 읽으려고 애썼지만 첫 번째 장을 다 마치기조차 쉽지 않았다. 만약 그러한 정보만을 원한다면 "쉽게 사업하는 법" 같은 제목의 책을 사서 읽어라. 그런 정보는 이 책에 없다.

그래서 나는 회고록 겸 자기 계발서 겸 사업 지침서를 쓰기로 결심했다. 이 책을 읽다보면 그 셋 사이의 경계가 뚜렷하지 않다는 것을 알게 될 것이다.

현재 나의 위치뿐만 아니라 내가 어디에서 시작했고, 여기까지 오기 위해 어떤 험난한 여정을 거쳤는지 안다면 더 많은 것을 배울 수 있으리라 생각한다. 내가 배운 교훈과 관찰한 것, 그리고 내가 저지른 실수는 말할 필요도 없다. 찢어지게 가난한 앨라배마 출신 꼬마가 매우 성공적인 사업가로 변신하기까지 나의 과거와 그동안 일어난 여러 사건들에 대해 알게 되면 당신도 삶의 다양한 가능성에 눈을 뜰 수 있을 것이다.

또한 차갑고 냉정한 사업의 세계에서 당신이 혼자가 아니라는 사실을 아는 것이 중요하다. 수백만의 다른 사업가들이 같은 문제를 맞닥뜨리며 같은 실패와 성공을 맛보고 있다. 수많은 다른 사업가들이 당신과 같은 질문을 던지고, 비슷한 해답과 조언을 갈구하고 있다.

이러한 이유로 나는 신문과 온라인 칼럼에 실렸던 다른 독자들의 질문을 필요한 곳에 집어넣었다. 그들 자신의 이야기와 나의 대답을 읽으면 당신이 혼자가 아니며, 당신의 문제점이 유별난 것이 아니라는 사실을 알 수 있을 것이다. 내 조언 중 가장 훌륭한 몇 가지는 수년간 다른 사람들의 성공과 실수로부터 배운 것이다. 이러한 질문과 대답을 통해 당신도 똑같은 것을 얻을 수 있을 것이다.

이 책의 제목은 '사업의 모든 것은 엄마한테 배웠다' 다. 사실 나와 같은 환경에서 자란 사람은 훌륭한 사람들로부터 훌륭한 교훈을 많이 배우는 법이다.

맨손으로 시작해 일하면서 배우고 이런저런 사업을 일군다면 훌륭한 사람들에게 훌륭한 교훈을 얻을 수밖에 없다.

무엇을 해야 할지, 무엇을 하지 말아야 할지 배운다. 안타깝게도 후자는 보통 일이 지나고 난 후에야 배울 수 있지만 말이다.

사실 이 책 제목을 다르게 붙여야 했을지도 모른다. '사업의 모든 것은 엄마, 누나, 이모, 형, 아버지, 미치광이 할아버지 루터, 나의 멘토, 투자자, 직원들, 회계사, 변호사, 가전제품 소매점에서 만난 남자, 내 딸 첼시의 배꼽에 피어싱을 해준 남자, 나의 독자, 그리고 다른 모든 사람들로부터 배웠다' 가 더 적합할 것 같다.

하지만 위 제목이 책 표지에 다 들어가지 않을 것이라고 해서 제목이 이렇게 정해졌다.

여기서 내가 배운 점은 이것이다. 지식이 어디에서 나온 것인가가 중요한 것이 아니다. 중요한 점은 그 지식을 얻은 후 그것을 가지고 무엇을 하는가이다.

자, 그러니 어서 책을 읽고, 즐기고, 배운 다음 실천에 옮겨라.

1장

내가 어떻게 여기까지 왔지?

"이게 누군가, 팀 녹스 아냐? 진작 저 세상에 갔든가 감옥에 갇혀 있을 줄 알았는데!"

"아니오, 목사님. 멀쩡히 살아 잘 돌아다니고 있습니다."

"다 옛날에 내가 해준 기도 덕분일 거야."

"그럼요. 순전히 목사님 덕분이죠."

나 역시 내가 이 자리까지 오게 된 것이 놀랍기만 하다. 내가 성공에 필요한 최고의 유전자를 물려받지 못했다는 것은 하느님도 잘 아실 것이다. 내 유전자에는 문제가 너무 많아 보건 당국에서 경고장이라도 보내올 지경이다. 살면서 성공한 것이 있다면 모두 내 DNA의 문제를 극복해낸 결과지 DNA 덕분이 아니다.

우리 녹스 집안의 남자들은 극소수를 제외하고 모두 야망이 없고 교육도 못 받았으며 일을 그리 좋아하지 않았다. 특히 힘든 일이나 꾸준히 해야 하는 일이라면 더욱. 그리고 가족과 함께 식사를 하는 대신 친구들과 어울려 맥주를 마시는 데 더 많은 시간을 보냈다. 대부분은 돈을 거의 모으지 못했고 가까운 사람들에게 존경받지도 못했다.

나는 앨라배마 메디슨 카운티에서 클라우드 녹스와 거트루드 녹스의 둘째이자 장남으로 태어났다. 어머니와 아버지의 이름을 생각하면, 내 이름을 팀이라고 지어주신 것이 얼마나 고마운지 모른다.

하지만 남동생 부바와 여동생 어네스틴은 저주받은 작명의 총알을 피해가지 못했다. 사실 이건 농담이다. 하지만 이것이 진짜 동생들의 이름이라면 재미있지 않았을까? 흠, 하지만 당사자들한테는 재미가 없었겠다.

우리 집은 너무나 가난해서 빈곤층 사람들조차 우리를 얕보았다. 우리는 극빈곤층 정도 되었을 것이다. 하지만 이제 나는 내 트레일러 타이어를 매년 새것으로 갈아치운다. 교체가 필요하든 아니든 말이다. 그때 그 사람들이 지금 나를 본다면 뭐라고 할까.

우리 집은 너무나 가난해서 패스트푸드조차 구경하기 힘들었고 우리에게 패스트푸드란 너무 빨라 잡을 수 없는 음식이란 뜻이었다.

침례교회에서 수요일 밤과 일요일 아침 예배 후 프라이드치킨을 준다는 아버지의 이야기를 들은 뒤 우리는 독실한 침례교 신자가 되었다. 아버지는 종종 우리 가족을 하느님께 이끈 건 다름 아닌 KFC의 흰 수염 할아버지라고 농담 삼아 이야기하곤 했다.

이런 이야기는 해도 해도 끝이 없다. 하지만 이 정도면 우리가 얼마나 가난했는지 감이 오리라.

우리는 부자가 아니었다.

게다가 유랑 가족이었다. 내가 열 번째 생일을 맞이하기 전 이미 아홉, 열 차례 이사를 다녔다.

아버지가 저녁에 집으로 돌아와 이사할 때가 되었다고 말씀하시는 건 집세를 내야 할 때가 된 것이었고 그럼 그 밤에 당장 짐을 쌌다.

이삿짐을 끄는 트럭을 대낮에도 빌릴 수 있다는 사실을 깨달은 건 몇 년이 지나서였다. 내게 이사란 깜깜한 밤중에만 할 수 있는 것이었기 때문이다.

아버지는 그럭저럭 괜찮은 사람이었지만 한 직장에 꾸준히 붙어 일을 하지 못했다. 아버지 말에 따르면 그건 자신의 잘못이 아니었다. 만나는 상사마다 아버지만 콕 집어내어 닦달을 해 결국 쫓아내고 말았기 때문에 아버지는 세상에서 가장 불쌍한 고용인이었다.

물론 아버지가 근무 태도가 불량했다거나, 근무 성과가 형편없었다거나, 하라는 일은 하지 않고 낚싯배에 앉아 맥주나 마시며 시간을 보냈다는 사실과는 아무 상관이 없었을 것이다.

아버지가 한 직장에 고용되어 해고당하기까지 평균 근속 기간은 2주였고 가끔 긴 연휴가 끼면 3주까지 버티기도 했다.

아버지는 다른 남자들이 양말을 갈아 신는 것만큼이나 자주 직장을 갈아치웠다. 내 생각에 아버지가 일을 싫어한 이유는 직장 일이 아버지의 진정한 재능이자 소명인 술 마시는 일을 방해했기 때문인 것 같다.

아버지에게 천국이란 버드와이저 맥주를 아이스박스 가득 채우고 미끼로 쓸 통통한 지렁이를 한 깡통 준비해 낚싯배에 앉아 있는 것이었다.

아버지라면 유명한 격언을 이렇게 바꾸어 말할 것이다. "물고기를 주지 말고 물고기 잡는 법을 가르쳐라. 그러면 하루 종일 함께 배에 앉아 맥주를 마실 동지가 생길 것이다." 아버지는 성경 중 『히브리서』를 가장 좋아하셨는데 이유는 거기에 예수님이 물을 맥주로 바꾸는 장면이 나오기 때문이다.

아버지. 성경학자는 아니지만 낚시 하나는 끝내주게 잘하셨던 우리 아버지.

고용인으로서는 형편없었지만 아버지에게 기업가 정신은 약간 있었던 것 같다. 아버지는 전기 기술이 조금 있어서 어느 날 전기 수리 사업을 시작하기로 마음을 먹었다. 법적인 문제나 사업자 등록 같은 건 생각지도 않았고, 사업을 벌이는 일에 대해 가족들과 상의하는 일 따위도 물론 없었다. 새 사업에 대해 우리가 알게 된 것은 어느 날 아버지가 새빨간 소방차 색 스프레이 페인트와 글자 스텐실 세트를 사온 때였다. 아, 그리고 아버지의 창의력을 북돋아줄 필수품 맥주 한 상자도 같이.

아버지 차는 오래된 파란색 시보레 트럭이었는데 자존심이 조금이라도 있는 사업가라면 회사 차량으로 쓸 만한 것이 아니었다. 앞 유리창은 나뭇결처럼 잔뜩 금이 가 있었다. 차가 난방이 되지 않아서 지난겨울 앞 유리에 낀 성에를 없애려고 신문을 둘둘 말아 불을 붙여 유리에 갖다 대어 생긴 것이었다. 불에서 나온 열기가 얼어 있던 유리를 쩍쩍 갈라놓았지만 성에는 거의 없어지지 않았다. 내 기억에 그날 아버지는 아프다는 핑계로 직장에 나가지 않았다.

트럭에는 양쪽 모두 사이드 미러가 없었다. 아버지가 어두운 시골길을 달리며 맥주병을 창밖으로 집어 던지다가 떨어져나가 버렸다. 음주 운전으로 면허를 취소당한 후에는 열두 살인 내게 운전을 가르쳐 운전수 노릇을 시켰다. 집에서 술을 마시면서 어머니에게 바가지를 긁히기보다 내가 미성년자 운전 혐의로 체포되는 게 더 나았던 모양이다.

그런 흠이 있어도 아버지는 그 낡은 트럭을 무척이나 자랑스러워하셨고 아버지 눈에는 그것이 완벽한 회사 차량으로 변모할 가능성이 보였나 보다. 아버지는 트럭을 뒷마당으로 끌고 들어와

창문과 녹슨 크롬 장식에 테이프를 붙여 가리고 자동차의 나머지 부분에 새빨간 소방차 색 페인트를 뿌리기 시작했다.

그러고 나서 스텐실 세트로 '녹스 전기'라는 구절 한 줄, 집 전화번호 한 줄을 조합해 테이프로 붙였다. 요금이 밀려 전화가 끊겼을지도 모른다는 생각 따위는 애초에 하지 않았다. 아버지는 그렇게 대수롭지 않은 세세한 일에는 신경 쓰지 않았다. 아버지의 흐릿한 비전은 늘 원대했다.

아버지는 붉은색 페인트가 마르기를 두 시간 정도 기다렸다가 스텐실 종이를 트럭의 운전석 문에 붙였다. 스텐실 종이 위에 흰색 스프레이 페인트를 잔뜩 뿌리고 나서 종이를 떼어내고 잠시 후에 조수석에도 똑같이 했다. 흰색 페인트가 조금 흘러 아직 축축한 붉은색과 섞이면서 분홍색 페인트가 덩굴처럼 번졌지만 까짓 것, 빨리 시장에 뛰어들려면 그 정도 대가는 치러야 하는 것 아닌가. 고객과 돈, 그리고 맥주가 아버지를 애타게 기다리고 있으니.

총 서너 시간과 여섯 개들이 맥주 팩 몇 개, 붉은색 페인트 한 상자, 흰색 스프레이 페인트 한 깡통, 스텐실을 사느라 들어간 2달러를 투자하여 녹스 가문의 최초 공식 사업이 탄생하였다.

안타깝게도 사업은 아무도 알아채지 못한 채 곧 끝장났다. 사업가가 되겠다는 아버지의 꿈은 시작만큼 빨리 사라져버렸다. 아버지는 곧 혼자 힘으로 사업을 하는 것이 생각처럼 쉽지 않다는 것을 깨닫게 되었다. 쉴 새 없이 전화벨이 울려대지도, 일이 쏟아져 들어오지도, 돈이 하늘에서 떨어지지도 않았다.

거기다가 한 주도 채 되지 않아 트럭에 칠한 페인트가 부풀어 오르더니 갈라져 벗겨지기 시작했다.

아버지는 실패한 첫 사업에서 귀중한 교훈을 몇 가지 얻었다.

첫 번째, 절대로 술 취해 낡아빠지고 더럽고 녹슨 트럭을 뒷마당으로 끌고 와 페인트칠하지 말 것. 특히 앨라배마의 푹푹 찌는 여름에는.

두 번째, 자신이 무슨 일을 하는지 아무 생각이 없을 때는 절대 사업을 시작하지 말 것. 아버지는 사업에 대해 아는 것이 하나도 없었고 배우려는 생각도 없었다. 아버지는 다만 아버지보다 멍청한 사람들도 하는 일이니 그게 어려워 봤자 얼마나 어렵겠냐고 생각했다.

회계나 법적 문제, 광고, 인맥 관리, 재정 문제, 관리, 리더십, 고객 서비스, 그리고 상식 같은 단어는 아버지 사전에 없었다.

아버지에게 회계 보고란 어머니에게 허송세월에 대한 변명을 늘어놓는 일이고 마케팅이란 부자들이 장 보는 행위를 부르는 다른 말이었다. 그리고 고객 서비스란 맥주 가게에서 맥주를 살 때 점원이 맥주를 넣을 봉지를 건네주는 것이었다.

마지막으로 세 번째 교훈은 아마 그날 아버지가 배운 것 중에 가장 중요한 것이었을 것이다. 일을 마치면 언제나 결과를 재차 확인할 것.

트럭 문에 칠해진 전화번호가 바래 새로 페인트를 칠하려고 마음먹은 날 아버지는 전화번호가 잘못 적혀 있는 것을 발견했다. 누군가 녹스 전기에 전화를 하려고 했어도 녹스 전기라고는 들어본 적도 없는 엉뚱한 사람이 전화를 받았을 것 아닌가.

아버지가 굳게 다문 입술 사이에 타들어가는 담배를 물고 한 손에는 페인트 스프레이 깡통을, 다른 한 손에는 맥주병을 들고 멍하니 전화번호를 바라보며 중얼거리던 것이 생각난다. "이런 개 같은……."

한 시간 후 아버지의 낡은 트럭은 다시 탁한 푸른색으로 얼룩져 있었고 '녹스 전기'라는 말은 두 번 다시 아버지 입 밖으로 나오지 않았다.

2장

내 사업의 시작은 수박밭

나의 첫 사업은 왼쪽 뒷바퀴가 달아난 낡아빠진 붉은 손수레에 수박을 싣고 다니면서 파는 일이었다. 때는 1967년, 나는 일곱 살이었고 아버지는 집에 없었다.

아버지가 유일하게 잘하는 일은 식물을 키우는 것이었다. 우리는 40만 제곱미터가 넘는 젖소 목장 한가운데에 있는, 냉난방 시설 하나 없고 하수 설비는 가끔씩만 제대로 돌아가던 셋집에 살았다. 아버지는 사방에 거대하고 무성한 채소밭을 가꾸었다.

아버지의 식물에 대한 사랑과 재주는 곧 그의 영혼에 맞닿아 있었다. 그는 정원을 가꾸는 것을 좋아했고 아주 능숙했다. 그것은 얼마 되지 않는 아버지의 자존심이자 성취의 원천이었다. 아버지는 돌밭에서 농작물 경진대회에서 우승할 만한 채소를 길러

낼 수 있었다. 토마토, 감자, 옥수수, 콩, 상추, 당근, 비트, 멜론 등. 이름만 대어보라. 아버지는 무엇이든 기를 수 있었다. 사실 아버지는 이런 말을 즐겨했다. "죽이거나 기를 수 없다면 먹지도 마라." 아버지만 나타나면 주변의 모든 동물들이 두려움에 덜덜 떨었다. 심지어 우리 집 개도 두드러기가 돋아났다. 흠. 농담이 조금 지나쳤나.

그 특별한 날, 나의 시선을 잡아끈 것은 아버지가 기른 수박이었다. 마당을 내다보았는데 거대한 초록색 수박 덩이들이 땅 위에 누워 내 이름을 부르는 것이 아닌가. 머릿속에서 기업가 정신의 불꽃이 튀기 시작한 것이 바로 그 순간이었다. 아버지에 대한 두려움이 거대 수익에 대한 기대로 순식간에 바뀌었고 짜잔, 나의 첫 번째 사업이 탄생했다.

나는 어릴 때에도 남을 따르는 것보다 이끄는 데 재능이 있었던 것이 분명했다. 나는 가장 친한 친구 둘을 뽑았다. 지미와 월리 형제. 내 최초의 직원이지만 성은 기억나지 않는다. 실제 일은 그들이 다했고 나는 나무 그늘 아래 앉아서 수레의 바퀴 빠진 쪽이 기울지 않게 붙들고 있었다.

지미와 월리가 수박을 따서 손수레에 싣는 동안 나는 모양이 고르지 못한 상품을 최소한의 손상으로 최대한 실을 수 있게 날카로운 지시를 내렸다. 나는 타고난 프로젝트 매니저였다.

수박을 다 싣고 난 후 내가 수레의 지휘권을 쥐고 우리는 길을 나섰다. 지미와 월리가 돌아가면서 바퀴가 빠진 쪽 수레를 받쳐 올렸다. (나는 재빨리 그 일을 그들에게 위임하기로 결정했다.)

우리는 시골 길을 오르내리며 수박이 모두 팔릴 때까지 눈에 보이는 모든 집 대문을 두드렸다. 그리고 마당에 있는 적당한 크기의 수박을 모두 따서 팔아치울 때까지 이 과정을 반복했다.

그날 우리의 총 수입은 8달러 25센트였다. 지미와 월리에게 각각 1달러씩 주고 나서 (당시 단순 노동치고는 큰돈이었다.) 남은 6달러 25센트를 고스란히 챙긴 나는 수레를 끌고 신이 나서 집으로 돌아왔다.

하지만 아버지가 집으로 돌아와 자신의 수박밭이 몽땅 파헤쳐진 것을 발견하고는 내 돈을 모조리 내놓게 만들었고 말 그대로 나의 첫 사업을 망쳐놓았다.

그날이 바로 내가 중요한 사업상의 교훈을 처음 배운 날이었다. 악을 쓰면서 허리띠를 휘둘러대는 사람하고는 절대로 사업 협상을 하지 마라.

당시에는 몰랐지만 나는 그날 사업에서 필요한 교육을 몸으로 배웠다. 그것은 바로 쓰라린 볼기짝이었다.

나는 언제나 그날을 내가 최초로 사업에서 타격을 받은 날로 기억할 것이다.

그럼에도 불구하고 나는 사업에 푹 빠져버렸다.

나는 사업가가 될 운명이었다.

3장

너무 멍청해 그만둘 때를 몰랐을까?

나는 앨라배마 벽지의 찢어지게 가난한 소년이 어떻게 성공적인 기업가가 되어, 지금은 같은 곳에서 꽤 커다란 땅을 소유하고 살게 되었는지 종종 질문을 받곤 한다.

대답은 간단하다. **나는 항상 내가 어디를 향해 가고 있는지 알고 있었고 그곳에 도달하기 위한 계획을 가지고 있었다.** 만약 누군가 40년 전 척박한 수박밭 한가운데 서 있던 내게 오늘날 어디에 있을 것인가 물었다면 꽤 정확하게 목적지를 예측하여 대답했을 것이다.

물론 여기까지 오는 정확한 길을 설명하지는 못했겠지만 나는 언제나 목적지만은 정확히 마음속에 품고 있었다.

그것은 어머니가 내게 말씀하셨던 것과 같다. **"아들아, 네가 인**

생에서 어디로 가고 있는지 모르면 네가 거기에 도착했는지 어떻게 알 수 있겠니?"

그것이 꽤 현명한 조언이라는 것은 누구나 알 수 있다. 당신이라면 목적지가 어디인지도 모르면서 온 가족을 차에 태우고 긴 여행길을 나서겠는가?

"아직 멀었어요? 아직 멀었어요? 아직 멀었어요?"

아이들이 묻기 시작하면 뭐라고 대답할 것인가?

"글쎄…… 잘 모르겠다. 음, 글쎄…… 잘 모르겠다."

이렇게만 말할 수는 없지 않겠는가?

분명한 목적지가 있든 없든 아이들은 10분에 한 번씩 화장실에 가야 할 테지만 (사람의 오줌보는 지도나 시간 개념이 없는 것 같다.) 최종 목적지를 미리 정해놓는다면 여행은 조금 더 순조로울 것이다. 사업과 개인적 성공에도 이것은 마찬가지다. 원하는 성공이 어떻게 생겼는지, 어떤 느낌인지, 어떤 맛인지 모른다면 그것을 달성한다 해도 어떻게 알아보겠는가?

우연한 성공이란 없다. 몸만 어른이 되었지 목적이나 방향 의식, 아무 재능도 기술도 없고, 자기 통제나 자존감 따위는 갖지도 않은 채 두 살 먹은 아이처럼 비틀비틀 인생길을 걸어가다가 대단한 성공을 거두는 일은 절대 일어나지 않는다.

물론 당신이 힐튼 가의 상속녀 패리스 힐튼Paris Hilton이라면 모르겠지만. 기자들이 미친 듯 셔터를 눌러대는 동안 지루하다는 표정으로 가만히 서 있기만 해도 되는 그녀와 같은 환경에서 태어나는 사람은 그렇게 많지 않다. 지금도 나는 그녀의 성이 힐튼이라는 사실을 빼면 왜 그리 유명한지 잘 모르겠다. 하지만 나를 제외한 미국의 모든 사람들이 그녀에게 홀딱 빠져 있다. 백화점의 모든 마네킹이 그녀를 매우 부러워하리라는 데는 의심할 여지가 없다. 그녀가 성격이나 지능 면에서는 마네킹보다 조금 낫지 않은가? 하느님, 돌봐주소서. 피노키오가 사람이 되고 싶어 했던 것처럼 패리스 힐튼도 전 세계의 마네킹들에게 희망을 심어주었다!

그렇다. 나는 우연한 성공을 믿지 않는다. 대신 나는 소위 의도적인 성공을 굳게 믿는다. 단순히 설명하자면 의도적인 성공이란 계획 즉, 의도를 가지고 성공한다는 뜻이다. 단지 좋은 집안에서 태어나서 혹은 복권에 당첨되어서, 아니면 부자 삼촌이 돌아가시면서 금덩이를 남겨주어서가 아니라 계획했기 때문에 성공하는 것을 의미한다.

나는 아주 오래전 스스로의 힘으로 나만의 지도를 만들었기 때문에 오늘날 이 자리에 올 수 있었다는 사실을 잘 알고 있다. 그리고 순진과 무지에서 비롯된 추진력과 결단력, 고집이 이 지도와 함께했다. 마음에 품었던 목표를 달성할 수 없을 것이라고 나는 절대 생각하지 않았다. 이름을 밝힐 수 없는 고등학교 때 여자 친구들 몇 명을 빼고는 누구에게도 "안 돼, 그러지 마"라는 말을 들은 적이 없다.

아마 나의 이러한 태도를 가장 잘 요약해 설명해준 사람은 바로 아버지다. 어느 날 내가 사과나무에 기어 올라갔다가 떨어졌다가를 반복하는 것을 본 아버지가 말했다. "아들아, 넌 인생에서 성공할 거다. 너무 멍청해서 언제 그만둘지 통 모르지 않니."

결코 감동적인 영화의 한 장면은 아니었지만 아버지의 그 말보다 더 강력하게 내게 동기를 부여한 말은 들어보지 못했다. 고마워요, 아버지. 그렇게 나를 격려해줘서.

그 사과나무에 올라가는 것은 의도와 목적의 문제였다. 나무 꼭대기에는 크고 맛있는 사과가 열려 있었고 나는 그것을 따서 맛있게 먹으려는 의도를 완벽히 갖추고 있었던 것이다. 몇 번이나 바닥으로 "쿵" 하고 떨어지며 곤두박질칠 때마다 아버지가 얼마나 큰 소리로 웃어대든, 상관없이 말이다.

우연히, 혹은 타고나서, 혹은 어쩌다보니 성공하는 것은 진정한 성공이 아니다. 복권 당첨자 대부분은 부자가 되기 전보다 행복해지지 못한다. 대다수가 결국 파산하거나 몇 년 내에 매우 불행해진다고 한다. 부자든 가난뱅이든 사람은 모두 결혼, 자녀, 돈, 건강, 마음가짐 등의 문제가 있다. 부자와 가난뱅이의 유일한 차이점은 부자에게는 자신의 삶을 일시적으로나마 낫게 만들 수 있는 물건을 살 돈이 있다는 점이다. 그들은 가난한 사람들이 살 수 없는 일시적 만족감을 살 수 있다.

돈으로 행복을 살 수 없다는 말을 잠깐 짚고 넘어가자. 물론 돈으로 행복을 살 수 있다. 몰랐나? 적어도 더 나은 물건을 갖는 것이 더 나은 인생의 열쇠가 아니라는 사실을 깨닫기 전까지는 말이다. 앞에서 말한 적이 있지만 다시 한 번 이야기하겠다. 나는 비참하도록 불행한 부자들과 놀랄 만큼 행복한 가난뱅이들을 알고 있다. 그들의 차이점은 자신의 상황을 바라보는 관점이다. 인생에서 성공을 거두기 위해 반드시 부자이어야 할 필요는 없다. 성공이란 머리와 가슴에 자리 잡은 것이지 은행 계좌에 있는 것이 아니기 때문이다.

사람들에게 나의 가난했던 어린 시절 이야기를 들려주면 종종 이런 말을 듣는다. "불쌍한 사람. 정말 불행했겠어요."

하지만 그와 반대로 나는 행복한 기억만 간직하고 있고, 아버지가 술을 너무 사랑했던 것만 빼면 아무것도 바꿀 것이 없다고 생각한다.

그렇다. 우리는 가난했다. 하지만 어머니와 누나는 우리를 늘 먹이고, 입히고, 따뜻하게 재워주었다. 그리고 무엇보다도 사랑해주었다. 나는 실로 행복한 어린 시절을 보냈다. 난방과 냉방 시설이 없고 한동안은 실내 화장실도 없는 다 쓰러져가는 낡은 집에서 살았지만 말이다. 집은 수십만 제곱미터가 되는 목장과 숲 한가운데 덩그러니 있었고 가장 가까운 이웃집은 수십 킬로미터 넘게 떨어져 있었다. 우리는 일 년에 한 번 주 정부에서 주는 옷을 받았고 우리가 기르거나 죽여서 마련할 수 없는 음식도 무료로 받았다.

한 달에 한 번 우리는 정부에서 주는 무료 음식을 받기 위해 정부 식품 창고로 향했다. 커피, 분유, 정체를 알 수 없는 고기, 설탕, 그리고 그 어느 것보다 좋았던 치즈. 나는 정부에서 주는 그 치즈를 사랑했다. 그것은 크기나 모양새나 강도에 있어 벽돌과 다를 바가 없었다. 자르거나 씹거나 녹이는 것은 거의 불가능했지만 요새를 쌓고 놀 때는 그 치즈보다 좋은 것이 없었다.

가지고 놀 장난감이 많았거나, 새 자전거가 있었거나, 정부 창고에서 받은 것이 아닌 가게에서 산 음식이 있었다면 내가 더 낫고 더 충만하며 행복한 사람이 되었을까? 당시라면 그렇게 생각했을지도 모르겠다. 하지만 오늘날 뒤돌아보면 바꾸고 싶은 것은 단 하나도 없다. 음, 화장실만 빼고.

그러니 진정 행복하고 성공한 사람이 되려면 부자일 필요가 없다. 돈이란 성공을 측정하기에는 형편없는 잣대다. 물론 돈이 있으면 측정하는 일이 훨씬 더 재미있어지긴 하겠지만.

지금 당신의 위치에 대해 이야기해보자. 지금 이 순간 자신의 인생을 돌아봐라. 개인적으로, 감정적으로, 영적으로, 직업적으로, 그리고 재정적으로. 당신이 지금 이곳에 있는 것은, 그리고 지금 가진 것, 지금의 사고방식, 지금의 친구가 있는 것은 모두 살면서 내린 수많은 의사 결정 때문이다.

당신이 집이 없든 대저택에 살고 있든 그것은 모두 당신이 내린 결정 때문이다.

고물차를 몰거나 렉서스를 몰거나. 행복한 결혼 생활을 즐기고 있거나 비참하게 이혼했거나. 아이가 당신을 사랑하고 존경하거나 혹은 당신을 쳐다보는 것조차 싫어하거나, 당신이 함께 있기 즐거운 사람이거나 동네에서 유명한 왕재수거나.

당신이 위에서 어느 쪽에 속하든 이 모든 결과는 당신이 스스로 생각할 수 있게 된 나이부터 내린 의사 결정과 당신이 선택한 길 때문이다. 하느님은 우리가 선택한 것을 행할 수 있는 자유의지를 주셨다. 불행히도 대부분의 사람들은 잘못된 선택을 하는 것 같다.

지금 당신의 인생은 수년 전, 기억조차 못하는 짧은 순간 내린 결정의 결과물이다. 그러한 결정은 단지 왼쪽 아니면 오른쪽, 가거나 아니면 기다리거나 같이 당시에는 별것 아니었지만 삶에 커다란 물결을 만들었고 당신이 걸어온 길을 통해 쭉 영향을 미쳤을 것이다.

이것을 나비효과라고 부른다. 나비효과란 카오스 이론의 한 요소로 단순한 나비의 날갯짓이 대기에 작은 변화를 가져와 그것이 궁극적으로 거대한 폭풍을 형성하거나 없앨 수 있다는 이론이다. 달리 말하면 작은 물결이 엄청난 파도를 만들고 작은 일이 큰 결과를 가져온다는 뜻이다.

더 큰 문제는 당신이 과거에 내린 결정이나 미래에 내릴 결정이 당신의 인생에만 영향을 미치는 것이 아니라는 점이다. 사랑하는 사람들과 친구들, 그리고 당신이 알지 못하는 수많은 사람들의 삶에 영향을 미치게 된다는 것이다.

20년 전 그날, 혹시 몇 분만 집에서 일찍 나왔다면 차 사고를 당하지 않았을 것이고, 허리를 다쳐 지금까지도 고통받는 일이 없었을지 모른다.

혹시 용기를 내어 그 귀여운 소녀에게 졸업 무도회에 같이 가자고 물었다면 오늘 이렇게 외롭지 않았을지 모른다.

혹시 그날 신문의 광고란을 훑어보았다면 나에게 딱 맞는 일을 구할 수 있지 않았을까?

혹시 아이들이 어릴 때 더 많은 시간을 함께 보냈다면 지금 아이들이 당신을 더 자주 찾아오지 않을까?

혹시 그때 당신이 조금 더 적극적인 태도로 결정을 내렸다면 오늘날 삶이 더 나아지지 않았을까? 어떤 사람들은 결정을 내리는 것을 싫어한다. 그들은 그저 '흐르는 대로' 가는 데에 만족하고 다른 사람들로부터 무엇을 할지, 언제 할지, 누구와 할지 지시를 받는다. 그러한 인생이야말로 목적과 방향이 없는 의도가 없는 삶일 뿐이다.

방금 전에도 인생을 휘어잡지 못하고 인생이 당신을 휘어잡게 만든 결정을 내렸을지 모른다. 그렇게 하기는 정말 쉽다. 인생이 불량품을 던져준다. 인생이 안 좋은 패만 내어준다. 일어나려고 할 때마다 인생이 당신을 때려눕힌다.

아니면 인생이 당신을 너무 여러 차례, 너무 수많은 방법으로 골탕 먹여서 이제는 그저 포기하고 다가오는 것만 받아들이는가? 인생이 당신을 피해자로 만들었다. 우리한테 무슨 힘이 있어서 인생에 대들 수 있겠는가?

자, 내 말 잘 들어라. 자신의 문제에 대해 인생을 탓하는 것은 솔직히 바보 같은 짓이다. 그것은 마치 한여름 땡볕에 나와 아이스크림을 먹으면서 그것이 녹는다고 남을 탓하는 것과 같다.

인생은 당신을 조종하지 않는다. 당신이 인생을 조종한다.

운명은 당신을 책임지지 않는다. 당신이 운명을 책임진다.

당신이 지금 거기에 있는 것은 당신 스스로가 그리로 움직였기 때문이다. 잘못된 선택을 했든지, 더 심하게는 아무 선택도 하지 않은 것이다. 인생이 형편없다고 누군가에게 화를 낼 참이라면 자신에게 화를 내라. 그것은 그 누구의 잘못도 아닌 당신의 잘못이기 때문이다.

"하지만 팀, 내가 더 나은 일자리를 구할 수 없는 것은 내 잘못이 아니에요. 대학을 나오지 않았다고 일을 주지 않는다고요!"

나도 대학을 나오지 않았다. 하지만 그것이 내 앞길을 막지는 못했다. 대학교 옆을 운전해 지나간 적은 있다. 보기만 해도 힘들 것 같아서 나는 그냥 갈 길을 갔다.

"하지만 팀, 나는 빚이 너무 많아서 도저히 빠져나올 수가 없어

요! 이 도둑놈 같은 신용카드 회사들이 내 머리를 붙잡고 놓아주질 않아요!'

도둑놈 같은 신용카드 회사 사람들이 당신 집에 찾아와 팔을 비틀면서 헤어날 수 없는 빚을 질 때까지 카드를 쓰게 만들었는가? 신용카드를 잘라 버려라. 예산을 세워 생활하라. 그만 투덜거리고 자신의 살림과 인생의 고삐를 잡아라. 내가 직접 가서 해줘야겠는가?

"하지만 팀, 아내가 나를 이해하지 못해요."

"하지만 팀, 남편이 내가 행복해지기를 바라지 않아요."

만약 아내가 당신을 이해하지 못한다면 당신이 아내와 대화를 나누지 않아서다.

만약 당신이 행복해지는 것을 남편이 바라지 않는다면 그 나쁜 자식과 당장 헤어지고 당신을 행복하게 만들어줄 사람을 찾아라.

많은 사람들이 자신의 행복과 성공을 이룰 수 있는 힘은 자신 안에 있다는 사실을 깨닫지 못하고 있다. 행복, 성공, 인간관계의 조화는 단순히 자신의 마음 상태에 달려 있다. 이것은 신념이자 결단이다. 우리는 행복하고 성공적이라고 마음먹는 순간 즉시 행복하고 성공적인 사람이 될 수 있다. 그만큼 단순하다. 너무 많은 사람들이 남의 말을 듣고 자신에 대한 생각을 확립한다. 그리고 다른 사람들이 우리에게 성공했다고 말할 때 비로소 성공했다고 믿는다. 자신을 믿는 것이 그리 어려운가? 대부분의 사람들에게는 그토록 어려운 모양이다.

성공과 행복, 그리고 다른 모든 감정을 만드는 힘은 우리 머릿속에 있다. 그리고 이 오랜 명언은 사실이다. "생각할 수 있다면 이룰 수 있다." 우리의 두뇌가 그려내는 것은 무엇이든 실제로 만들어낼 수 있다. 두뇌가 미래의 밑그림을 그려 우리에게 붓을 건네주는 것이다. 분명 우리 중 다수는 밑그림 선 바깥으로 마구 삐져나가게 색을 칠한다. 그러나 다행스럽게도 우리 중 몇몇은 숫자를 따라 색만 칠하면 되도록 두뇌가 밑그림을 그려준다. 그렇지 않으면 완전히 망친 그림이 나올 것이다.

대부분의 사람들이 성공으로 가는 열쇠가 우리 자신의 머릿속에 있다는 것을 깨닫지 못한다. 놀라운 일 아닌가? 그들은 성공을 찾아 자신의 내부를 살피는 대신 바깥으로 눈을 돌린다. 그들은 자신의 뒷마당이 아니라 저 멀리 지평선을 바라보며 기회를 찾는다. 그들은 자신의 행복을 직접 만드는 대신 행복을 찾아 남에게 기댄다.

잘 들어라. 당신의 인생은 당신이 하기 나름이다. 삶이 강편치를 날려 당신을 쓰러뜨리면 놈의 정강이를 걷어차고 벌떡 일어나라. 인생이 레몬을 던져주면 보드카를 받은 다른 사람을 찾아 파티를 벌여라. 계속해서 인생이라는 말에서 떨어지면 그놈을 쏘아버리고 택시를 불러라.

자, 이 이야기의 교훈은 옛날 나이키 광고 카피와 같다. **저스트**

두 잇!(Just do it!) 지금 당장 무엇이든 해라. 그리고 의도와 목적 의식을 가지고 그것을 해라. 우연히 일이 벌어지는 대로, 흘러가는 대로 살지 마라. 환경의 피해자나 인생의 놀림거리가 되어서는 결코 성공할 수 없다. 처음부터 의도를 가지고 살았다면 지금 상황은 매우 달라졌을 것이다.

의도적인 삶을 산다는 것은 자신이 상황을 제어한다는 뜻이다. 당신이 바로 자신의 미래에 대한 계획을 세우고 당신의 숙명을 지도로 그려내는 사람이다. 최종 목표를 마음속에 새긴 후 시작하고, 그곳에 도달하기 위해 발걸음을 떼는 것을 의미한다.

의도적으로 산다는 것은 오늘 당신이 하는 모든 일이 내일, 혹은 다음 주, 혹은 60년 후 최종 목표에 도달하기 위해 하는 것이라는 의미다. 만약 쉰 살에 은퇴하여 열대 지방의 섬에서 살겠다고 스무 살에 결심했다면 그 다음 30년 동안은 열대의 지상낙원을 마음 깊이 새기고 모든 일을 해야 한다. 당신이 고르는 직업이나, 당신이 결혼하는 사람, 투자하는 돈 등 모두 말이다. 한 걸음, 한 걸음이 모두 의도적으로 나가야 한다. 그렇지 않으면 마흔아홉 살에 배우자도 없이 파산 지경에 이르고, 어울리는 친구들이라고는 직업소개소에서 함께 줄 서 있는 사람들이거나 금요일 밤에 술집에서 옆에 앉아 술잔을 기울이는 사람들이 될 것이다.

자, 그럼 의도적인 성공에 대해서, 그리고 당신이 지금 이 시점에 인생의 어느 위치에 있든지 상관없이 그러한 성공을 이룰 수 있는 방법에 대해서 이야기해보자. 지금 당신이 끝장나기 직전이라고 해도 아직 희망은 있다. 그리고 그러한 희망은 지금의 구렁텅이에서 기어 나오리라, 인생을 개선할 계획을 세우고 그 계획을 실천에 옮기리라는 결정을 내린 순간부터 시작된다.

사업과 인생에서 무엇을 이루고 싶은지 생각해보자. **성공이 당신에게 무엇을 의미하는지 정의해보자. 그런 다음 자신이 불러일으킬 수 있는 모든 의도와 목적의식을 가지고 그 성공을 좇자.** 그것이 바로 의도적인 성공이다.

나의 경우에 의도적인 성공이란 내가 지난 수십 년간 걸어온 여정과 내가 개인적으로, 사업적으로 이루어낸 성공을 의미한다. 오늘날 내가 삶에서, 사업에서 차지한 위치는 내가 지금까지 목표로 한 곳과 정확히 일치한다. 나를 조금이라도 아는 사람들은 나의 이러한 생각을 추호도 의심하지 않을 것이다. 그럼 나의 여정이 이미 끝났나? 절대로 그렇지 않다. 아직 나의 지도에는 갈 길이 많이 남아 있다. 나는 죽는 그날까지 계속해서 그 길을 걸어갈 것이다.

명심하라. 내가 걸어온 길은 꽤 길었지만 나는 아직도 너무 멍청해 언제 그만둘지 모른다는 사실을. 나를 아는 사람들에게 물어보라.

이제 당신에게 묻고픈 질문이 하나 있다. **당신은 어디로 가고 싶어 하는지 잘 알고 있는가? 더 중요한 질문, 그곳에 도달하면 자**

신이 원하는 곳에 당도했다는 것을 알아차릴 수 있겠는가?

의도적인 삶을 사는 것은 하나의 과정이다. 여기에는 내가 "로드맵"이라고 부르는 것이 포함되어 있다. 이것은 뒤에 사업 운영 부분에서 조금 더 자세히 다루겠다. 사업을 계획하든, 인생을 계획하든 로드맵의 원칙은 동일하다. 해당 장을 여러 번 읽어보고 그것을 실제로 사용해볼 것을 강력히 추천한다. 당신과 주변의 모든 사람들이 다행이라 여기게 될 것이다.

4장

긍정적 마음가짐에 관한 한마디

PMA, 이 약자를 언급하지 않고 넘어갈 경영서는 지구상에 없을 것이다. PMA(긍정적 마음가짐, Positive Mental Attitude). 이것과 PMS(월경전증후군, Premenstrual syndrome)가 한 글자만 다른 것이 재미있지 않나? 음, 내가 너무 깊이 생각했나?

몇몇 착한 사람들은 동네 바보처럼 보인다 해도 활짝 웃으며 긍정적인 태도로 살아간다면 모든 일이 잘 풀릴 것이라고 이야기한다. 흠, 나는 평생 긍정적인 마음으로 살았지만 돌아오는 건 허튼소리에 나쁜 일인 경우가 허다했다.

내가 긍정적으로 생각하는 유일한 것은 이것이다. 긍정적인 태도는 매우 바람직한 것이지만 그것만으로는 성공적인 인생을 꾸리는 열쇠가 되지 못한다.

긍정적 태도로 성취할 수 있는 것에는 한계가 있다. 교회들을 보라. 거기에는 완벽히 긍정적이지만 또한 완벽하게 불행한 사람들로 가득하다. 긍정적 태도가 불행한 일을 막아주지 않는다는 말이다. 그것은 방어막이 아니다.

긍정적 태도는 다만 불행한 일이 닥쳤을 때 우리가 잘 처리할 수 있는 마음가짐을 지니게 해줄 뿐이다. 불행한 일은 일어나기 마련이다. **긍정적 태도는 개인적, 사업적으로 성공하는 데 매우 중요한 요소다.** 인생이 우리에게 던지는 슬프거나 괴로운 일들을 잘 다룰 수 있도록 우리 자신을 대비하게 만드는 것이다. 그것도 긍정적인 방법으로 말이다.

이런 의미에서 긍정적 태도는 분명 부정적 태도보다 훨씬 낫다. 특히 사업에서 성공할 수 있는 자신의 능력을 믿는 경우라면 말이다.

좋은 예가 있다. 우리 집은 강아지로 넘쳐난다. 마지막으로 세었을 때 우리 집에는 총 여섯 마리의 강아지가 살고 있었다. 작고 하얀 털이 북슬북슬한 강아지 네 마리와 잡종 두 마리. 아내는 하얀 놈들이 말티즈라고 했지만 나는 "쓸개"라고 불렀다. 그 강아지들에게 막대기만 하나씩 달아놓으면 바닥을 반짝반짝하게 닦을 수 있을 것 같기 때문이다.

사실 말티즈보다 두 잡종 강아지가 훨씬 더 흥미롭다. 두 강아지의 이름은 각각 섀도우와 슈가인데 둘은 서로 너무나 다른 두 종이 섞인 것이라서 이제 내가 쓸 내용을 사람들은 도통 믿으려고 하지 않는다.

두 강아지의 엄마는 30kg이 넘는 노란색 래브라도였고 아빠는 5kg이 채 안 되는 조그만 치와와였다. 이 치와와의 자신감은 끝이 없었다. 자, 잠시 시간을 줄 테니 두 녀석이 교미하는 모습을 상상해보라.

아마 작은 의자하고 엄청난 양의 동물 진정제가 필요했을 것 같은데 속사정은 누가 알겠는가.

확실한 것은 그 조그만 치와와 녀석이 이 나라에서 가장 긍정적인 태도를 지닌 개가 틀림없다는 점이다. 스테로이드와 PMA의 복합 작용이라고나 할까. 그리고 거사를 치른 후에 치와와는 아마 동네에서 가장 시건방진 놈이 되었을 것이다. 담배까지 한두 개비 피웠을지도 모를 일이다.

여기에서 알 수 있듯이 싸움에서 중요한 것은 강아지의 몸집이 아니다. 그것은 바로 강아지의 투지다.

능력에 대해 그렇게 자신감이 있다면 인생이 어떻게 펼쳐질지 한번 생각해보라.

당신도 동네 모든 개들의 부러움의 대상이 될 수 있다.

5장

자신에게 성공이 진정 무슨 의미인지
알아내는 법

우리 남부 남자들에게는 물건을 측정하는 흥미로운 방식이 있다. 우리는 트럭과 텔레비전, 잡은 물고기에 대해 이야기할 때만 크기가 중요하다고 생각한다. 하지만 내가 새로이 발견한 성공의 잣대를 하나 소개해주겠다.

성공은 수많은 방법으로 측정할 수 있지만 사업가들은 보통 거느린 직원 수나 넓은 사무실, 거둬들인 수입으로 측정한다. 하지만 돈으로 성공을 재는 것은 최선의 방법이 아니다.

전형적으로 사회는 미터 대신 달러로 성공을 가늠한다. 물론 패리스 힐튼은 자기 얼굴이 신문의 가십 면을 장식하는 빈도로 성공을 평가하겠지만.

시간은 많은데 두뇌와 할 일이 없는 사람들이나 텔레비전에 의해 대중의 의견이 정해지는 이 시대에, 성공은 가진 돈이 얼마나 되는지, 가진 물건이 얼마나 많은지, 권력이 얼마나 센지, 집이 얼마나 큰지 등으로 결정된다. 우리 대부분이 사회의 이상에 따라 자신의 성공 잣대를 결정하는 것은 참으로 안타까운 일이다.

이것 하나는 분명히 이야기하겠다. 바깥세상이 당신을 보는 관점과 당신이 자신을 보는 관점은 반드시 달라야 한다. 사회에서 성공이라고 여기는 매우 부유하고 힘 있는 사람들도 보아주는 사람 없이 혼자 있을 때는 진정 불행한 경우가 많다. 그리고 그때가 바로 제대로 성공을 평가할 때다. 남들의 판단 속에 있을 때가 아니라 혼자서 스스로를 판단하는 때 말이다.

개인적 성공은 당신이 받는 포옹의 횟수와 강도, 당신이 남을 웃게 만드는 횟수, 당신이 주변 사람들에게 가져다주는 행복으로 측정되어야 한다. 성공은 내부적으로 즉, 당신 스스로가 자신을 보면서 판단할 때 가장 정확히 측정될 수 있다. 사회나 시어머니/장모, 상사, 혹은 고용인들이 당신을 보는 때가 아니다.

강연이나 워크숍에서 내가 기업가들을 데리고 하는 훈련이 있다. 이것은 여러 가지 분야에서 성공이 진정 자신에게 무엇을 의미하는지 알아보는 것이다. 이 훈련의 목표는 성공에는 매우 많은 종류가 있다는 사실을 참가자들이 깨닫게 하는 것이다. 사업적, 재정적, 개인적, 감정적, 영적, 그리고 부모로서의 성공 등등. 그리고 이 모든 것은 당신의 머리와 마음, 영혼 안에서 서로 얽혀 있다.

단 한 곳에서만 뛰어난 성과를 얻는 것만으로는 완벽한 성공을 이룰 수 없다. 사업을 처음 시작할 때 이 점을 분명히 마음속에 새겨두어야 한다. 이것이 당신을 괴롭힐 수 있기 때문이다. 사업은 당신과 아내, 자녀들 사이의 관계에 악영향을 미치고 기쁨과 절망 사이를 오가게 만들 수 있다.

이것이 바로 사업상의 성공이 자신에게 의미하는 바를 미리 정의해두어야 하는 이유다. 사업체를 거대하게 키워 주식 공개를 했을 때 비로소 성공이라고 여길 것인가? 작은 사업을 운영하지만 가족이 편안히 먹고 살 수 있을 정도가 되면 성공이라고 여길 것인가? 아니면 당신이 한 주를 쉬어도 사업이 문제없이 잘 돌아갈 때가 되면 성공이라고 여길 것인가? 또한 당신의 성공에 대한 생각이 개인 생활에 어떤 영향을 미칠 것인가?

사람들에게 성공이란 각자 다른 것을 의미한다는 사실도 이해해야 한다. 또한 성공이란 남의 눈을 통해서가 아니라 매일 아침 거울을 바라보며 자신의 눈을 통해서 보아야 하는 것이라는 사실도 명심하라. 당신의 관점이 제일 중요하다. 배우자, 자녀, 친척, 시댁/처가, 동료, 상사, 일반 대중이 당신을 바라보는 관점이 아니다. 만약 당신이 멀쩡한 정신에 올바른 의도를 가지고 자신을 진정으로 행복하고 충만하며 성공적인 사람이라고 여긴다면 다른 모든 사람들도 결국 당신을 그렇게 바라보게 될 것이다.

어떤 사람들은 엄청난 권력과 재산을 그러모아야만 자신이 성공했다고 생각한다. 이 사람들은 매주 복권을 사고, 신용카드와 남의 시간에 기대어 산다. 분명한 점은 복권 당첨 같은 것을 통해 순식간에 큰돈을 갖게 되어도 이들은 그것을 어떻게 다루어야 할지 모른다는 것이다. 복권에 당첨되는 사람들은 대부분 몇 년 내 매우 불행하고 무일푼이 되는 지경에 이른다. 성공이라고 생각한 것이 사실은 정반대였다는 것을 발견했기 때문이다. 돈이란 완전히 새로운 형태의 문제점을 몰고 다니기 때문에 그것을 잘 다룰 수 있는 능력이 없는 사람은 성공이 아니라 실패로 막을 내리게 되어 있다.

기억나는가? 영화 〈슈렉 Shrek〉에서 주인공 슈렉과 피오나는 늪지대에 있는 다 쓰러져가는 오두막에서 가난하게 살 때 가장 행복했다. 그들에게 문제가 생기기 시작한 것은 바로 부유한 임금 아버지가 사는 왕국에 갔을 때였다.

이 책에서 가장 중요한 교훈 중 한 가지가 여기 있다. 사업이든 인생이든 당신 자신이 스스로를 성공했다고 여길 때가 진정 성공이다. 남이 그렇게 말해줄 때가 아니다.

내가 당신에게 성공이 무엇을 의미하느냐고 묻는다면 뭐라고 대답하겠는가? 큰 집과 많은 돈, 끝내주게 멋진 배우자라고 말하지 마라. 그것이 당신이 피상적으로 생각하는 성공의 개념일지 몰라도 가슴 깊은 곳에서 진심으로 믿는 성공은 아니다.

나는 겉으로는 행복하고 성공적으로 보이는 부유하고 힘 있는 사람들을 많이 알고 있다. 하지만 하루 일과가 끝나고 집으로 돌아가면 그들의 가정생활은 불행하기 그지없다. 아이들은 그들에게 말조차 붙이지 않고, 목에 소시지를 주렁주렁 매달고 있어도 개가 그들과 놀아주지 않는다. 이러한 사람들이 뒤늦게 마음속 깊이 깨달은 것을 지금 내가 직접 말해주겠다. 사업뿐만 아니라 생활 전반에서 성공하지 못하면 결코 성공이라고 할 수 없다.

성공이 은행에 있는 돈으로만 측정할 수 있는 것이라고 믿는다면 그것은 사회에서 정해준 정의를 따르는 것이지 자신이 직접 만든 잣대를 사용하는 것이 아니다. 당신이 다른 사람의 눈에 성공한 것처럼 보일지 몰라도 개인적으로는 불행할 수 있다. 마릴린 먼로Marilyn Monroe나 조지 리브스George Reeves, 프레디 프린즈 Freddie Prinze, 존 벨루시John Belushi, 아니면 다른 '성공한' 사람들에게 물어보라. 왜 성공의 정점에서 마약과 자살을 택했는지.

모든 잡지의 표지를 장식하는 영화배우들을 보라. 그들에게는 셀 수 없을 만큼 많은 돈과 끝내주는 차, 거대한 저택이 있다. 하지만 이것이 그들이 성공했다는 뜻은 아니다. 적어도 마음속 깊은 곳에서는 말이다. 마음의 안정과 평안을 위해서라면 가진 돈을 모두 맞바꾸려 할지 모른다.

당신이 사람으로서 최고가 되려고 노력할 때 비로소 성공했다고 나는 믿는다. 진정한 성공은 내부의 평안과 행복에서 오는 것이지 은행 잔고에서 나오는 것이 아니다.

내 아이들이 건강하고 행복하고, 사랑과 존경으로 나를 올려다볼 때 나는 스스로 성공한 아버지라 여길 것이다.

우리가 결혼하던 날보다 더 큰 사랑을 품고 아내가 나를 쳐다볼 때 나는 스스로 성공한 남편이라 여길 것이다.

개들이 현관에서 나를 이 세상 어느 누구보다 반길 때 나는 인간으로서는 감히 가늠할 수 없을 정도로 성공한 사람이라 여길 것이다.

빌 게이츠Bill Gates가 가정주부인 나의 아내보다 더 성공한 사람인가? 빌 게이츠는 분명 권력이 엄청나고 돈도 많고 명성도 높다. 하지만 나의 아내는 행복한 가정을 꾸리고 있고, 태양이 자기 아내의 눈 속에서 뜨고 진다고 생각하는 남편과 같이 살고 있다.

아내는 마음이 충만하고 만족스러우며 하루하루가 마치 자신의 인생에서 최고의 날인 것처럼 받아들이고 있다.

자, 그럼 당신이 대답할 차례다. 누가 더 행복한가?

만약 빌 게이츠라고 대답했다면 당신은 바보다. 하느님, 돌봐주소서.

여기 내가 강연 참가자들과 함께하는 또 다른 훈련이 있다. 종이 위에 다음과 같이 분야를 나누어 적는다. 개인, 감정, 종교, 부모, 배우자, 가족, 사업, 일 등. 그 외에 더 생각나는 범주가 있으면 추가하라. 많을수록 좋다.

각 주제 옆에 그 분야에서 자신에게 성공이 의미하는 바가 무엇인지 적어라. 개인적 수준에서 너그러운 마음과 착한 영혼을 지닌 훌륭한 사람이 되는 것이 성공이라고 생각한다면 그렇게 적어라. 부모로서 자녀를 사랑하고 자녀의 건강과 행복을 무엇보다도 중시하는 사람이 되는 것이 성공이라고 생각한다면 그렇게 적어라.

그 다음, 각각의 범주에서 성공하기 위해 필요한 조치를 나열하라. 그 조치를 취하기 위해 필요한 시간과 일정도 함께 적어라. 예를 들어, 자신만의 작은 사업체를 갖고 고객에게 고품질의 제품과 서비스를 제공함으로써 가족에게 안락한 생활을 보장하는 것이 사업의 성공이라면 그렇게 적어라. 그리고 나서 그 성공의 개념을 성취하기 위해 취해야만 하는 조치를 적어라. 이 정도 성공을 이루려면 얼마나 걸릴 것인가? 얼마나 많은 시간과 돈을 투자해야 할 것인가? 하루에 몇 시간이나 일해야 할 것인가? 얼마나 오래 출장을 다녀야 할 것인가? 사업 때문에 가족과 떨어져 지내야 할 것인가? 사업에 필요한 자본을 충당하기 위해 집에서 허리띠를 졸라매야 할 것인가?

각각의 범주마다 필요한 것을 다 적은 후 당신이 쓴 것을 읽어보아라. 분명 각 범주 사이에 충돌이 일어날 것이다. 예를 들어, 원하는 사업상의 성공을 이루려면 적어도 한 주에 한 번씩은 가족들과 떨어져 출장을 다녀야 할 것이다. 이것은 당신이 아내와 자녀들에 대해 만들어놓은 성공 계획에 차질을 빚게 할지도 모른다.

아니면 일주일 내내 일해야 한다고 적었는데 이것이 교회에 꼬박꼬박 나간다는 영적 성공 계획과 마찰을 일으킬 수 있다. 여기에서 중요한 것은 각각의 충돌을 파악하여 나중에 이것들이 실제 큰 문제가 되기 전에 미리 처리하는 것이다. 일단 충돌하는 부분을 규명하고 나면 해결할 수 있는 계획을 세워라. 예를 들어, 출장을 다녀야만 한다면 집에 있는 동안 가족들과 더 많은 시간을 보내도록 계획을 짜면 된다. 아니면 가족들이 사업에 관여하게 만들어서 당신이 집에 머무르는 동안 더 많은 시간을 보내게 할 수 있다.

이 훈련의 요점은 당신의 인생을 쭉 나열해보는 것이 아니다. 삶의 모든 분야가 서로 다른 분야의 영향을 받을 수 있다는 점을 이해하는 것이다. 그래야 사업을 시작하기 전에 그것을 명심하여 현명하게 처신할 수 있다.

당신의 사업적 삶이 개인적 삶 위로 무너져 내릴 것이고, 개인적 삶은 인간관계 위로, 인간관계는 다시 사업 위로 무너져 내리게 될 것이다. 다른 부분도 마찬가지다.

단지 사업뿐만 아니라 인생의 모든 분야에서 성공이 진정 당신에게 의미하는 바가 무엇인지 파악하라. 성공을 이루는 엄청난 속도에 곧 놀라게 될 것이다.

6장

재미가 없다면 서둘러 나와라

몇 번 되지 않지만, 어릴 때 아버지와 가까워지려고 노력한 적이 있었다. 그때 나는 거의 감전사할 뻔했는데 아버지는 그 모습을 보고 진흙탕에서 신나게 노는 새끼 돼지처럼 바닥을 데굴데굴 구르며 웃어댔다.

당시 나는 십 대 초반이었고 아버지는 뒷마당에서 낡은 차를 고치고 있었다. 돌이켜 생각해보니 그러지 말아야 했지만 나는 아버지에게 다가가 물었다. "뭐 좀 도와드릴까요?"

아버지는 대답했다. "좋지. 내가 모터를 돌릴 테니까 이 플러그 선을 잡고 있어라."

사실 그때나 지금이나 나는 점화전과 소화전이 어떻게 다른지 모른다. 하지만 잘 모른다고 해서 어떠한 일에 뛰어들기 전에 주저해본 적은 없었다. 더구나 천진난만한 어린 아이였던 나는 끝이 풀린 플러그 선을 최대한 열심히 붙들고 서 있었다.

아버지, 혹은 나의 아버지라고 주장하는 그 남자가 차 안으로 들어가 액셀레이터를 밟았다. 곧 부웅, 하고 엔진이 돌아가더니 내가 들고 있던 선으로 전기를 보냈다.

순식간에 전기가 선을 통해 내 손으로 들어와 팔을 타고 가슴을 지나 온몸으로 퍼지면서 다리로, 그리고 나의 영혼에 직접적으로 연결된 연약한 부위까지 퍼진 것은 말할 필요도 없다. 나는 선을 놓고 고래고래 소리를 지르고 욕을 하면서 쿵 하고 바닥으로 떨어졌다. 순간 나는 아이를 임신시키거나 굵은 목소리를 갖게 될 가능성이 현저히 떨어졌을 거라는 사실을 직감했다.

그 남자(이때부터 그는 나의 아버지가 아니었다.)가 차 밖으로 나와 정신 나간 하이에나처럼 웃으면서 내 곁에 누워 데굴데굴 구르기 시작했다. 그러고는 소리를 지르고 온몸을 뒤틀며 괴로워하는 불쌍한 아들을 보며 말했다. "세상에, 안 죽었으면 됐지. 재미있지 않니? 기분 좀 풀어."

아버지의 가슴에서 우러나온 이러한 위로의 말 덕분에 다친 몸이나 불량 DNA에 대해 조금 기분이 풀렸다고 말하고 싶지만, 그러면 거짓말을 하는 셈이 될 것 같다. 덕분에 울음을 멈출 수는 있었다. 냉혹한 복수 계획을 짜는 동안에는 울기가 힘들지 않나.

며칠 후 나는 뱀 한 마리를 잡아 아버지의 트럭 운전석 아래에 넣었고 아버지는 꽤 높은 속력으로 달리다가 그 뱀을 발견하고 난리 법석을 피웠다. 자세한 내용은 상상에 맡기겠다.

그 사건에서 얻은 교훈이 하나 있다. 인생과 자기 자신을 보고 웃는 법을 배워야 한다는 점이다. 대부분의 사람들은 항상 너무 심각하다. 텔레비전 프로그램이나 웃긴 영화, 동물원의 원숭이, 겨드랑이까지 올라오는 바지를 입고 검은 양말에 샌들을 신는 동료를 보아야 비로소 웃는다. 하지만 그것 말고도 자신을 향해 웃을 수 있다면 그것은 스스로에게 대단히 좋은 선물을 하는 것과 같다.

웃음, 특히 자신을 낮추는 종류의 웃음은 성공에서 중요한 부분을 차지한다. 자신을 향해 웃을 수 있다면 온 세상이 조금 더 밝게 보일 것이다. 신나게 웃고 있을 때는 화를 내거나 우울해하기 어렵지 않은가.

나는 사업 때문에 힘들어 죽겠고, 고객이 너무나 밉고, 사는 것이 재미없다는 사람들의 불평을 늘 듣는다. 뭐, 나도 종종 그러한 말을 하고 당신도 그런 적이 많으리라고 생각한다. 우리도 결국 사람 아닌가. 불평불만이야말로 우리가 제일 잘하는 일이다.

사업을 하면서 매 순간이 웃음의 연속이었다고 말하지는 않겠다. 당연히 그렇지 못했기 때문이다. 사업이란 원래 힘든 일이고 가끔은 웃을 일이 하나도 없다. 견딜 수 없을 것 같고 실망과 후회로 가득한 날이 많을 것이다. 직원들을 모조리 없애버리고 고객들의 목을 매달아버리고 싶은 마음이 드는 때도 많다. 아니면 변태 같은 유머 감각을 가지고 희한한 가르침을 주는 아버지에게 감전당하고 나서 쓰러진 아이처럼 그냥 바닥에 엎어져 마구 울어버리고 싶은 날들도 있다.

여기에서 교훈이 무엇이라고? 아직 감을 잡지 못한 사람들을 위해 다시 한 번 이야기하겠다. **기분을 좋게 하는 법을 배워라. 웃는 법을 배워라. 사업을 즐기는 법을 배워라. 나쁜 것들을 피해 헤쳐 나가면서 즐거운 것들에 푹 빠져 즐기는 법을 배워라.**

사업이란 즐거워야 하는 법이다. 그것이 바로 우리가 사업을 하는 이유다. 이제 더 이상 재미가 없다면 그것이 바로 내가 다른 일을 찾아보기 시작하는 때다.

이런 말이 있지 않은가? "재미있는 일이 최고다."

그리고 혹시 당신이 겨드랑이까지 올라오는 바지를 입고 검은 양말에 샌들을 신는 사람이라면 거울 앞에서 더 많은 시간을 보내라. 웃는 것이 몸에 좋다.

7장

전구의 전설

사람들은 매우 다양한 이유로 사업을 시작한다. 돈을 많이 벌기 위해서, 자신이 만든 조직의 사장이 되기 위해서, 자식에게 물려줄 유산을 마련하기 위해서, 자신의 운명을 스스로 조종하기 위해서, 그것도 아니면 멍청하고 다른 것은 할 줄 몰라서. 하느님, 돌봐주소서.

내가 창업을 하게 만든 가장 큰 동기는 (뱃속에서 활활 타듯 끓어오르는 느낌이었는데 나는 이것이 위산 과다인 줄만 알았다.) 바로 지긋지긋한 기업의 관료주의와 상식이라고는 눈을 씻고서도 찾아볼 수 없는 상사들이었다.

나처럼 혼자 일하는 것이 적성에 제일 잘 맞는 남자에게 기업의 구린내는 진정 견디기 힘들었다. 정부에서 극비리에 행한 연구 결과에 의하면 대기업에서 나오는 구린내, 즉 메탄가스를 합치면 나라 안 모든 목장에서 나온 것을 합친 것보다 많다고 한다. 그러니 힘 있는 대기업들이 그 결과가 새어나가지 않게 압력을 행사했고, 이 사실을 아는 사람은 연구를 진행한 사람과 나뿐이었다.

음. 이제 당신도 알고 있다.

그리고 연구를 진행한 사람은 작년에 행방불명이 되었다.

흠. 농담은 이제 그만하겠다. 그리고 기업의 구린내와 그것의 공범, 즉 관료주의에 대한 실화를 하나 이야기해주겠다. 대기업에서 잠시라도 근무해본 사람은 이 이야기에 공감할 것이고 비슷한 사례가 하나씩 있을 것이라고 생각한다.

나는 한 방위 산업 관련 대기업에서 수년간 근무했다. 그 기업의 이름을 여기에서 밝힐 수는 없다. 기업의 일급비밀인 회사 규정을 밝힌 데 대해 그 기업의 변호사들이 나를 가만두지 않을 것이 분명하기 때문이다. 하지만 힌트를 주겠다. 그 회사 이름은 '오잉'과 비슷하고 비행기를 주로 판매한다.

어느 날 내가 근무하던 사무실에 60와트 전구 하나가 나갔다. 나는 단순히 설비 담당 부서에 전화를 걸어 전구를 한 개 부탁하면 되겠다고 생각했다. 자, 여기에 기업 관료주의에 대한 첫 번째 레슨이 있다. 대기업에는 모든 사소한 일을 담당하는 부서가 모두 따로 마련되어 있다. 내 생각에는 부서를 세우는 일을 담당하는 부서도 있을 것 같다.

"어느 부서에 계시나요?"

"부서 부서에 있습니다. 저는 부서 부서의 부서장이지요."

두 번째 레슨. 전구를 교체하는 것은 불이 나간 전구를 돌려 빼고 새것을 돌려 끼우는 매우 단순한 일임에도 불구하고 대기업에는 단순한 일이라는 것이 존재하지 않는다. 일을 복잡하게 만드는 일을 전담하는 부서가 따로 있다. 이 부서의 이름은 복잡화 부서다. 그리고 일을 제대로 하지 못하면 결국 그 부서로 쫓겨나게 된다.

일단 나는 설비 담당 부서에 전화를 걸었다. "아, 예. 여기 사무실에 전구 하나가 나갔어요. 전구 하나 얻으러 갈까 하는데요."

누가 들으면 내가 그리로 가서 그 남자의 여동생에게 키스를 퍼붓겠다고 이야기한 줄 알았을 것이다. 수화기 반대편에 있던 남자가 고래고래 소리를 질렀다.

"뭐라고요? 이리로 와서 전구를 얻어? 당신 미쳤소? 안 되지, 이리로 와서 전구를 얻어갈 수는 없어. 우리는 일 처리를 그렇게 하지 않아요. 당신 도대체 누구야?"

"음. 저는 캄캄한 사무실에 앉아 있는 사람인데요."

"뭐야, 당신 코미디언이야?"

"아, 예. 주말에만요." 내가 대답했다.

내가 천재는 아니지만 이 사람이 내 농담을 듣고 껄껄 웃을 사람이 아니라는 것은 금세 알 수 있었다. 그래서 나는 다시 본론으로 들어가 물었다.

"그럼 다시 말씀 드릴게요. 전구를 교체하려면 어떻게 해야 하나요?"

"10동에 있는 이 건물의 설비 사무실로 와서 전구 신청서를 작성하시오. 그럼 여기 부서에서 사람이 나가서 전구를 설치해드릴 테니까."

"그럼 제가 완전히 다른 건물에 있는 설비 부서에 가서 새 전구를 요청하는 서류를 작성해야 한다는 말씀이세요?"

"그렇소."

"그럼 그쪽 사무실의 누군가가 전구를 가지고 이 건물로 넘어와 전구를 설치해주신다는 말씀이고요."

"그렇소."

"여기서 '설치' 라는 말씀은 나간 전구를 돌려 뺀 다음에 새것을 돌려 끼우는 것을 이야기하는 것이죠?"

"그렇소. 그리고 그 직원이 전구가 새로 설치되었다는 것을 확인하는 양식을 가져가니까 서명을 해주면 되고."

"이 복잡한 절차가 말이 된다고 생각하시나요?" 내가 물었다.

그는 콧방귀를 뀌더니 말했다. "이게 회사 절차요. 말이 되든 안 되든 아무 상관없지."

흠. 거기에다 대고 무슨 말을 할 수 있겠나. 하지만 이 모든 절차가 배배 꼬여 있는 것은 분명했다. 그래서 내가 말했다.

"저한테 좋은 생각이 하나 있어요. 제가 전구 교체 신청서를 작성하러 그쪽 사무실에 갈 때 저한테 전구를 하나 주시면 어떨까요? 그러면 제가 직접 설치를 할게요. 제가 전구 설치에 대해 전문교육을 받은 것은 아니지만 그 정도는 혼자 할 수 있을 것 같은데요."

세상에, 그런 말은 하지 말았어야 했다. 수화기 저편의 남자는 너무 열을 받아서 곧 폭발할 것 같은 소리를 냈다.

"뭐라고? 내 말 못 들었소? 여기에서는 그렇게 하지 않는다니까! 당신이 직접 전구를 설치할 수 없소. 당신은 설비 부서 소속이 아니잖아. 지금 무슨 짓이오? 우리 직원을 하나 내보내겠다는 거야?"

내가 어떻게 직원을 내보낼 생각을 하겠나? 그것도 완벽히 훈련된 전구 설치 기사를! 그저 사무실이 조금 밝아지기만 하면 되는데!

"저기, 죄송해요. 제가 어두운 것이 싫어서 그래요. 그럼 제가 그리로 가서 신청서를 작성할 테니 사람을 보내서 전구를 갈아, 어, 아니, 전구를 설치해주세요. 그러면 됐죠?"

"그렇소."

"그러면 제가 신청서를 작성하고 나서 얼마나 빨리 사람을 보내주실 수 있나요?"

"어디 보자……"

그가 혼자 중얼거리는 소리가 들렸다. "월요일…… 아니지. 화요일…… 안 되지."

그가 수화기를 다시 들더니 말했다. "금요일 정오부터 오후 5시 사이에 사람을 보낼 수 있겠군요."

"금요일 정오부터 5시 사이요?" 내가 되물었다. 도대체 그 사람 일하는 곳이 어디야? 케이블 회사? "그건 닷새나 뒤인데요?"

"그렇소."

"그런데도 저는 신청서를 오늘 작성해야 하고요?"

"그렇소. 금요일까지 전구 설치를 원한다면 오늘 신청서를 작성해야 해요. 우리는 닷새 앞서 일정을 짜거든요."

"그럼 저는 닷새 동안 캄캄한 사무실에서 일하고요?"

"이봐요, 금요일도 겨우 넣어주는 거라고."

"그렇군요. 고마워요…… 정말 그냥 한번 물어보는 거예요. 우리끼리 이야기니까 묻는 건데 혹시 금요일까지만 버틸 수 있게 제가 집에서 전구를 하나 가져와 직접 설치하는 것은 어떨까요? 그래도 괜찮겠죠?"

그가 다시 고래고래 고함을 치기 시작했다. "뭐라고? 당신 미쳤소?"

"아니오, 저기, 미친 게 아니라. 그냥 어둠이 무섭다고요!"

"야, 잘 들어……"

그는 정말로 나를 "야"라고 불렀다. 나는 순간 내가 강아지라도 된 것 같은 기분이 들었다.

"외부 전구를 회사 건물 안으로 가지고 들어와서, 회사 소유의 전등에다가 그 전구를 설치하려고 한다면, 노조 규칙과 회사 규정을 열 개도 넘게 어기는 거라고. 그건 허가되지 않은 전구를 회사 내부로 가져와서 회사 자산을 함부로 다루려 한 죄를 짓는 셈이지. 그럼 무슨 일이 일어나는지 알아?"

"어, 불이 들어오겠죠?"

"아니지, 해고당할 거야!" 그가 소리쳤다.

"제가 집에서 전구를 가져와서 이 전등에 끼워 넣으면 해고당한다는 말씀이세요?"

"그렇지!"

"그게 해고당할 만한 짓인가요?"

"당연하지!"

"하지만 제가 거기 사무실에 가서 신청서를 작성하면 그 부서의 누군가가 닷새가 지난 후에 와서 전구를 달아줄 것이고요?"

"그렇소."

"그리고 그 규정이 말이 된다고 생각하고요?"

"그럼. 쭉 그런 식으로 했소."

아, "쭉 그런 식으로 했소." 세상에서 가장 많이 쓰이는 기업의 변명.

그래서 나는 전화를 끊고 맹인처럼 주변을 더듬으며 문으로 걸어갔다. 그래야 계단으로 두 층을 걸어 내려가, 거대한 주차장을 가로질러, 설비 부서가 있는 건물로 가서, 그 망할 놈의 서류를 작성할 것 아닌가! 그때 전화벨이 울렸다.

그것은 보안 부서장이었다. 방금 설비 부서장이 자신에게 전화를 걸어 내가 외부 전구를 회사 내부로 들여오려 한 보안상의 골칫거리라고 보고했다는 것이다.

"외부 전구요? 물론 외국 것이 아니라 우리나라 전구를 쓰려고 했어요."

그는 웃지 않았다. 그는 자신의 사무실로 와 외부 전구 사용에 관한 규정을 듣고 회사의 전구 규정 위반 시 무슨 파장이 있을 것인지 재교육을 받으라고 했다.

나는 그러겠다고 하고, 보안 부서가 어디에 있냐고 물었다.

그는 10동 건물, 설비 부서 바로 옆에 있다고 했다.

끝내주는군, 그나마 일석이조야. 내가 생각했다.

보안 부서에서 회사 규정 위반에 대한 설교를 한참 들은 후 나는 복도 건너편에 있는 설비 부서로 가 전구 교체 신청서를 작성했다.

내가 그곳 선반 위에서 본 것이 무엇인지 아는가?

전구. 아름다운 수십 개의 전구들. 오, 가까이 하기에는 너무 먼 전구들.

생각이 너무 많아도 탈

나도 처음부터 사업가였던 것은 아니다. 나 역시 학교를 졸업하면 '좋은 직장'을 구하고 죽는 날까지 최선을 다해 그곳에 붙어 있어야 한다고 생각하는 사람이었다.

"좋은 일자리는 찾기가 힘들어." 집안의 남자 어른들이 이 말을 하는 것을 들은 기억이 난다. 그들 대부분은 일자리를 찾는 노력을 기울인 적이 거의 없었기 때문에 엄숙하게 이러한 말을 하곤 했다. "좋은 일자리를 구하면 한목숨 다해 매달리는 것이 좋을 거야."

그래서 나는 그렇게 했다. 라디오 진행자, 보험 판매원, 해충 방제사, 나이트클럽 DJ 등으로 일하면서 잠시 샛길로 빠졌던 것을 제외하고 나는 거대 방위 산업체에서 테크니컬 일러스트레이터로 열심히 일했다. 연봉과 각종 혜택, 그리고 유망한 미래가 있는 전반적으로 좋은 직장이었다. 나는 마치 직장 생활을 하는 인디아나 존스 같은 기분이 들었다. 훌륭한 직장이라는 성배를 찾았고 내 눈에 흙이 들어가기 전에는 아무도 그것을 내 손에서 빼앗아갈 수 없었다.

그리고 몇 년간 나는 모범 사원에 타고난 직장인이었다. 나는 능력의 150%를 바쳐 일했고 여러 차례 이달의 모범 사원으로 뽑혔다. 자진해서 일찍 출근했고 야근도 마다하지 않았다. 주말에도, 휴일에도, 다른 때에도 필요하다면 열심히 일했다.

나는 헌신적이었다. 열심히 일했고 나의 일을 사랑했다.

하지만 —어떤 이야기에도 '하지만'이 따르기 마련이다— 나는 회사 내에서 또한 삐걱거리는 바퀴이기도 했다. 어떻게 일을 더 순조롭게 할 것인가, 어떻게 근무시간을 줄이고 생산성을 높일 것인가, 어떻게 업무 절차를 더 잘 관리할 것인가, 어떻게 이런저런 일들을 더 낫게, 더 빠르게, 더 저렴하게 할 것인가. 나는 끊임없이 아이디어를 내놓았다.

그 당시에는 몰랐지만 **나는 '사내 기업가', 즉 사업가적 기질을 지닌 고용인이었던 것이다.** 사내 기업가는 기업가처럼 생각한다. 단 회사 환경이라는 제약 안에서만. 그리고 사내 기업가는 회사에게 큰 자산이 되지만 한편으로는 방해물이 될 수도 있다. 나는 이 사실을 곧 알게 되었다.

함께 일하던 상사들 대부분은 그들의 사무실로 쳐들어와 고장 난 스프링클러처럼 이런저런 아이디어들을 뿜어대는 나를 곧 이해하게 되었다. 내가 내놓은 아이디어 중 몇 가지는 실행에 옮겨졌고 어떤 것들은 그렇지 못했다. 하지만 그것은 내게 중요하지 않았다. 중요한 것은 누군가 내 아이디어를 듣고 인정하며, 그것이 결코 무시당하지 않는 것이었다.

그러던 어느 날, 새로운 상사가 부임했고 그는 혁신적인 아이디어를 가지고 찾아오는 이 미친 사내에게 귀를 기울이고 싶어 하지 않았다. 그는 맨 처음부터 내 말에 전혀 흥미가 없다는 사실을 분명히 밝혔다. 그는 모든 일을 근무시간과 직무 설명서에 맞추어야 한다고 생각하는 구식 직장인이었다. 그가 가장 원치 않는 직원이 바로 '미스터 아이디어'였다. 그리고 내가 가장 원치 않던 것이 바로 나의 의견과 아이디어가 필요 없다고 말하는 벽창호 같은 상사였다. 우리는 늘 서로를 예의 바르게 대했지만 회사 일에 대한 둘의 의견이 완전히 달랐다는 것은 두말할 필요가 없다.

그가 그리도 싫어했건만 나는 적어도 한 주에 한 번씩 새 아이디어를 가지고 그의 사무실을 찾았고 그러면 그는 의자에 기대어 앉아 눈을 감고 고개를 끄덕이곤 했다. 당시 나는 그가 나의 똑똑한 머리에 감탄하고 있는 줄 알았다. 이제는 그가 단지 꾸벅꾸벅 졸고 있었다는 것을 알 것 같다.

그러던 어느 날, 조용히 앉아 한참동안 내 말을 듣고 있던 그가

8장 열정이 담긴 선언

말했다. "녹스, 자네는 생각이 너무 많아."

내가 생각이 많다고? 생각을 많이 하지 않는다거나, 아예 생각이 없다는 소리는 들어봤지만 나에게 생각이 많다고 한 사람은 없었다.

"마지막으로 말하는데, 그냥 자리로 돌아가 자네 일이나 해. 그리고 매일 가지고 들어오는 이런 아이디어 따위는 잊어버려. 자네 의견 없이도 회사는 잘 돌아가고 있지 않나. 좋은 일 하는 셈 치고 생각 좀 그만해."

"알았습니다." 내가 웅얼거리며 대답했다. 솔직히 다른 말이 떠오르지 않았다. 따지고 보면 나는 회사에 도움이 되었고 나의 본능을 따르던 것뿐인데. 나보고 생각하지 말라는 것은 곧 숨 쉬지 말라는 것과 같았다. 그것은 내가 할 수 있는 일이 아니었다.

일단 나는 꼬리를 내리고 터벅터벅 자리로 돌아왔다. 한 걸음마다 나는 생각을 하기 시작했다. 이 회사에 바친 세월에 대해 생각했다. 은퇴하거나 죽을 때까지 이 회사와 함께하기로 한 내 결심에 대해 생각했다. 나는 갑자기 지난 몇 년간 나의 생각이 틀린 것이 아닐까 의심했다.

그래서 그날 나는 완전히 새로운 생각을 하기 시작했다. 내가 원래 대기업의 승진 가도를 달릴 만한 사람이 아니었던 것은 아닐까 고민했다.

스스로 사업을 하기 전에는 정말 행복해질 수 없을 거라고 생각했다.

그리고 마침내 회사를 그만둘 계획을 짜기 시작했다.

그날 상사와의 작은 회의 이후 시작한 조그마한 사업이 6개월이 지나자 나의 연봉과 비슷한 돈을 벌어들이기 시작했다. 그래서 이제는 결단을 내릴 때가 되었다고 생각했다.

나는 상사의 사무실로 들어가 말했다. "제가 회사를 떠나는 것이 가장 좋은 길이라고 생각합니다."

아직도 그의 놀란 표정이 기억난다. "엉?"

"저 스스로 사업을 할 겁니다. 지금 사표를 제출한 것으로 생각해주십시오."

그는 쥐고 있던 펜을 책상에 툭 던지며 고개를 흔들었다. "녹스, 자네가 꼭 원한다면 그리 해야겠지만 개인적인 생각에는 자네 제정신이 아니야."

나는 빙그레 웃으며 말했다. "팀장님, 생각이 너무 많으십니다."

그 후로 나는 절대 뒤돌아보지 않았다.

9장

몸이 열 개라면 좋았을 것을

긴 세월이 지난 뒤 나는 기업가에는 두 종류가 있다는 것을 깨달았다. 한 번에 한 가지 사업을 시작해 자신의 시간과 노력의 100%를 쏟는 사람과 한 번에 여러 사업을 시작해 각각의 사업에 자신의 시간과 노력 100%를 들이는 사람. 이들을 더해보면 물론 100%가 넘겠지만 아시다시피 나는 수학자가 아니라 기업가다!

우리는 후자를 시리얼(serial) 기업가, 즉 연쇄 기업가라고 부른다. 연쇄 기업가는 단지 하나의 사업만으로는 만족하지 못한다. 오, 그것은 너무 쉽지 않은가. 연쇄 기업가는 언제나 다음 사업을 찾고 있다. 지금 하는 일에 목까지 파묻혀 있어도 말이다.

연쇄 기업가가 한 가지 일에 집중하지 못하는 것 아닌가 생각할 수도 있다. 하지만 그것은 사실이 아니다. 연쇄 기업가는 대단

한 집중력이 있다. 장미 정원에 거름을 주는 것처럼 수많은 사업에 집중력을 골고루 분산시키고 그 모두가 잘 자라 번성하기를 바란다.

고백하건대 나는 연쇄 기업가, 즉 시리얼 기업가다. 내가 아침 식사용 시리얼을 만들어 파는 사람이라는 뜻이 아니다. 그것은 내가 여러 사업을 동시다발적으로 운영한다는 뜻이다. 어떤 때는 모두 잘 운영하고 어떤 때는 모두 죽을 쑨다. 나의 흥미를 돋우는 것은 여러 사업을 운영하는 것이 아니다. 재미는 창업에 있지 운영에 있는 것이 아니다. 연쇄 기업가는 누구나 할 수 있는 일이 아니다. 여러 사업을 동시에 운영하는 것은 나의 모든 시간과 돈, 관심을 원하고 그렇지 못하면 심장마비나 파산을 일으키겠다고 협박하는 여자 여러 명과 동시에 사귀는 것과 같다.

여기 자신이 연쇄 기업가인지 알아보는 몇 가지 방법이 있다.

적어도 10개의 서로 다른 회사의 장으로 이름이 새겨진 명함이 쌓여 있다. 그중 몇 가지는 창업한 기억조차 나지 않는다.

부동산 재벌 도널드 트럼프보다 더 자주 부동산 임대 계약서에 서명했다.

이런저런 사업에 필요한 자본을 대느라 집을 하도 여러 번 저당 잡혀서 3025년이 되어야 비로소 전액을 상환할 수 있다.

새 사업에 필요한 멋진 인터넷 도메인 이름을 생각하느라 밤을 새운다.

세무서에 있는 사업자 등록 담당자 책상에 당신의 아이들 사진이 있다.

누군가 직업이 무엇이냐고 물으면 "혼자 힘으로 일합니다."라고 대답하고 자신도 그 말을 믿는다.

여러 사업을 벌이고 헤쳐가면서 얻은 교훈이 많아서 이제 다른 사람들이 당신을 일종의 사업 전문가로 여기고, 지역 신문에서는 사업 관련 상담 칼럼을 마련해주고, 어떤 정신 나간 출판사는 책을 내자고 이야기까지 한다.

아, 정말 좋은 나라 아닌가?

10장

쉴 때와 달릴 때를 가려라

이 길을 걷다가 나는 한때 우리 아버지의 낡은 트럭처럼 완전히 주저앉아 버린 적이 있다. 당시 나는 여러 사업을 꾸리고 있었고, 한 주에 한 번씩 신문에 칼럼을 썼고, entrepreneur.com 사이트에 매달 한 번씩 글을 썼고, 고객을 만나고, 기업가 워크숍에서 강연을 하고, 한 명의 아내, 두 명의 아이, 여섯 마리의 개와 부대끼며 살고 있었다.

내가 정신을 놓아버린 것은 어느 날 캔자스시티의 한 호텔에서 잠을 깼는데 내가 거기에 왜 갔는지 기억할 수 없을 때였다. 놀러 간 것이 아니라 일 때문이었다는 것은 확실했다. (나쁜 뜻은 아니다. 하지만 캔자스에 뭐 볼 것이 있겠는가. 하느님, 돌봐주소서.)

그것이 바로 내 앞의 수많은 기업가들과 그 이후로도 수많은 기업가들에게 흔히 일어나는 문제를 맞닥뜨린 순간이었다. 나는 뚱뚱한 여자의 브래지어처럼 끊어지기 직전까지 자신을 몰아붙이다 결국 툭 하고 끊어져버린 것이다. 다른 좋은 곳 다 놔두고 하필이면 한겨울 캔자스시티에서! 하와이 같은 데서 그랬으면 얼마나 좋아!

나의 한정된 시간과 지능에 대한 엄청난 압박이 드디어 나의 모든 기운을 빼앗아버린 것이었다. 나의 회로에 전력이 과다 공급되었다. 호텔의 형편없는 커피를 두 잔째 마시면서, 역시 똑같이 형편없는 호텔 아침 식사를 먹으면서 나는 빨리 변화를 일으키지 않으면 곧 정신적, 신체적으로 녹아내리고 말 것이라는 사실을 깨달았다.

육체보다 정신 건강이 더 걱정이었다. 그것은 내가 태어난 순간부터 아슬아슬하게 지탱해오던 것이었기 때문이다. 우리 집안의 모든 사람들은 정신 건강 면에서 조금씩 균형이 안 맞는다. 그중 몇 사람만 그것을 남들보다 잘 숨기고 살아가고 있을 뿐이다.

내가 아는 한 공식적으로 정신이 나간 유일한 녹스 집안사람은 작은할아버지 루터뿐이었다. 그는 들어와 식사하라는 말을 들을 때까지 돌이 가득 든 큰 가방을 짊어지고 친척 집(혹은 그가 친척 집이라고 생각하는 집) 앞을 서성거렸다. 그는 집 안에 들어와서는 말 한마디 없이 밥을 다 먹은 뒤 다시 가방을 짊어지고 자기 갈 길을 갔다.

재빨리 그를 집 안으로 초대하지 않으면 그는 들어오라는 말을 들을 때까지 집에 돌을 던졌다.

정말 더운 날에는 서성거리는 것 따위는 집어치우고 곧바로 돌을 던지기도 했다.

그러니 사람들은 그와 함께 식사를 하든가 유리창이 몇 개 깨지든가 둘 중 하나를 택해야 했다. 새 유리는 밥 한 끼보다 훨씬 비쌌고 녹스 집안이 모두 찢어지게 가난했기 때문에 루터 할아버지는 대체로 밥을 아주 잘 얻어먹을 수 있었다.

나는 캔자스시티에서 일을 마치고 집으로 돌아간 다음 잠시 '탈현실' 하기로 했다. 안식을 하는 것이 아니고, 휴식을 취하는 것도 아니고, 휴가를 쓰는 것도 아니었다. 숨을 돌리는 것도 아니었다.

나는 탈현실 하는 것이었다.

탈현실이 대체 뭐람?

사람들에게 "이봐, 나 탈현실 중이야"라고 말하면서 으스대는 것이 즐거워서 그냥 그런 말을 쓴 것일지 모르겠다.

괜스레 중요한 사람처럼 보이지 않나?

불행히도 앨라배마의 거의 모든 사람들은 '탈현실'이 무슨 뜻인지 몰랐다. 그래서 나는 그냥 멍한 눈길을 많이 받았다.

예를 들어 어머니는 내가 위중한 탈장에 걸려 일을 쉰다고 생각했다.

어머니는 너무 걱정이 심해 몸이 아픈 지경까지 이르렀고 결국 나는 배터리를 재충전하기 위해 잠시 쉬는 것이라고 말씀드려야 했다. 그러자 어머니는 내 자동차 배터리에 무슨 문제가 있는 것이 틀림없다고 생각하셨고 그것에 대해 다시 걱정하기 시작했다.

탈현실 하는 동안 내가 루터 할아버지 같은 지경에 이르게 된 행보를 돌이켜보았다. 공책과 연필을 가지고 자리에 앉아 내가 관여하고 있던 모든 일을 적었고 모든 일에 우선순위를 매겼다. 그전에는 우선순위라는 것은 생각해본 적이 없었다. 모든 것이 가장 먼저 할 일이었고 모든 일이 중요했으며 모든 일에 집중해야 했다.

나는 마치 후각을 잃어버린 늙은 사냥개 같았다. 어떤 토끼부터 쫓아야 할지 몰라 아무것도 하지 못한 날이 태반이었다.

결국 나는 조금 더 적은 일에 집중하고 내가 크게 필요치 않은 일은 손을 떼기로 결심했다. 개인적으로, 경제적으로 필요한 일만을 추구하되 그렇지 못한 일은 그만두기로 했다.

추가 사업 계획을 파기했고 지금 가지고 있는 사업을 개선할 계획을 짰다. 직원들에게 일을 더 나누어주었고 간부들에게 더 많은 권한을 부여했다. 모든 전화를 직접 받는 일과 모든 이메일에 직접 답장을 쓰는 일을 멈추었다. "아니오"라는 말의 가치를 배우기 시작했다.

나의 탈현실은 일주일을 채 넘기지 못했다. 내가 하루 종일 집안을 배회하는 것이 아내의 신경을 거슬리게 했고 아내는 내가 다시 일을 시작하는 것이 자신의 정신 건강과 나의 안전과 우리의 결혼 생활에 훨씬 유익할 것이라고 했다.

그래서 나는 다시 일을 시작했지만 다시 탈진하지 않으려면 몇 가지 변화를 만들어야 한다는 사실을 분명히 이해하고 있었다.

조금씩 나는 사업과 개인 생활을 다시 충분히 제어할 수 있게 되었다. 수년 만에 처음으로 나는 하루에 16시간 이상은 일하지 않았고 3시간 이상 잤다.

나는 아내와 아이들, 개들과 다시 즐거운 관계를 누릴 수 있게 되었다.

매주 한 번 어머니를 모시고 외식을 나가기 시작했다.

중요한 것은 얼마나 많은 사업체를 소유하느냐가 아니라 이미 가진 것을 얼마나 잘 운영하느냐라는 사실을 배웠다.

그리고 장소와 시간을 스스로 잘 관리할 수 있기 전까지는 업무 양에 제한을 두어야 한다. 무슨 수를 써도 하루를 25시간으로 만들 수는 없는 노릇 아닌가. 내 말을 믿어라. 시도해본 적이 있으니까.

이러한 조치가 나에게 힘든 일이었을까? 물론이다. 나는 수많은 명함을 지니고 다니는 것을 사랑하는 연쇄 기업가다. 나에게 사업에 대해 생각하지 말라는 것은 십 대 남자 아이들에게 여자에 대해 생각하지 말라는 것과 같다. 나는 타고난 기업가다. 창업이 바로 내가 하는 일이다. 이제야 깨달은 것이지만 관건은 모든 일을 적당한 수준으로 하는 것이다.

나는 사업 중독을 치료하기 시작했다. 내일 당장 군침이 도는 멋진 사업이 나타난다면 바로 유혹에 빠질지도 모르겠지만 아직까지는 잘 버티고 있다.

적어도 어머니가 아들의 위중한 탈장에 대해 걱정할 필요는 없지 않은가.

그리고 어머니, 제 차도 멀쩡하답니다.

11장

기회가 찾아오기를 기다리고 있는가?

어머니는 이렇게 말씀하셨다. "아들아, 이 세상에는 두 종류의 사람이 있단다. 행동하는 사람과 그렇지 않은 사람."

어머니는 행동하는 척하는 사람을 빼먹었다. 하지만 그 사람들도 하는 일이 거의 없으니 행동하지 않는 사람이나 마찬가지다.

'행동하는 사람'은 일을 주도하고 해내는 사람들이다. 행동하는 사람은 기회가 나타나기를 기다리지 않는다. 행동하는 사람은 매일 아침 일어나 동굴을 나와 차갑고 냉혹한 세상에 나가고 무엇이든 잡아끌고 돌아온다.

'행동하지 않는 사람'은 전혀 다른 방식으로 인생에 접근한다. 그들은 늘 느긋하고 게으르며 별다른 목적의식 없이 흘러가는 대로 사는 데 만족한다. 그들은 내키는 대로 잠에서 깨어나고 동굴

앞 바위 위에 앉아 행동하는 사람들이 지나가기를 기다린다. 혹시나 그들이 그날 잡은 것을 나눠줄까 하는 마음에서다.

행동하지 않는 사람은 그저 가만히 앉아 세상이 흘러가는 것을 지켜보는 것으로 만족한다.

행동하는 사람은 자신이 세상의 뿔을 쥐고 흔들 때 비로소 만족한다.

당신은 행동하는 사람인가, 아니면 행동하지 않는 사람인가? 혹시 '할 수 없는 사람'이나 '하지 않으려는 사람'은 아닌가? 말장난같이 들릴지 모르겠지만 사업에 관한 한, 행동하는 사람만이 성공할 뿐 다른 사람은 절대 성공하지 못한다. 매우 단순한 규칙이다.

행동하지 않는 사람은 이런 말을 잘하기로 유명하다. "선택할 수 있는 여러 가지를 재어보고 있는 중이야. 여러 가능성을 살펴보고 있는 중이야. 적당한 기회가 찾아오기를 기다리고 있는 중이야." 이보세요. 제발 내가 직접 그리로 찾아가 흠씬 패주지 않게 해주세요.

나는 세상에 널린 행동하지 않는 사람들을 싫어한다. 특히 그들이 나처럼 기업가라고 자처할 때. 그들은 나를 존경한다면서 다가와 우리가 얼마나 비슷한지 말을 늘어놓는다. 무엇 때문인지는 모르겠지만 나에게는 언제나 행동하지 않는 사람들이 꼬인다. 아마 하느님이 내세에 나를 어디로 보낼지 결정하려고 지금 바보들을 가지고 나를 시험하시는 것 같다. 오, 하느님. 제발 고객 상담실만은……

그들은 늘 내게 다가와 "팀, 나도 기업가예요. 당신처럼요! 멋지지 않아요? 나는 지금 적당한 기회가 찾아오기를 기다리는 중이에요. 그러면 바로 뛰어들 작정이죠. 우리 동호회 하나 만들면 어떨까요? 아니지, 사업을 같이 합시다!"

이봐, 나랑 동호회를 하면 당신은 국물도 없을 줄 알라고.

"그저 적당한 기회가 찾아오기를 기다리고 있는 중이에요." 같은 말을 늘어놓는 가짜 기업가를 한 명이라도 더 만나면 부츠 발로 제대로 걷어찰 작정이다.

기회란 피자처럼 배달해주는 것이 아니다.

여드름 난 십 대 소년이 비딱하게 야구 모자를 눌러쓰고 김이 펄펄 나는 피자 박스에 기회를 담아 집 앞에서 문을 두드릴 것 같은가?

기회는 찾아오지 않는다.

기회는 문을 두드리지 않는다.

기회는 당신이 어디에 사는지조차 모른다.

기회는 당신의 이름이나 전화번호, 당신의 현재 상황이 무엇인지 모른다.

기회는 당신의 재능과 기술, 다른 모든 좋은 면을 높게 평가하지 않는다.

기회는 당신이 정말 훌륭한데 다만 운이 좀 필요한 사람이든 아니든 상관하지 않는다.

행동하는 사람은 기회가 찾아오기를 기다리지 않는다. 그들은 기회를 찾아 나선다. 그들은 소파를 박차고 일어나거나, 사무실의 좁은 자리를 벗어나 밖으로 나오거나, 문을 열고 나오거나, 동네 모든 길을 이리 뛰고 저리 뛰며 보이는 모든 문을 두드린다. 때로는 기회가 문을 열고 나와 당신을 반기겠지만 그렇지 않을 때도 많다. 하지만 진정한 기업가는 아랑곳하지 않고 계속해서 문을 두드린다.

행동하는 사람은 문 수천 개를 두드리고도 기회를 발견하지 못할 수 있다는 사실을 잘 알고 있다. 그들은 기회가 바로 다음 골목에 기다리고 있을 수 있다고 생각한다. 그래서 계속해서 문을 찾아다니며 두드린다.

어느 경영 대학원을 나왔느냐는 질문을 받으면 나는 늘 이렇게 대답했다. "노크 대학원" 여기까지 오면서 인생이 나를 때리고 두들겼다는 뜻이 아니다. 수많은 문을 찾아다니며 보이는 곳마다 문을 두드렸고 그중 몇 곳에서 기회가 문을 열어주었다는 뜻이다. 내가 성공한 이유가 기회를 기다리는 대신 직접 찾아 나섰기 때문이라는 뜻이다.

그렇다. 그 증거로 여기 멍든 손마디가 있다.

12장

제대로 하는 기업가가 되어라. 세상에는 경쟁자가 많다

올해 초, 사랑하는 아내와 아이들이 내가 진정 그들을 사랑한다면 마당에 수영장을 만들어주어야 한다고 우겼다.

개인적으로 나는 인간이 물속에서 시간을 보내야 한다면 신께서 폐 대신 아가미, 손가락 대신 지느러미, 발가락 대신 물갈퀴를 만들어주지 않겠냐고 생각하는 사람이다. 하지만 물을 사랑하는 내 인생의 여인들을 어찌 내가 거스를 수 있겠는가? 덕분에 지금 우리 집 뒷마당에는 거대한 시멘트 연못이 넓은 자리를 차지하고 있다.

이 경험을 통해 나는 '도급 기술자'라는 흥미로운 기업가들에 대해 알게 되었다. 그들 모두를 일반화하려는 것은 아니다. 하지만 내가 만난 도급 기술자들은 커다란 트럭을 몰고, 낡은 작업화에 더러운 청바지, 찢어진 티셔츠를 입고, 버디, 부바, 주니어, 얼 같은 이름을 가진 전형적인 남부 사내들이었다. 희한하게도 그중 가장 덩치가 좋은 사람의 별명은 늘 타이니(꼬맹이)였다.

잠시 딴소리. 뚱뚱한 사람을 꼬맹이라고 부르는 것은 다리가 셋밖에 없는 강아지를 럭키라고 부르거나 팔이 한 쪽밖에 없는 사람을 왼손잡이, 대머리 남자를 털보라고 부르는 것과 마찬가지다. 물론 처음에는 재미있을지 모르겠지만 유머는 곧 꼬맹이의 바짓가랑이나 털보의 머리처럼 낡거나 빠져 없어져버린다.

아내의 말을 승낙하고 나서 (아내가 내 승낙이 필요하긴 한가!) 곧 업자들이 나타나기 시작했다.

수영장 업자, 콘크리트 기술자, 조경업자, 울타리 기술자, 바닥 천공 기술자, 파낸 흙 처리 업자, 해충 방제 업자, 전기 기술자, 하수도 기술자, 그리고 기억할 수도 없는 별의별 기술자들.

드디어 그들이 우리 삶을 정신없게 만들기 시작했다. 공사하는 내내 나의 머릿속에 끊임없이 떠오른 유일한 의문은 이것이었다. 도대체 어떻게 이 사람들이 망하지 않을 수 있을까? 사업의 일반적인 규칙은 생각하지도 않고 사소하지만 중요한 것들을 무시하기 일쑤인데. 견적보다 높게 청구하지 않기, 일정 준수하기, 약속한 장소에 약속한 시간에 맞춰 오기, 직원들 잘 관리하기, 필요한 면허는 가지고 있기, 작업의 품질 확실히 하기, 고객의 자산 소중히 하기 등등.

도급 기술자 전체를 깎아내리려는 것이 아니다. 세상에는 정직하고, 꼿꼿하고, 자신의 일에 자부심을 갖고 교과서대로 일을 처리하며, 고객의 만족을 위해 열심히 일하는 수많은 도급 기술자들이 있을 것이다. 여름 내내 우리 집 뒷마당에 기거하던 사람들과는 다른 분들 말이다.

그들로부터 나는 도급업에 대한 소중한 교훈을 몇 가지 배웠고 이것을 지금 여러분과 함께 나누고자 한다. 어떤 종류든 도급 기술자들을 접해본 사람이라면 이것이 매우 낯설지 않으리라 생각한다.

도급업자가 "예, 아침 일찍 오겠습니다."라고 말하면 사실은 "음, 운이 좋다면 다음 6개월에서 12개월 사이 언젠가 올게요. 혹시 오지 않거나 약속 시간을 다시 잡아야 해도 전화를 미리 드리는 일은 없을 겁니다. 그저 마음 내킬 때 나타나 모든 일이 잘 돌아가고 있는 듯 굴면서 몇 시간 일하고 간다는 말 한마디 없이 사라지겠습니다."라는 뜻이다.

도급업자가 "예, 한 천 달러 나오겠네요."라고 말하면 사실은 "음, 얼마가 들지 아무 생각 없네요. 하지만 당신이 생각하는 것보다는 훨씬 더 많이 나올 거라는 것은 보장하죠. 천 달러에서 시작해서 금액이 마구 오를 겁니다. 좋죠?"라는 뜻이다.

도급업자가 "예, 한 주 안에 마무리 지을 수 있습니다."라고 말하면 사실은 "음, 미래를 누가 알겠어요? 끝날 때가 되면 끝나겠지요."라는 뜻이다.

도급업자가 "물론 공사의 품질은 보장합니다."라고 말하면 뒤에 덧붙일 말을 빼먹은 것이다. "내가 사라지고 난 다음 용케 나를 찾을 수 있으면."

도급업자는 마치 제멋대로 움직이는 돌연변이 기업가 같다. 그들은 사업을 하고 싶어 하지만 오직 자신의 규칙대로만 움직인다. 일반 기업가가 만약 이렇게 성의 없이 일을 한다면 곧 망할 것이다.

여기에 **당신의 사업에 이용할 좋은 교훈**이 있다.

공사에 대해 견적을 제시할 때는 약속한 조건을 지켜라.

가격을 미리 정하면 그것보다 높게 받지 마라.

고객과 약속을 하면 지켜라.

일정을 정하면 그대로 따르라.

공사를 시작하면 제대로 완료하라.

문제가 생기면 고쳐라.

이게 그리 어려운가?

자, 이제 이 글을 읽은 모든 도급 기술자들이 화가 단단히 났을 것이다. 이 말만 하고 넘어가겠다. 피부가 제대로 익은 아내와 아이들의 말을 빌리자면 모든 고생이 그럴 만한 가치가 있었다.

나도 인정하기는 싫지만 수영장은 멋지게 완성되었다.

아내가 행복하고,

아이들이 행복하고,

업자들도 행복하다.

가족이 행복하면 나도 행복한 것이라고 한다. 그거면 된 것 아닌가.

이제 기분이 좀 나아졌다.

독자 여러분에게 속마음을 털어놓는 것은 언제나 기분이 좋다.

13 장

이 세상에 슈퍼맨은 없다

얼마 전 성공적인 기업가가 되기 위해 갖추어야 할 성격적 특성이 무엇이냐는 질문을 받았다. 나는 열정과 끈기, 노력 등 모범 답안을 내놓았다.

거짓말을 하려는 것은 아니었다. 하지만 나는 그 질문을 수도 없이 받아서 자세히 생각하지 않고 그냥 입에서 나오는 대로 이야기하게 되었다. 아내가 "이 옷 입으니까 뚱뚱해 보여?" 하고 물으면 텔레비전에서 눈을 떼지도 않고 "아니, 여보, 날씬해 보여. 정말 날씬해 보여."라고 대답하는 것처럼 말이다.

언젠가는 누군가 틀에 박힌 이 대답보다 상세한 답변을 원할 것이 분명하기에 나는 완벽한 기업가의 특징에 대한 조금 더 종합적인 정의를 내려야겠다고 생각했다. 이렇게 하면 질문을 받았을 때 아무것도 모르는 얼굴로 멍하니 있다가 허겁지겁 말을 만들어 내고는 아무도 눈치채지 못하기를 바라는 바보로 보이지는 않겠지. 내가 지금까지 이런 적이 있었다는 뜻은 아니다. 정말 그런 적 없다.

제일 먼저, 완벽한 이상형, 완벽한 계획, 완전범죄처럼 '완벽한' 기업가란 존재하지 않는다. 그러니 다음에 제시한 가장 바람직한 기업가적 특징은 적당히 새겨들으면 되겠다. 아내가 결혼 전에 완벽한 남편상에 대해 적어놓은 목록처럼 말이다.

아내는 총 10개의 바람직한 남편상 중 단지 2개로 만족했지만 결혼 생활은 지금까지 큰 문제없이 굴러가고 있다. 그러니 탐탁지 못한 결과가 나와도 너무 상심할 필요는 없다.

자, 본론으로 들어가 성공적인 기업가들이 공통적으로 지니는 10가지 특징을 소개하겠다.

일종의 테스트라고 생각하고 아래 질문에 답해보자. '예'에는 1점, '아니오'에는 0점을 준다.

1. 업무를 나누어주고 사사건건 간섭하지 않을 수 있는가? 사업을 운영할 때는 10가지도 넘는 일이 동시다발적으로 진행되는 경우가 많다. 그러니 그것을 모두 혼자 처리하려 하는 것은 무척 바보 같은 짓이다. 물론 직원을 고용할 형편이 되기 전까지는 그래야 할지도 모르지만. 당신이 직접 할 때와 같은 결과를 낼 수 있

는 든든한 파트너와 직원으로 단단히 무장해야 한다. 그들에게 업무를 나누어줄 때마다 어떤 결과가 나올지 전전긍긍한다면 1번 문제는 0점이다.

2. 당신은 자발적이고 스스로를 잘 통제하는가? 매일 아침 같이 사는 사람이 얼음물을 끼얹지 않고서는 침대에서 나올 생각을 하지 않는다면 당신은 기업가가 되는 데 필요한 동기나 규율이 부족하다.

사업을 하려면 순수하게 본인의 의지로 행동해야 한다. 스스로 동기를 부여해 수화기를 들고 영업에 필요한 전화를 걸 수 있어야 한다. 스스로 동기를 부여해 차에 올라 고객을 만나러 갈 수 있어야 한다. 스스로 동기를 부여해 하루에도 수백 가지 일을 해야 한다. 자신이 하지 않으면 저절로 될 리 만무하기 때문이다.

3. 오랜 시간 자발적으로 열심히 일할 수 있는가? 창업이란 쉽다. 그렇죠? 절대 아니다! 남 밑에서 일하기가 어렵다고 생각한다면 스스로 사업을 한번 해보라. 쥐어짤 수 있는 모든 땀과 피, 눈물을 쏟아부어야 한다. 매일 오랜 시간 일하고 필요한 경우 하루 24시간, 일주일에 7일 일할 수 있어야 한다. 적어도 사업 초기에는 말이다. 일할 생각만 해도 피곤하다면 0점이다.

4. 인간관계가 사업 초기의 고난을 견딜 수 있을 만큼 공고한가? 사업을 하고 싶다는 사람을 만나면 가장 먼저 묻는 질문이 이것이다. "배우자나 애인이 어떻게 생각하십니까?"

사업 초기에는 생각했던 것보다 훨씬 더 오랜 기간 가족과 시간을 보내지 못하게 된다. 경제적으로도 무리가 올 수 있다. 당신에게 무리가 되는 것은 곧 가족에게도 무리이니 혼자서 세상을 상대하는 것이라고만 생각해서는 안 된다.

가족의 생활비 걱정 말고도 앞길에 다른 장애물들이 많을 것이다. 가족이 당신의 아이디어를 지지하지 않는다면 0점이다.

5. 스스로 최고의 영업 사원이 될 자신이 있는가? 초기 자본이 얼마나 많든 곧 수익을 내지 않으면 안 될 때가 오고, 그때 현금이 돌게 하는 것은 당신의 역할이기 때문에 이 질문은 가장 기본적이면서도 중요하다. 그럼 현금은 어디에서 들어오는가? 판매에서 온다. 자신을 팔고 상품을 팔아야 한다. 그렇다, 여기에서 '자신을 판다'는 표현을 썼다. 이것은 고객을 설득하여 당신을 신뢰하게 만들고 당신과 거래를 하는 것이 현명한 일이라고 믿게 만드는 것이다.

고객을 상대하는 것이 사업의 근본이기는 하지만 대면 판매든 전화 판매든 영업은 수많은 기업가들에게 거대한 벽돌 장벽과 같다. 나는 누군가에게 무엇을 판다는 생각만 해도 두드러기가 나는 기업가들을 많이 알고 있다. 이들은 누군가에게 물건을 사달라고 말하느니 차라리 처가살이를 하려 들 것이다. 수많은 기업가들이 인터넷 사업에 매력을 느끼는 이유가 여기에 있다. 고객과 개인적인 접촉이 거의 없지 않은가! 모든 일은 이메일로 진행

되고 개인적 접촉은 거의 찾아볼 수 없다. 이메일은 사람과 직접 만나 대화하거나 전화로 이야기하는 것만큼 긴장되는 일은 아니다. 이 내용은 뒤에 나온 인터넷 사업 부분에서 조금 더 자세히 다루겠다.

자, 당신은 어떤가? 협상을 마무리할 생각만 하면 움츠러드는가? 아니면 물건을 사달라고 요청하는 것은? 사전 약속 없이 그냥 한 회사에 걸어 들어가 대표이사와 이야기를 나누고 싶다고 말하는 것은 어떤가? 할 수 있겠나?

수화기를 들고 잠재 고객에게 전화를 걸어 약속 시간을 잡을 수 있는가? 식은땀 한 방울 흘리지 않은 채로 말이다. 영업을 할 능력이 없고 대신 그 일을 해줄 사람을 고용할 만한 돈이 없다면 사업에서 성공하기 무척 힘들다고 볼 수 있다. 자, 0점이다.

6. 사업을 하다가 강펀치를 맞으면 다시 벌떡 일어설 수 있는가? 어머니는 늘 이렇게 말씀하셨다. "그 일이 쉽다면 누구든 할 수 있을 거다." 사업에서 이 말은 특히 옳다. 창업은 매우 힘든 일이고 최초 몇 년간 실패할 확률도 매우 높다. 사업이라는 말에 올라 신나게 달리고 싶다면 몇 차례 낙마할 각오는 해야 한다. 낙마 후에 포기하지 않을 각오도 함께 말이다. 바지를 툭툭 털고 일어나 여기저기 든 멍을 애써 무시하고 다시 말에 오를 수 없다면 0점을 주어라.

7. 거절을 쉽게 받아들일 수 있는가? 당신의 얼굴은 얼마나 두

꺼운가? 쉽게 마음을 다친다면 지금 직장을 때려치울 생각은 말아라. 당신은 사업을 할 만한 사람이 아니다.

사업을 하다보면 상대의 거절이 골목마다 도사리고 있다. 그러한 일을 당했을 때 완전히 무너지지 않으면서 대처할 줄 알아야 사업을 할 수 있다.

고객이나 사업 파트너, 은행, 투자자 등 당신은 수많은 거절을 경험하게 될 것이다.

"아니오"라는 말을 들을 때마다 상처 받는다면 지금 직장에 꼭 붙어 있어라.

8. 다른 사람들과 잘 어울리는가? 사업가가 된다는 것은 직원부터 업체, 고객, 투자자까지 다양한 사람들과 매일 접촉하고 어울려야 한다는 뜻이다.

직원들을 화나게 하지 않으면서 그들을 효과적으로 관리할 줄 아는 능력, 협력 업체 사람들에게 모욕감을 주지 않으면서 가격을 협상하는 능력, 여러 멘토들에게 훌륭한 조언을 받아들이면서 바람직하지 못한 것은 조심스럽게 걸러내는 능력, 실수는 눈감아주고 재빨리 그것을 고칠 수 있는 능력, 그리고 마지막으로 내가 가장 부족한 점인 무능력한 사람들을 차분히 다스리고 대할 수 있는 능력. 이 모두가 당신에게 필요하다.

친구들과 잘 어울려 놀기는 유치원에서 이미 배웠어야 하는 일이다. 그때 배우지 못했다면 이제 와서 사업의 성패를 걸고 그것을 새로 배우고 싶은가?

9. 경제적으로 밑받침되어 있는가? 사업의 실패 원인 중 운영 상의 문제점 다음으로 가장 큰 것이 바로 자본의 부족이다. 지구 상의 모든 기업가들은 최소한 한 번 이상은 수입을 과다 예측하고 비용을 과소 예측한다. 우리 기업가들은 한마디로 낙관적인 존재 들이다. '오픈' 팻말을 내걸자마자 세상 모든 사람들이 우리 문 을 두드리면서 돈을 퍼부어 주리라 믿는다. 나는 수입에 대한 장 밋빛 환상이 없는 사업 계획이나 강연을 들어본 적이 없다.

더 이상 자신을 속이지 말고 솔직하게 장부를 들여다보아라. 당신이 예상한 높은 수익과 헐값 비용이 말도 안 된다는 사실을 이미 잘 알고 있다. 얼렁뚱땅 뽑아놓은 자료에 집을 걸고 도박을 하지 마라. "모든 사람들이 내 물건을 살 거야."라고 생각하며 자 신을 속이지 마라. 그럴 리 없다.

현실적으로 생각하라. 사업 첫해 동안 사업이 스스로 일어설 때까지 지탱할 수 있는 자본을 확보하라. 사업에 필요한 예상 비 용을 두 번, 세 번 확인하라.

수치에 관한 한 놀랄 일은 적으면 적을수록 좋다.

10. 당신이 하고자 하는 사업에 경험이 있는가? 이것이 그렇게 어려운 질문인가? 하지만 일을 하면서 배울 수 있다고 생각하는 몇몇 사람들은 미리 이러한 질문을 하지도 않는다.

자동차에 엔진이 어디에 붙어 있는지 모른다면 차량 정비 대리

점 따위는 생각도 하지 마라.

살라미 소시지와 볼로냐 소시지를 구별할 줄 모르면 샌드위치 가게를 열 생각은 하지 마라.

성공적인 사업주들은 자신의 분야에서 일해본 경험이 있다. 안타깝게도 그러한 경험을 얻기 위해 열심히 일하기 꺼리는 사업가 지망생이 매우 많다. 사업체를 순조롭고 안정적으로 키우려면 이러한 경험이 필요한데 말이다.

서브웨이 샌드위치 가게를 열고 싶다면 몇 달 동안 다른 서브웨이에 가서 일하면서 안팎으로 일이 어떻게 돌아가는지 배워라. 피클과 갖은 채소 속에 파묻혀 지내다보면 샌드위치를 만드는 일이 자신에게 맞지 않는다는 것을 깨닫게 될 수도 있다.

세탁소를 열고 싶다면 다른 세탁소에서 일을 해보라. 식당을 열면 멋지겠다고 생각한다면 다른 레스토랑에서 서빙을 하거나 주방에서 일해보라. 그래야 그것이 당신에게 맞는 일인지 확실히 알 수 있다. 최대한 힘들고 지저분한 일을 맡아라. 다른 직원들이 아파서 출근하지 못하면 소유주이자 관리자인 당신이 대신 그 일을 맡아야 하는 경우도 종종 생기기 때문이다.

왜 그런지 이유는 모르겠지만 나는 옛날부터 동네에서 술집을 하나 운영하고 싶었다. 친구들이 와서 어울리고 모두가 서로의 이름을 아는 작고 허름한 술집 말이다. 그때 나는 내가 술집 일에 대해 아는 것이 하나도 없다는 사실을 깨달았다. 그리고 내가 술을 마시지도 않고, 술을 마시는 사람들하고는 어울리고 싶어 하지 않는다는 사실을 깨달았다. 또 친구들이 모두 공짜로 술을 마시고 싶어 할 테고 내가 화를 낼 테니 곧 우정이 깨질 것이 뻔했다. 결국 나 혼자 술집에 앉아 데운 우유를 홀짝거리며 왜 이 따위 사업을 선택했는지 후회하고 있을 테지.

내가 사업 전반에 대해 잘 알고 있긴 하지만 술집을 열어도 성공할까? 아마 그렇지 못할 것이다. 잔을 들어 입에 갖다 댈 줄 안다고 해서 술집을 운영할 수 있는 것은 아니다. 신발을 신는다고 모두가 신발 가게를 열 수는 없다. 햄버거를 사랑한다고 케첩 사업을 시작할 수도 없다. 이제 감이 오는가?

"하지만, 팀, 난 내 회사에서 일할 생각은 없어요. 소유만 하고 다른 사람들이 운영하게 하고 싶어요. 훌륭한 관리자를 찾으면 대신 모든 일을 처리하게 할 수 있는데 왜 내가 굳이 일을 해야 하죠?" 누군가 질문할 수도 있겠다.

자, 한 가지 이야기해주겠다. 소유주 부재는 실패로 가는 가장 빠른 지름길이다. 물론 사업체를 운영하고 싶지 않다면 그 일을 할 다른 사람을 찾아야 하겠지만 당신은 진정 자신의 사업의 성패를 다른 사람의 손에 맡기는 도박을 하고 싶은가?

만약 그 사람이 사업을 바닥에 패대기치면 어찌할 텐가? 당신만 혼자 남아 부서진 파편을 주워 담으며 어찌할 바 몰라 고생하면 어찌할 텐가? 만약 당신이 고용한 완벽한 관리자가 자신이 사업에 정말 능한 것을 깨닫고 자신만의 사업체를 원하게 되면 어찌할 텐가? 그가 회사를 나가 바로 길 건너에 비슷한 점포를 열고 순식간에 당신을 망하게 하면 어찌할 텐가?

당신이 무슨 사업을 고려하고 있든 상관없다. 다만 그 분야에 경험이 있다면 성공할 확률이 높아지는 것은 분명하다.

보너스 퀴즈 : 전에 사업을 해본 적이 있는가?

이전의 사업 경험은 사업의 성공에 필수조건은 아니지만 분명 해가 되지는 않는다. 성공적인 사업가에게는 이전 사업에서 생긴 흉터가 하나씩 있다. 즉, 첫 번째, 두 번째, 심지어 세 번째 실패 경험이 있을 수 있다는 말이다. 실패를 다스리는 방법을 잘 알고 있다면 이것은 미래의 성공에 대한 가능성을 높여줄 것이다.

나 역시 다양한 사업을 시도해보았고 그중 대부분이 성공했지만 초기 몇 개는 그렇지 못했다. 처음으로 성공을 거두기 전 나는 몇 차례 실패를 맛보았지만 큰 문제는 아니었다. 우리 모두는 어딘가에서 새로운 일을 시작하고 어떤 일이든 한 번쯤 실패해본 적이 있지 않은가. 여기에서 중요한 점은 빨리, 저렴하게 실패하는 것이다. 그러면 자존심과 은행 계좌에 최소한의 피해만을 남긴 채 소중한 교훈을 얻을 수 있다.

만약 지금이 첫 번째 시도라면 피해 가능성을 최소화하기 위해 갖은 노력을 해야 한다. **남의 자본을 최대한 줄이고 자력으로 시작하라. 모든 비용을 최소화하라.** 정말 좋은 기회가 확실하다는 생각이 들기 전까지 절대 시골 땅을 팔 생각 따위는 하지 마라.

가능한 한 모든 일을 스스로 처리하여 그 일을 할 사람을 고용할 필요를 줄여라. 그리고 더욱 중요한 것 하나. 사업에서 벌어들이는 수입이 현재 필요한 수준이 되기 전까지는 직장을 그만두지 마라. '원하는 수준'이라고 하지 않았다. 나는 분명 '필요한 수준'이라고 했다. 이 두 가지는 서로 너무나 다르다. 자력으로 사업을 꾸리고 있다면 개인 생활 역시 자력으로 이끌어나가야 한다. 그러려면 비용을 줄이고 가족도 최대한 절약해야 한다. 사무실 전기세를 낼 돈이 없다면 과연 자신에게 엄청난 금액의 월급을 지급해도 될 것인가? 벌어들인 것은 동전 한 닢까지 다시 사업에 투자해야 한다. 그것을 가져다가 집에서 호화롭게 사는 것이 아니라.

나는 실패한 초기 사업에서 많은 교훈을 얻었고 후에 다른 사업을 성공시키는 데 그때 배운 것을 이용했다. 나는 계획과 돈 관리의 중요성을 배웠다. 훌륭한 고객 서비스의 중요성 또한 배웠다. 그리고 제때 배달을 해주지 않는 협력 업체와 제때 대금을 지불하지 않는 고객, 제시간에 출근하지 않는 직원들을 다루는 방법을 배웠다. 이것이 바로 내가 사업 전문가가 된 비결이다. 책에 나온 모든 실수를 다 저지르고 그것 모두에서 훌륭한 가르침을 얻은 것 말이다.

한 코미디 쇼에서 나온 "나를 한 번 속여? 너 못됐다. 나를 두 번 속여? 내가 바보다." 같은 말처럼 나는 같은 실수를 두 번 저지르는 일이 거의 없다. 사실 이 말을 인용하는 일도 거의 없다.

사업이란 결혼과 비슷한 점이 많다. 첫 번째 경험에서 많은 것을 배우고 후에 혹시 두 번째, 세 번째 일이 생기면 처음에 배운 것을 요긴하게 사용할 수 있다.

자, 내가 결혼 상담사가 되지 않은 이유를 알겠는가?

그럼, 테스트로 다시 돌아가서, 몇 점을 받았는가?

'예'는 1점을 주고 '아니오'는 0점을 준다. 총점이 5점 이상이면 스스로 사업을 시작할 만한 자질을 어느 정도 갖추었다고 볼 수 있겠다.

당신의 답변이 '아니오' 쪽으로 크게 기울면 다른 사람 밑에서 일하는 것이 낫다. 적어도 점수를 올릴 수 있을 때까지는 말이다.

이제 완전히 비과학적인 성격 테스트를 마쳤으니 사업이라는 여정을 조금 더 순조롭게 만들어줄 기술에 대해 이야기를 나누어 보자.

기업가로서 요긴하게 사용할 수 있는 다양한 기술이 여기 나와 있다. 물론 이 기술을 모두 갖추지 못했더라도 큰 문제는 없다. 기업가가 좋은 이유 중 하나는 바로 특정 기술이 부족하더라도 그 기술을 지닌 파트너나 직원과 함께 일할 수 있다는 점이다.

그리고 사업에서는 각 단계마다 필요한 기술이 각각 다르다. 이것은 마치 플라이 낚시 같아서 물 속 깊이 들어갈수록 방수 바지는 더 높이 올라와야 한다. 끝날 때쯤 바지 속에 잉어 한 마리가 들어가 있는 상황만 피하라. 자, 시작해보자.

● 대인 관계 기술

이 주제에 대해서는 앞에서 가볍게 이야기한 바 있다. 하지만 이것은 꽤 중요한 주제이므로 조금 더 깊이 들어가보자. 사람을 상대할 필요가 전혀 없는 사업이 아니라면 성공하기 위해서는 반드시 대인 관계에 필요한 기술을 갖추어야 한다. 머저리나 나쁜 놈이 성공할 수 없다는 말이 아니다. 이것은 예외라고 보아야 한다. 당신의 상품이나 서비스가 진정 획기적이어서 기업가의 존재를 가리는 경우가 아니라면 훌륭한 대인 관계 기술이 반드시 필요하다.

사업 초기에는 당신의 전화번호가 사업을 대표하는 유일한 연락처다. 그리고 사람들은 대체로 자신이 좋아하는 사람과 거래를 한다. 사람들이 당신을 좋아하기 시작하면 당신이 성공하기를 바란다. 당신의 행복이 그들에게 의미를 갖게 되고 그러면 그들은 정신적으로 당신에게 투자를 하는 셈이다.

고객이 절실하게 원하는 상품이 당신 손에 있다고 해도 고객이 당신을 개인적으로 좋아하지 않거나 당신을 믿지 못한다면 다른 사람으로부터 그 상품을 사게 될 것이다.

절친한 친구이자 작가, 강사인 밥 서머스Bob Sommers는 이것을 '우호 요소(the likeability factor)'라고 부른다. 그리고 개인적으로 나는 이것이 사업의 성패를 가늠하는 가장 큰 요인 중 하나라고 생각한다. 자신을 먼저 판매하지 못하면 나중에 상품을 팔 수 있는 기회 역시 많지 않을 것이다.

● 인맥/사교 기술

이런 말을 얼마나 자주 들어보았는가? "중요한 것은 무엇을 아느냐가 아니다. 누구를 아느냐."

사업에서는 이 말이 진정 사실이다. 가볍게 나눈 대화가 사업적 거래로 이어져 큰 수익을 가져다준 적이 얼마나 많은지 모른다. 아니면 나의 제품이나 서비스가 필요 없는 사람이 자신의 친구의 친구의 친구에게 나를 소개시켜주었고 결국 거래를 맺게 된 적도 많다.

성공적인 기업가는 또한 성공적인 수다쟁이가 되어야 한다. 이것은 정치인이 아기들에게 뽀뽀하고 사람들과 악수하는 것과 비슷한 행위다. 로터리 클럽 정기 오찬이든, 상공회의소 연회든, 박람회든, 컨벤션이든 주머니 가득 명함을 넣고 가서 최대한 많은 사람들을 만나라.

그리고 사람들이 많이 모이는 규모가 큰 모임만을 위해 사교 기술을 아껴두지 마라. 언제나 일대일로 새로운 사람들을 만날 기회를 찾아라. 가벼운 대화를 나누고 명함을 건넬 수 있는 기회는 언제든지 놓치지 마라. 공항 라운지에 앉아 있을 때, 병원 대기실에서 기다리고 있을 때, 식당에서 점심을 먹을 때, 아이가 축구하는 것을 보고 있을 때, 대화를 시작하고 사업에 대해 알릴 수 있는 기회는 넘쳐난다.

비행기 옆 좌석에 앉은 남자가 당신이 판매하고 있는 상품이 필요한 사람을 알고 있을지는 아무도 모를 일이다. 아니면 교회 소풍을 나가 당신 앞에서 음식을 담던 친절한 여자가 알고 보니 한 백화점 체인의 바이어일 수도 있다.

미소 짓고, 친절하게 굴면서 가벼운 대화를 나눠라. 세상에, 내가 이런 말을 다 하다니!

● 리더십

기업가가 되는 것은 곧 리더가 된다는 의미다. 1인 기업이라 해도 고객을 만나 상황을 주도하고 이끄는 기술이 필요한 순간이 분명 온다. 회의 시간에 기업가가 발표를 하는 도중 청중을 휘어잡지 못하거나 방 반대편에 앉아 있는 사람에게 자신의 메시지를 전달하지 못해 회의가 산으로 가는 경우를 수도 없이 보았다.

직원이 당신 한 명뿐일 때 리더십을 익히는 것이 훨씬 쉽다. 그러니 리더십에 대한 책 몇 권을 사서 미래를 위해 지식을 쌓아라. 위대한 지도자들의 전기를 읽어라. 그들이 동기 부여를 위해 사용한 기술을 배우고 스스로 연습하라. 직원이 늘어나고 사업이 커지면 이러한 기술은 점점 더 요긴하게 쓰일 것이다.

규정이나 강제가 아니라 본보기를 통해 직원들을 이끌어라. 즉 "내가 하는 대로가 아니라 내가 말하는 대로 해." 같은 태도로 직원들을 이끌지 말라는 뜻이다. 직원들은 당신의 연막을 꿰뚫어보고 곧 당신을 리더가 아니라 '보스'로서 바라보게 될 것이다. 보스라니, 얼마나 끔찍한 말인가. 모든 사람들이 자신의 보스를 싫어한다. 아무도 보스가 자신을 쥐고 흔들기를 바라지 않는다. 보스란 존경의 뜻이 담겨 있는 말이 아니다. 리더가 아니라 보스라고 불리고 싶다면 당신은 독선적인 나쁜 놈이지 진정한 기업가가 아니다.

나에게 보스란 직원들이 내게 쓸 수 있는 말 중에 가장 모욕적인 표현이다. 만약 누군가 나를 보스라고 부른다면 그들이 나를 존경과 동기 부여, 영감을 주는 대상이 아니라 지배와 독재의 상징으로 본다는 뜻이라고 나는 생각한다.

나는 직원들 위에 군림하는 사람이 되고 싶지 않다. 만약 당신도 사람으로서, 사업주로서 존경받고 싶다면 '보스'라고 불리는 것만은 피해야 한다. 보스를 기꺼이 따를 사람은 없다. 하지만 리더는 모든 사람들이 따를 것이다.

● 경영 및 관리 기술

우리는 돈을 관리할 줄 알고, 머리 모양을 관리할 줄 알고, 아이의 축구팀을 관리할 줄도 안다. 그럼 사업은 관리할 줄 아는가?

사업의 경영 및 관리 기술은 하루하루의 운영과 성장, 직원, 고객 서비스, 투자자와의 관계 등 광범위한 과업을 포함하고 있다. 경영과 관리 기술이 형편없는 사람은 형편없는 기업가가 될 수밖에 없다.

● 직원과의 인간관계 기술

직원은 사업체의 가장 중요한 자산 중 하나다. 훌륭한 직원들은 사업을 일으키고 성장시키지만 불량한 직원은 그것을 쓰러뜨린다. 훌륭한 직원은 찾기 어렵기 때문에 늘 그들을 행복하게 해주는 것이 중요하다.

모든 직원은 자신이 필요한 존재로 인정받고 있으며 자신이 팀에서 중요한 일부라는 사실을 인식해야 한다. 개인적인 감사의 표시와 보상을 이용하여 이러한 사실을 종종 깨우쳐주어라. 믿기 힘들지도 모르지만 어떤 사람들에게는 보너스 100달러보다 등 한 번 두드려주는 것이 훨씬 큰 의미가 있다.

직원들을 잘 파악하라. 무엇이 그들에게 동기를 부여하고 무엇이 그들을 화나게 하는지 알아내라. 직원과의 관계를 친근하게 유지하되 공식적인 자세를 잃지 마라. 권한이 누구에게 있는지 잊어버리는 일이 발생해서는 안 된다. 직원들과의 인간관계에 대해 뒤에서 조금 더 자세히 이야기하겠다.

● 팀 조직 기술

조직이 커지면 사업을 다음 단계로 이끌어줄 제대로 된 팀을 구성하는 것이 중요하다. 팀이란 직원만을 뜻하는 것이 아니다. 당신의 가족, 파트너, 회계사, 변호사, 투자자 등이 모두 팀에 속한다.

사업과 성장에 영향을 줄 능력이 있는 사람은 모두 팀의 일부가 되어야 한다. 그렇다면 목표를 이루도록 도와줄 수 있는 사람을 알아보고 뽑을 수 있는 기술이 매우 중요하다. 당신은 사람들이 사업의 비전에 공감하고 호응하여 정신적으로나 경제적으로 당신의 꿈에 투자할 수 있게 만들어야 한다.

● 마케팅과 판매 기술

마케팅이나 판매 사원을 추가할 단계까지 사업이 성장하기 전에는 시장에 뛰어들 방법을 생각해내는 것은 당신 몫이다. 마케팅은 사업에서 결정적인 분야 중 하나이며 무슨 일이든 고객에게 소문을 내는 것이 돈을 버는 첫 번째 단계다. 시장에 진입하지 못하면 사업이 존재할 수 없는 노릇 아닌가.

마케팅과 같이 판매 또한 사업 성공에 빠질 수 없는 부분이다.

시작 단계에서는 아마 당신이 직접 고객을 찾아 나서고 계약을 맺어야 할 것이다. 그러므로 잠재 고객과 마주 앉아 당신의 서비스나 제품을 판매할 수 있는 능력이 있어야만 한다.

많은 기업가들이 이것을 매우 어려워한다. 판매란 기술이 아니라 예술에 가깝기 때문이다. 이것이 바로 처음 직원을 뽑기 시작할 때 영업 사원을 가장 먼저 채용해야 하는 이유다.

● 시간 관리 기술

안타깝게도 하루의 시간은 정해져 있다. 기업가들에게 이것은 곧 우리가 가진 시간을 잘 관리해야 하고 그렇지 않으면 필요한 일을 다 해내지 못한다는 뜻이 된다.

나 같은 경우에는 다음 날 할 일을 전날 밤에 미리 계획해두는 것이 큰 도움이 된다. 나는 사무실에 가기 전 이미 그날 할 일을 잘 알고 있다. 그리고 그 일들의 순서도 이미 알고 있다. 물론 예기치 못한 일이 일어나 이 계획을 방해하기도 하지만 그러한 경우 나는 그 일을 다음 날 일정에 집어넣으려고 최대한 노력한다. 만약 그것이 불가능하다면 재빨리 그 일을 처리하고 원래 일정으로 돌아가기 위해 애쓴다. 이것이 언제나 가능한 것은 아니지만 계획을 미리 짜두면 언제든지 큰 도움이 된다.

당신은 지금 이런 기술을 다 가지고 있는가? 아마 그렇지 않을 것이다. 수년간 사업을 했어도 이 기술을 모두 가지고 있는 사람은 거의 없다.

위의 기술 중 몇 가지가 부족하니 사업을 포기해야 할까? 절대로 그렇지 않다.

기업가의 기술은 시간이 지나면 배울 수 있고 향상시킬 수도 있다. 그리고 앞에서 말했듯이 우리의 빈 곳을 메워줄 직원이나 파트너를 언제든지 구할 수 있다.

나를 보라. 내가 처음부터 완벽한 기업가였을 것 같나?

절대로 그렇지 않다. 내 아내에게 물어보라.

14장

바보 같은 질문은 없다. 바보 같은 질문자만 있을 뿐이다

"저, 바보 같은 질문 하나 해도 될까요?" 나는 이런 말을 종종 듣는다.

"그럼요. 바보 같은 대답도 괜찮다면." 내가 대답한다.

상담 칼럼을 쓰다보면 주제가 사랑이든, 돈이든, 사업이든 진지한 자세를 유지하기 힘들 때가 있다. 가끔 인터넷으로 들어오는 질문을 보면 "엥?" 하는 소리가 절로 나온다.

이것은 마치 일요일 온 가족이 함께 모여 저녁을 먹다가 할머니의 방귀 소리에 웃음을 참느라 애쓰는 상황과 비슷하다. 어떤 것들은 모르는 척 넘어가는 것이 좋다. 물론 사업에 관한 바보 같은 질문은 방귀처럼 옆에 앉은 강아지 탓을 할 수도 없다.

지난 몇 년간 소규모 사업에 관한 칼럼을 쓰면서 바보 같은 질문이라는 것은 없다는 사실을 알게 되었다. 하지만 바보 같은 질문자는 굉장히 많다. 하느님, 돌봐주소서.

놀라운 사업 아이디어가 있는데 다른 사람이 그것을 훔쳐갈까 두려워 차마 말할 수가 없다는 한 남자의 이메일이 있었다. 그는 사업 계획에 대해 입도 뻥긋 하지 않고 왜 남들이 이렇게 훌륭한 아이디어에 투자하지 않으려 하는지 이해할 수 없다고 했다.

나의 조언을 구하는 대부분의 사람들은 진지하고 똑똑하다. 역시 진지하고 똑똑한 칼럼니스트로서 나는 질문을 한 사람들을 위해 최대한 유익한 조언을 해야 한다는 의무감을 느끼고 있다. 하지만 가끔씩 정말 말도 안 되는 이메일이 날아와 받은 편지함에 쌓이면 나는 그 바보 같은 질문과 똑같은 수준의 답변을 해주고 싶은 마음을 참기 위해 애써야 한다.

달리 말하면 바보 같은 질문을 받으면 본능적으로 똑같이 바보 같은 답변을 해주거나 아예 답장을 하지 않고 싶어진다는 뜻이다. 아니면 아래와 같이 은근한 말투로 답변하고 싶다.

"밥 보세요.

사업을 시작하겠다는 생각은 접어두세요. 인류를 위해 당신이 할 수 있는 최고의 일은 아주 날카로운 가위 하나를 구해 가슴에 품고 고속도로에서 쌩쌩 달리는 것입니다."

영화 〈포레스트 검프 Forrest Gump〉에 나온 말이다. 바보처럼 행동하면 바보가 된다. 이보다 나은 명언은 없다고 생각한다.

위와 같이 답장을 보내고 싶다가도 나는 독자와 편집자, 출판사, 그리고 누구보다도 입에 풀칠을 해야 할 나의 가족을 생각해서 칼럼니스트로서의 의무를 떠올린다. 칼럼니스트 자리가 쉽게 나는 것이 아니기 때문에 나는 꾹 참고 최대한 현명하게 답장을 쓴다. 빈정대는 말을 쏘아붙이는 것처럼 만족스럽지는 못하겠지만 적어도 우리 가족의 생계를 위해서는 훨씬 나은 결정 아닌가.

다음은 우리 주변 어디에서나 볼 수 있는 사람들로부터 받은 진짜 질문들이다. 혹시 당신이 보낸 질문이 여기 끼어 있다면 너무 화내지 마라. 모두 재미있자고 하는 일 아닌가. 그리고 조소란 가장 진실한 형태의 칭찬이니까. 이거 맞는 말인가?

다음의 질문과 비슷한 것을 나는 최소한 일주일에 한 통 이상 받는다. "사업을 해본 적은 없어요. 하지만 내 생각에 나는 사업을 정말 잘할 것 같아요. 제가 할 수 있는 가장 좋은 사업을 추천해주세요."

흠…… 전화로 점을 봐주는 사업은 어떤가? 내가 이 질문에 답을 하려면 이 서비스를 이용해야 할 것 같지 않은가? 나는 이 질문자에 대해 아는 것이 하나도 없다. 그 사람의 경력, 능력, 재능, 경험 등등. 도대체 어떻게 내가 어떤 사업이 그에게 가장 잘 맞을지 알 수 있겠는가? 내가 점쟁이로 보이나?

여기 비슷한 수준의 질문이 하나 있다. "정말 빨리 돈을 벌어야 하는데요, 음, 금요일까지요. 무슨 사업을 해야 할까요?"

여기에 정답은 단 하나뿐이다. 돈을 위조하세요.

또 다른 흔한 질문이 있다. "죽여주는 사업 아이디어가 있는데 돈이 하나도 없어요. 혹시 투자도 하시나요? 그렇다면 현찰로 돈을 좀 보내주실래요?"

불행히도 나는 무언가를 '죽여주는' 아이디어에는 돈을 투자하지 않는다. 그러니 이 죽여주는 아이디어는 사양해야 할 것 같다. 그래도 나를 생각해줘서 고맙다.

그리고 여기 내가 가장 좋아하는 질문이 있다. "정말 좋은 제품을 가지고 있는데 아무도 그것을 사지 않아요. 어떻게 하면 고객이 제 상품을 사게 만들 수 있을까요?"

우리가 어떻게 고객이 물건을 사게 만들 수 있나? 글쎄, 나는 정말 모르겠다. 고객의 애완견을 인질로 잡거나, 울면서 신용카드를 꺼낼 때까지 팔을 꺾으면 될까? 아니면 아이들처럼 당장 이 물건을 사지 않으면 때려준다고 할까?

내가 그리로 찾아가서 직접 엉덩이를 때려주어야 정신 차리겠나?

비슷한 예는 끝도 없다. 하지만 이쯤 되면 당신도 이해했을 거라 생각한다.

하지만 겁이 나서 이메일을 보내지 않을 필요는 없다.

나의 일을 흥미롭게 만들어주는 것은 바로 독자들이니까.

15 장

때가 되었을 때 시작하라

'팀 녹스와 함께하는 소사업 상담(Small business Q&A with Tim Knox)'이라는 주간 칼럼을 쓰기 위해 지역 신문사에 처음 찾아가 칼럼에 대한 아이디어를 내놓았을 때 편집자는 이렇게 말했다. "무척 바쁘신 분 같네요. 그런 일정을 감안할 때 매주 칼럼을 한 편씩 쓸 수 있는 게 확실한가요?"

이제껏 아무리 정당한 사유라도 나의 야심을 가로막게 놔둔 적이 없는지라 나는 자신 있게 대답했다. "별것 아닙니다. 매일 쓸 수도 있어요. 거기까지만 말씀드리겠습니다."

세상에, 그가 내 말만 믿고 매일 쓰게 하지 않아서 얼마나 다행인지 모른다. 정기적으로 신문에 칼럼을 기고하는 것은 내가 해본 일 중에 가장 어려운 것이었다. 도통 아무 단어도 떠오르지 않

거나 가끔 마감 기한을 넘기는 경우도 있지만 그래도 칼럼을 쓰는
것은 내가 정말 좋아하는 일 중 하나다.

이제 3년이 지났고 나는 기업가 정신과 소사업에 대해 150개가
넘는 칼럼을 썼다. 각각의 칼럼이 기업가로서, 혹은 소비자로서
나의 경험이나 독자들이 보낸 질문에서 나온 것이었기 때문에 소
재가 고갈된 적은 거의 없었다.

나의 일상은 하루하루가 모험이기 때문에 나는 내가 겪은 여러
가지 사건 사고에 대해 쓰는 것을 좋아한다. 하지만 나의 일상보
다 독자들이 보내오는 질문에서 더 많은 사업상의 교훈을 얻을 수
있다는 것을 발견하는 경우가 많다. 이러한 질문은 사업과 기업
가 정신의 다양한 주제에 관련되어 있을 뿐만 아니라 온갖 종류의
사람들로부터 나온다. 서로 다른 인생을 살고 직업을 가지며 갖
가지 상황에 처한 사람들, 정신과 지능이 완벽한 사람부터 조금
떨어지는 사람들까지. (하느님, 돌봐주소서.)

사실 지금까지 내가 쓴 최고의 칼럼들은 위에서 이야기한 것처
럼 재능이 부족한 사람들을 위한 것인 경우가 많았다. 그것이 바
로 내가 그러한 질문들을 이 책에 포함시킨 이유다. 이를 통해 사
업이나 관리에 몸담고 있는 모든 사람들에게 필수적인 주제를 소
개할 수 있지 않은가. 이것은 마치 정신적 비아그라 같다. 우리 모
두 필요하다면 가끔 이런 약의 도움을 받아도 좋지 않겠는가?

그리고 당신이 이 크고 잔인한 사업의 세계에서 혼자가 아니라

는 사실을 알려주고 싶다. 당신과 똑같은 질문과 걱정을 가진 사람이 세상에는 많다.

먼저 칼튼이라는 한 젊은이의 질문부터 시작해보자. 그는 경영학을 전공했지만 무엇을 해야 할지 잘 모르고 있었다. 비슷한 이야기를 들어본 적이 있다고? 물론 그럴 것이다. 나는 경영 대학원을 졸업하고 무슨 일부터 해야 할지 감을 잡지 못하는 수많은 사람들로부터 비슷한 질문을 많이 받는다. 이들은 마치 자동차 뒤를 쫓는 개와 같아서 헉헉대면서 끝내 자동차를 따라잡아도 그것을 가지고 무엇을 해야 할지 모른다.

물론 방금 경영 대학원을 졸업한 사람만 칼튼의 질문에 공감할 수 있는 것은 아니다. 막 고등학교를 졸업했거나, 중년을 맞았거나, 한 가지 일을 그만두고 다른 것을 찾고 있는 사람도 이 문제에 공감할 수 있다. 이 질문은 누구에게나 불쑥 나타날 수 있다. 사업을 시작하고 싶어요. 그런데 무엇을, 어떻게 해야 하죠?

자, 여기 칼튼의 편지를 소개하겠다.

Q: 팀, 저는 올해 학교를 마치는 경영학 전공자입니다. 저는 회사에 취직하는 것보다 저만의 사업을 하고 싶어요. 몇 가지 사업 아이디어가 있긴 한데 정말 기대되거나 마음에 드는 것은 없습니다. 일단 사업 생각은 접어두고 취직을 해서 좋은 기회가 나타날 때까지 그곳에서 일하는 것이 나을까요?

A: 졸업을 축하해요, 칼튼. 공부를 그다지 많이 하지 못한 저는 4년이라는 시간 동안 열심히 노력하여 졸업장을 받아든 사람들을 존경한답니다.

저도 학사모처럼 생긴 네모난 모자가 있긴 해요. 그 모자를 쓰면 멋져 보이긴 하지만 머리가 더 좋아지게 해주는 것은 아닌 것 같아요.

농담은 그만하고, 지금의 위치가 부럽기도 하고 지금까지 들인 노력에 박수를 보내는 바입니다. 젊고, 많이 배웠고, 야심차고, 아마 나보다 얼굴도 훨씬 잘생겼겠죠? 이제 곧 작은 기숙사 방의 온기와 안락함을 과감히 버리고 크고 차가우면서도 잔인한 세계로 나가 자신의 운을 시험하고 이름을 알리기 위해 노력하게 될 것입니다. 재미는 이제부터 시작이에요. 즐길 준비가 되어 있길 바랍니다.

자, 질문에 대해서 이야기해봅시다. 좋은 기회가 나타날 때까지 사업 계획을 잠시 접어두고 직장에 들어가야 할까요? 이것은 그야말로 자신의 상황과 장/단기 목표, 재정 상황, 맡고 있는 일들, 기울일 수 있는 노력, 그리고 자신의 삶을 돌아가게 만드는 다른 모든 요소를 바탕으로 내려야 할 결정입니다.

원래 사업가들이란 언제나 조바심을 내면서 사업을 해야겠다는 생각 하나로 제일 처음 다가오는 기회를 덥석 무는 사람들이라고 할 수 있지요. 그것이 나중에 가서 우리의 바짓가랑이를 붙들고 늘어지는 문제가 되기도 하지만요.

남들이 혹은 자신이 이제 사업을 할 자격이 되었다고 생각한다고 해서 무조건 시작해서는 절대 안 됩니다. 사업을 시작하기 전에는 늘 탄탄한 아이디어와 매우 분명한 실행 계획이 있어야 합니다. 성공하지 못하는 가장 큰 이유는 계획을 제대로 세우지 못해서입니다. 우리는 미래의 일에 대해 미리 계획을 세우거나 예측하지 못하는 경우가 많습니다. 그렇게 열심히, 오랜 시간 일할 것을 예상하지 못하거나, 시작한 사업을 싫어하게 될 거라 예상하지 못하거나, 단지 문을 열고 있는 데만도 그렇게 큰돈이 들어갈지 몰랐다거나, 이렇게 빨리 혹은 느리게 성장할지 몰랐다거나, 자신의 상품을 판매할 시장이 없다는 사실을 예상하지 못하거나, 사업 때문에 집을 잃게 될 줄 모르는 것처럼 말이죠. 계획을 세우지 못하면 성공하지 못합니다. 물론 이러한 말은 흔하게 들어봤을 테지요.

단지 경영학 학위가 있다는 이유만으로 사업을 하는 것은 좋은 생각이 아닙니다. 그것은 마치 누군가 낙하산을 건네주었다는 이유만으로 비행기에서 뛰어내리는 것과 같거든요.

좋은 아이디어나 사업 구상이 떠올랐는데 너무 신나고 열정이 끓어올라 잠을 잘 수 없을 때에만 사업을 시작하세요. 그때가 바로 시동이 걸릴 때입니다. 그전은 절대 아닙니다.

144

저는 칼튼과 비슷한 질문을 굉장히 자주 받습니다. 언제 사업을 시작하면 좋을까요? 자본금이 충분히 모일 때까지 기다려야 할까요? 모든 빚을 청산할 때까지 기다려야 할까요? 아이들이 다 자랄 때까지 기다려야 할까요? 은퇴한 후로 미뤄야 할까요? 아내가 동의할 때까지 기다려야 할까요? 하늘의 별이 상서롭게 빛나고 하느님께서 저에게 계시를 내려줄 때까지 기다려야 할까요?

물론 사업을 시작할 완벽한 타이밍이 결코 오지 않을 수도 있습니다. 그렇다고 해서 과감하게 뛰어들지 말라는 법도 없습니다. 사업을 시작하겠다는 당신의 결심을 한사코 만류하는 사람들은 언제든지 있을 것입니다. 세금 고지서는 계속해서 날아올 것이고 입에 풀칠도 해야 합니다.

여기에 동전의 양면과 같은 진실이 또 하나 있습니다. 적당한 기회를 기다리고 있다가는 절대 사업을 하지 못하게 될 수도 있습니다.

사업을 시작할 완벽한 타이밍이란 없습니다. 하지만 기회는 언제든지 있습니다. 그때가 언제인지 결정하는 것은 당신의 몫입니다. 그리고 그러한 때가 오면 사력을 다해 기회를 붙잡고 주변 상황에 상관없이 성공시키기 위해 최대한 노력하세요.

16장

많이 배우거나 많이 경험하거나

내가 자주 받는 질문이 하나 더 있다. PhD, MBA, 그 밖에 이름에 다양한 영어 약자가 붙는, 가방끈이 긴 사람들이 주로 이런 질문을 한다. "사업에서 무엇이 더 중요합니까? 교육입니까, 경험입니까?"

답변을 보여주기 전에 질문을 하나 하겠다. 수많은 리얼리티 프로그램 중 하나인 〈피어 팩터 *Fear Factor*〉를 본 적이 있는가? 이 쇼에 자원한 참가자들은 악어가 우글거리는 수영장 위에서 번지 점프를 하거나 자동차를 몰고 불이 활활 타오르는 벽을 뚫고 지나가는 것처럼 거의 죽음에 맞서는 도전을 한다. 자신의 두려움을 극복하고 성공한 참가자는 현금과 상품을 타게 된다. 물론 체면이 깎이고 자존감을 잃겠지만, 뭐, 유명해지는데 그 정도 희생은 필요한 것 아니겠는가?

〈피어 팩터〉의 백미는 먹기 게임이다. 아니, 먹기 게임이 아니라 '역겨운 것을 입 안에 쑤셔 넣고 구역질 참기' 게임이라고 불러야 옳다. 이 게임에서 참가자들은 우리 남부 사람들이 '낚시 미끼'라고 부르는 온갖 맛있는 것들을 마음껏 먹게 된다.

지렁이, 굼벵이, 살아 있는 벌레, 거미, 동물 내장, 상한 케이크, 그리고 거대한 바퀴벌레 같은 보기에도 '매우 군침 도는 것'들을 참가자들은 입 안에 마구 집어넣는다. 이쯤 되면 게임의 목적은 누가 자신의 공포심을 가장 잘 극복하는가가 아니라 누가 비위가 가장 좋은가가 된다.

맨 처음에 언급한 질문으로 다시 돌아가서, 사업에서 중요한 것이 교육이냐 경험이냐라는 질문은 마치 나를 이 쇼에 참가시키는 것과 같다. 어떤 답변을 하든 나는 꿈틀거리는 벌레가 가득한 깡통을 열게 될 것이기 때문이다.

많은 공부를 한 독자나 사업계의 동료들은 교육이 경험보다 훨씬 중요하다고 주장할 것이고, 교육보다 경험이 더 많은 나와 비슷한 사람들은 일을 하면서 보낸 시간이 책을 들여다보며 보낸 시간보다 훨씬 중요하다고 주장할 것이 뻔하기 때문이다.

그러니, 내가 뭐라고 대답을 하든 벌레 먹는 건 피할 수 없는 상황이라는 말이다.

뭐, 지난 수년간 욕을 먹을 만큼 먹었으니 벌레 정도야 얼마나 어렵겠는가?

한 기업가의 성공이 그가 다닌 학교나 오랜 세월에 걸쳐 쌓아온 경험만으로 측정되지는 않는다는 사실을 이해하는 것이 무엇보다도 중요하다. 기업가가 성공했는지 진정으로 평가하는 잣대는 개인적 만족감과 성취감이지 벽에 붙은 학위 증서나 모래시계의 틈을 통과한 모래의 양이 아니라는 점이다.

제일 먼저 어머니가 흔히 '가방끈'이라고 부르는 것부터 이야기해보자. 학사 학위나 그보다 높은 학위가 사업 성공에 있어 필수적인가? 물론 그렇지 않다. 하버드 MBA 출신이 면접에서 유리하고, 사무실 내 여직원들에게 멋지게 보일 수도 있다. 하지만 분명 그것이 사업에서 성공을 보장하지는 않는다. 또한 그가 고등학교를 마치지 못한 사람보다 더 나은 기업가 재목이라는 의미도 아니다. 자신의 전공이 무엇인지 기억조차 못하는 경영 전공자들이 많고 사업 대신 햄버거 가게에서 고기를 뒤집고 있는 MBA 출신자도 많다.

지식이란 그것을 어떻게 이용할지 잘 알 때만 귀중한 것이다.

공부나 교육보다는 학교 환경 자체가 보통 사람을 위대한 기업가로 만드는 것일지도 모르겠다. 1990년대 후반 학교에서 기숙사 파티를 조직하는 것 말고는 아무런 경험도 없는 학생들이 졸업하자마자 사업을 시작해 엄청난 성공을 거둔 경우가 많았다. 이것이 모두 자신의 머리만 믿지 않고 경험이 풍부한 전문 경영인을 고용한 덕택이자 이러한 사업에 자본을 댄 벤처 투자자들 덕분이라고 말하는 사람도 많을 것이다.

후에 구글(Google)이라고 불리는 회사를 창립한 래리 페이지Larry Page와 세르게이 브린Sergey Brin은 당시 대학생이었다. 그들은 사업이 궤도에 오르기 시작하자 현명하게도 에릭 슈미트Eric Schmidt라는 전문 경영인을 고용하기로 했다. 노벨(Novell) 사의 CEO와 선 마이크로시스템즈(Sun Microsystems)의 CTO(최고 기술 경영자 Chief Technical Officer)를 역임한 바 있고 박사 학위를 가지고 있는 에릭 슈미트야말로 충분한 교육과 경험을 모두 지닌 사람이었다.

제리 양Jerry Yang과 데이비드 필로David Filo는 1994년 야후!(Yahoo!)를 창립할 당시 스탠퍼드 대학에서 전기공학 학위 취득을 앞두고 있었다. 그들은 얼마 지나지 않아 모토롤라(Motorola)에서 근무하던 팀 쿠글Tim Koogle을 CEO로 영입하였으며 지금은 24년간 워너브러더스(Warner Brothers) 사를 운영해온 테리 세멜Terry Semel이 그 자리를 넘겨받아 맡고 있다.

자, 그럼 경험으로 넘어가보자. 사업의 성공에 있어 경험이 반드시 필요한 전제 조건인가? 절대로 그렇지 않다. 한 분야의 최고 간부로 30년간 잘나가던 사람이 같은 분야에서 기업가로는 참담한 실패를 겪을 수도 있다. 심지어는 경험이 많은 기업가들도 손대는 모든 사업마다 성공한다는 보장은 없다. 사업에서 성공을 거두는 데는 그 일을 하면서 보낸 시간, 즉 경험 외에도 관련된 다른 주요 요소가 매우 많기 때문이다.

그러니 어느 것이 더 중요하겠는가? 교육인가, 경험인가? 물론 집안에 돈이 많다거나 취급하는 제품에 목이 말라 있는 거대 시장이 있다면 더할 나위 없겠지만 교육과 경험은 둘 다 사업의 성공에서 매우 큰 부분을 차지한다. 하지만 성공이라는 최종 목표만 놓고 볼 때 어느 하나가 다른 것보다 더 중요하다고 보긴 어렵다.

둘 중 하나, 혹은 둘 다 없이도 사업에 성공할 수 있는가? 물론 가능하다.

음, 벌레에 케첩이라도 좀 뿌리면 안 될까?

수많은 성공적인 기업가들이 아무런 경험이나 대학 교육 없이도 사업을 시작했다. 재능, 야심, 추진력, 창의력, 결심, 그리고 기본적인 성실성이 나의 사업을 포함해 셀 수 없을 만큼 많은 기업들을 일으켜 세웠다.

교육과 경험, 그리고 다른 요소들이 잘 어우러지는 것이 성공을 만들 수 있는 최고의 레시피다. 이런 말도 있지 않는가? "경험에서 나온 교육보다 더 나은 것은 없다."

결국 교육이나 경험의 양이 중요한 것이 아니다. 그것을 가지고 어떻게 하느냐가 관건이다.

150

17장

나이는 숫자에 불과할 뿐

현대 의학의 진보와 예방 차원의 건강관리 덕분에 과거 어느 때보다 사람들의 평균 수명이 길어졌다는 기사를 읽었다. 개인적으로는 비아그라 덕분이라고 생각하긴 하지만. 물론 비아그라가 수명을 연장시켜주지는 않지만 남자들은 70대, 80대까지 성관계를 가질 수 있다면 어떻게든 살려고 노력할 것이다. 80대 노인에게 비아그라가 무한 리필되는 것보다 신나는 일이 또 있을까.

이제 건강한 백인 여성은 여든을 넘겨 살 수 있고, 건강한 백인 남성은 여든까지 살 수 있다고 한다. 남편에게 진절머리가 난 아내가 프라이팬으로 그의 머리를 후려갈기지 않는다면.

나는 만나는 사람마다 내가 아내 때문에 서서히 죽어가고 있다고 불평을 늘어놓는다. 이 이야기는 다음에 기회가 되면 자세히 해주겠다.

부유한 할아버지가 있는 사람들이라면 평균 수명이 길어진다는 말이 달갑지 않겠지만 이것은 부인할 수 없는 사실이다. 그러니 많은 노인들이 일반적으로 알려진 은퇴 나이인 65세가 훨씬 지나서도 활동적이고 생산적으로 움직일 것이다.

이제 숨이 다할 때까지 연금으로 생활할 수 있을 거라 믿었던 노인들의 재정 계획에 큰 문제가 생겼다. 많은 사람들이 노년이 되어 안락한 생활을 즐기지 못하고 과자와 개 사료로 연명해야 하는 것이 아닌가 걱정하는 처지가 된 것이다.

이것이 바로 내가 수많은 노인들로부터 사업이라는 롤러코스터를 타기에 너무 늦은 것이 아니냐는 질문을 받는 이유 중 하나다. 물론 키가 작아서 못 타는 것은 아닐 것이다. 그렇다면 과연 사업에 나이 제한이 있을까?

이러한 질문을 받으면 주로 내놓는 대답은 "상황에 따라 다르다."는 것이다. 이러한 말이 어르신들을 더 혼란스럽게 만들 수 있다는 사실을 잘 알고 있기 때문에 나는 곧 뒤에 자세한 설명을 붙인다.

노인들이 창업을 할 수 있는지는 그들의 건강, 에너지, 마음가짐, 목표, 그리고 재정 상태에 따라 다르다. 건강이 좋고 배우자가 흔쾌히 동의한다면 몇 살이든 상관없이 사업을 하지 못할 이유가 없다.

152

사실 통계적으로도 노인의 입지는 점점 좋아지고 있다. 최근의 연구 자료에 의하면 미국의 65세 인구 중에서 남자의 22%, 여자의 14%가 자영업을 하고 있다. 다른 연령 집단은 7%에 불과하다.

2003년 밴더빌트 대학의 연구에 의하면 45세부터 64세 사이의 기업가가 2006년이 되면 1,500만 명으로 늘어날 것이라고 한다. 25세부터 44세의 기업가들이 오히려 4백만 명 줄어드는 것에 비하면 상당한 차이다.

1998년 미국 은퇴인 협회[AARP.(American Association of Retired Persons)]에서 베이비붐 세대를 대상으로 실시한 설문조사 결과에 따르면 응답자 중 80%가 은퇴한 후에도 계속해서 일을 할 것이라고 했고 그중 17%는 새로운 사업을 시작할 것이라고 응답했다.

이 조사 결과에는 다음과 같은 내용이 포함되어 있다. "미국인 자영업자 비중은 연령대가 높아지면서 함께 늘어나고 있다. 특히 65세에서 그 증가세가 매우 높다."

노령 기업가들이 젊은 사람들보다 더 쉽게 창업을 하는 경우도 많다. 그들은 자본금으로 이용할 수 있는 재산이 더 많고 경험이 훨씬 풍부하기 때문이다.

영국 바클레이스 은행에서 내놓은 다음의 보고서는 이 같은 주장을 한층 뒷받침해준다. '서드 에이지(Third Age. 마흔 이후 30년을 가리키는 시기) 기업인-경험에서 나오는 이익'

이 보고서에 의하면 노령 기업가의 참여로 신규 사업체의 숫자가 10년 전보다 50% 늘어났다고 한다. 이것은 작년 한 해에만 60,000개의 신규 사업체가 등장했다는 뜻이다. 또한 이 보고서에서 50세 이상 기업가라고 정의한 서드 에이지 기업인들은 사업체를 궤도에 올려놓기 위해 필요하다면 긴 시간 개의치 않고 열심히 일한다고 한다. 거의 49%에 이르는 노령 기업가들이 주당 평균 36시간 이상 일한다.

또한 노령 기업가들은 젊은이들에 비해 휴가, 스트레스를 줄이는 것, 일과 가정 사이의 균형을 훨씬 중요하게 생각하는 것으로 나왔다.

또한 노령 기업가 중 27%만이 사업으로 벌어들이는 돈이 가정의 유일한 수입원이라고 했으며 51%가 연금과 같은 추가 수입원이 있다고 응답했다.

그리고 노령 기업가의 신규 창업이 총 신규 사업 중 15%를 차지하며, 남성의 비율이 여성보다 3배 높다고 나와 있다.

노령 기업가들에게 문제점도 있다. 보통 많은 기업이 최초 몇 년 내에 파산하는데 노령 기업가들은 젊은 사람들에 비해 재정적 손실을 잘 견뎌내지 못할 수 있다. 스물다섯 살에 모든 것을 잃고 다시 시작하는 것과 예순다섯 살에 그리 되는 것은 큰 차이가 있지 않겠는가.

그러니 나의 결론은 이렇다. 건강과 경제력, 그리고 배우자가 허락한다면 사업을 시작하고 즐겨라.

사업이라는 롤러코스터에 올라타고 꼭 붙들어보라.

경로 할인이라는 것도 있지 않은가.

차가 덜컹거리며 빙글빙글 돌아가기 시작할 때 구토만 잘 참아 낼 수 있다면 사업에서 큰 문제가 없을 것이다.

마지막으로, 스스로를 위해 비아그라는 적당히 먹자. 팔팔한 때는 다 지나지 않았나.

18장

여성들이 몰려온다

얼마 전에 여성 기업가 협회 오찬에서 기업가 정신에 관해 강연을 할 기회가 있었다. 그 전날, 나의 사랑하는 아내에게 강연 이야기를 꺼냈더니 아내가 물었다. "도대체 무슨 이유로 그 사람들이 당신한테 강연을 요청했을까?"

내가 마음을 다친 척했더니(우리 남자들도 마음이 있다. 잘 쓰지 않아서 그렇지.) 아내가 손을 내저으며 말했다. "내 말은, 남자 하나가 여자들 가득 모인 방에서 우리가 모를 만한 이야기를 해줄 것이 뭐가 있냐고?"

아내의 말에 일리가 있었다. 내가 여성 사업가에 대해 무엇을 알고 있는가? 빅토리아 시크릿 속옷 매장에 우연히 (맹세컨대 정말 우연이다.) 발을 들여놓은 적이 있었는데 마네킹과 이야기하다가 점원에게 들켰을 때 나는 부끄러워 죽는 줄 알았다.

어쨌든 그날 알게 된 것이 하나 있다. 빅토리아 시크릿의 비밀이 무엇인지 말이다. 착한 여자는 아니라는 점이다.

그래서 나는 여성 기업가들 앞에서 망신당하는 꼴은 면하기 위해 관련 주제에 대해 미리 조금 조사를 했다.

이제부터 내가 발견한 사실에 대해 이야기해보겠다. 우리 중 많은 사람들이 아직도 사업은 남자의 일이라고 생각하지만 이미 많은 여성들이 남자 동지들과 함께 꽤 빠른 속도로 경주를 하고 있다.

갑자기 고등학교 때 여자 소프트볼 선수들이 연습을 마치고 들어오는 틈을 타 친구들 몇 명이랑 탈의실에 쳐들어간 기억이 떠오른다. 방망이를 휘두르고 스파이크가 달린 신발로 발길질을 하며 쫓아오는 여자 선수들의 분노를 직접 느껴본 적이 있는가? 내 친구 에디 레이 메이슨은 소리쳤다. "달려라, 달려! 여자들이 몰려오고 있어!"

여성 사업 연구 센터에 의하면 현재 미국에만 천만 개 이상의 여성 소유 기업이 있으며, 이 기업들은 1,800만 명 이상의 직원을 고용하고 2조 3,200억 달러 이상의 매출을 올리고 있다.

여성이 남성보다 두 배 빠른 속도로 새로운 사업을 시작하고 있으며, 여성 소유 기업이 미국에서 총 기업 수의 28%를 차지한다. 또한 연간 775,000개에 이르는 신규 사업체가 여성 소유이며 이것은 신규 업체의 55%나 되는 수치다.

지난 25년간 미국의 여성 소유 기업 숫자는 두 배로 늘어났으며 고용인 숫자는 네 배, 수입은 다섯 배로 늘어났다.

특히 흥미로운 부분은 여성이 소유하고 있는 기업 중 성장 부문 상위에 올라 있는 사업이 건설, 도매, 교통/통신, 농업, 제조업 등으로서 전통적으로 남성들이 독점해오던 분야라는 점이다. 세상에, 다음은 뭘까? 빅토리아 농기계?

내가 답을 찾기 위해 특히 고심한 문제가 있다. 남성과 여성이 문제에 접근하는 방식이 서로 다른 것을 감안할 때 사업에서도 여성의 접근 방식이 남성과 다를까? 사업을 하다가 나를 "도자기 가게에 들어간 황소"라고 부르는 것을 들어본 적 있다. 여성 기업가들은 일을 다른 방식으로 처리할까? 조금 더 우아하게? 조금 더 마음을 담아? 조금 덜 허세 부리면서?

아내라면 이런 대답을 할 것이다. "설마."

『여자처럼 사업하는 방법 *How to run your business like a girl*』의 저자 엘리자베스 콕스웰 배스킨Elizabeth Cogswell Baskin은 자신의 저서에서 여성의 보편적인 특성과 여성 기업가들이 이러한 특성을 사업에서 유리하게 이용하는 방법을 설명하였다.

배스킨은 남성 기업가보다 여성 기업가들이 여성만의 독특한 강점을 더 많이 이용한다고 하였다. 그러한 강점은 바로 직감을 믿는 것과 인간관계에 초점을 두는 것, 그리고 삶의 균형을 맞추는 데 조금 더 신경 쓰는 것이다.

여성은 직감을 믿는다. 여성은 직감을 바탕으로 하여 의사 결정을 할 확률이 더 높다. 직감을 뒷받침할 정보와 수치를 모으긴 하지만 보통 직감에 기반을 두고 할 일을 결정한다.

여성은 탄탄한 인간관계를 맺는다. 남성은 사업이라는 스포츠 게임을 한다. 그들은 이기고 지배하기 위해 뛴다. 하지만 배스킨의 말을 빌리면, "여성은 남과 관계를 확립하는 데 더 큰 관심을 쏟는다."

여성은 일과 삶 사이에 균형을 찾는다. 이 책을 쓰기 위해 만났던 수많은 여성들은 사업을 시작한 이유 중 삶의 질을 최우선으로 꼽았다. 가족과 일 사이에서 시간과 능력을 잘 조절하고 싶은 바람을 넌지시 내비친 것이다. "가족과 시간을 조금 더 보내는 것이 당신에게 중요하다면 그렇게 할 방법을 찾으세요. 중요한 것은 오랜 시간 일하는 것이 아닙니다. 언제 일할지 결정할 수 있는 능력이 관건입니다."

배스킨은 사업을 이제 막 시작한 여성들에게 한 가지 조언을 덧붙였다.

모든 것을 알아야 할 필요는 없다. 아내는 이 말에 반기를 들지도 모르겠다. 아내는 정말 모든 것을 알고 있기 때문이다. 하지만 배스킨은 적어도 사업에서는 모든 것을 안다고 성공하는 것은 아니라고 하였다.

"사업을 시작할 때 아는 것이 하나도 없었다고 말하는 여성이 얼마나 많은지 놀랄 지경이에요. 그럴 때는 도움을 청하기를 주저하지 마세요. 모든 일에 완벽할 필요는 없으니까요." 배스킨의 말이다.

훌륭한 조언이다. 여자뿐만 아니라 남자에게도.

• 19장 •

내게 맞는 일을 고르려면

모든 풋내기 기업가들이 처음 하는 질문이 이것이다. "나에게 맞는 사업을 어떻게 고르나요?" 이러한 질문을 받으면 나는 항상 이렇게 대답한다. "나도 모르겠는걸요." 이것은 자신이 자라서 무엇이 되어야 하는지 내게 묻는 것이나 마찬가지다. 내가 자라서 무엇이 될지도 몰랐는데 당신의 미래를 내가 어찌 예상할 수 있겠는가?

하지만 이러한 질문을 하는 것은 매우 현명한 일이다. 자신의 행복과 자신이 선택한 산업 사이의 상호관계를 생각해보지도 않고 무작정 사업에 뛰어드는 사람들이 많기 때문이다.

나는 언제나 얼음물이 가득한 수영장으로 뛰어드는 것에 사업을 빗대어 이야기한다. 보통 두 가지 종류의 기업가가 있다.

첫 번째 사람들은 '발가락 테스트'를 하는 사람들이다. 그들은 굉장히 조심스러운 사람들로 수영장에 엄지발가락만 살짝 담가 물의 온도를 재본다. '조금씩 적시기'라는 표현은 이렇게 조심성이 있는 기업가들을 위해 만들어진 말이라고 보면 된다.

이 사람들은 사업이라는 수영장에 천천히, 한 번에 조금씩 들어간다. 이들로부터 배울 수 있는 교훈은 천천히 시작하라는 것과 너무 빨리 깊은 곳으로 들어갈 필요가 없다는 사실을 아는 것이다. 서서히 깊은 곳으로 들어가면서 이것이 당신에게 맞는 일인지 차츰 확인한다. 목까지 차오르는 물속에 들어가고 나서야 이 사업이 자신에게 맞지 않는다는 사실을 깨닫는 기업가들이 많다는 사실을 명심하라. "가라앉지 않으려면 헤엄쳐라."라는 말이 이때는 천금처럼 느껴질 것이다.

또 하나의 종류는 '다이버'다. 그들은 사다리를 타고 올라가 사업이라는 수영장 속으로 첨벙 뛰어드는 겁 없는 사람들이다. 그들은 물이 얼마나 깊은지, 보이지 않는 깊은 곳에 어떠한 위험이 도사리고 있는지 걱정조차 하지 않고 머리부터 뛰어든다.

"수뢰 따위는 상관없다. 전속력으로 항진하라!"와 같은 말이 이러한 사람들을 위해 생긴 말이다. 낯선 물속에서 익사하거나 수영장 바닥에 머리를 처박는 사람도 많다.

두 종류의 기업가 모두 자신이 뛰어든 물속에서 얼마나 잘 대처할 수 있느냐가 성공을 좌우한다.

물속에 들어가기 전에 미리 필요한 준비를 할 수 있는 좋은 아이디어가 몇 가지 있다.

자신의 경험을 가이드로 삼아라. 자신이 알고 있는 것부터 시작하라. 지난 20년을 회계사로 근무했든 취미로 나무 기차를 만들었든 그러한 경험을 성공적인 사업으로 이을 수 있는 방법을 연구하라.

훌륭한 사업 아이디어가 바로 코밑에 있는 것을 알게 될 수도 있다. 지금 일터를 둘러보아라. 충족되지 않는 수요가 보이는가? 혹은 특정한 일을 하는 데 더 나은 방법을 생각할 수 있는가? 만약 그렇다면 고수익 사업의 씨앗을 발견한 것일 수도 있다.

자신이 사랑하는 일을 하고 자신이 하는 일을 즐겨라. 이 점은 그야말로 매우 중요하다. 많은 사람들이 잘못된 목표를 가지고 사업을 시작한다. 바로 부자가 되겠다는 목표다. 나라 안의 수많은 백만장자들이 자신의 사업을 통해 엄청난 재산을 모은 것이 사실이지만 이것이 사업을 하는 유일한 동기가 되어서는 안 된다. 하는 일을 즐기지 못하면 성공할 수 없다. 적어도 정신적인 관점에서 말이다. 물론 금전적인 보상이 엄청날 수도 있다. 하지만 자신이 좋아하지 않는 사업을 하는 정신적인 고통은 견디기 어려울 것이다. 나는 성공적인 사업체를 경영하고 있는 기업가들과 늘 만나 이야기를 나누는데 그중 많은 사람들이 너무나 불행하여 말 그대로 병이 들고 만다. 만약 자신이 하는 일을 즐기지 못한다면 사업은 즐거움이 아니라 허드렛일, 억지로 하는 일이 될 것이다.

발명할 필요는 없다. 다만 더 낫게 만들어라. 성공하려면 완전히 새로운 사업 아이디어를 내놓아야 한다고 생각하는 풋내기 기업가가 많다. 그것은 사실이 아니다. 많은 성공적 사업이 필요가 아니라 변화의 일환으로 생겨난다. 세상을 송두리째 바꿔놓을 아이디어를 생각해내려고 애쓰지 말고 주변 세상을 둘러보고 채워넣을 수 있는 공백이 있는지, 개선이 필요한 사업 아이디어가 있는지 살펴라.

기존 사업을 향상시키기 위해 생겨난 성공적인 사업도 많다. 도미노 피자가 사상 최초로 피자 배달 서비스를 제공한 기업은 아니다. 하지만 그들은 30분 내에 뜨겁게 배달하겠다는 보장 서비스를 제시한 최초의 기업이다. 아마존 역시 책을 판매한 최초의 기업은 아니었다. 하지만 그들은 속옷만 입은 채로 집에 앉아서 책을 사게 해준 최초의 기업 중 하나였다.

틈새시장을 공략하라. 모든 사람들에게 모든 것을 제공하는 기업이 되려고 하다가 파산하는 사업체가 많다. 한 장소에서 셀 수 없을 만큼 다양한 물건을 파는 곳은 월마트 하나로 충분하고, 작은 신규 업체들에게는 맞지 않는 일이다. 자신이 즐기면서 일할 수 있는 틈새시장을 파악하고 그곳에서 사업을 시작할 궁리를 하라. 바깥에서 일하기를 좋아한다면 조경 사업을 고려해보라. 숫자를 가지고 일하기를 즐긴다면 회계사를 고려해보라. 조경 사업자에게 회계를 맡겨본 적 있는가? 내 말이 무슨 뜻인지 알겠는가? 틈새시장에 초점을 맞추고 그 분야에서 전문가가 되어라.

프랜차이즈도 고려할 수 있다. 밑바닥부터 시작하는 대신 프랜차이즈 사업을 고려하는 기업가들이 늘고 있다. 프랜차이즈는 초기 속도를 높일 수 있는 좋은 방법 중 하나다. 회사에서 힘든 일 대부분을 알아서 처리해주기 때문이다. 그들은 이미 사업 모델이 있고 운영 지침이 마련되어 있으며 브랜드를 확립시키기 위해 이미 수백만 달러를 투자했다.

프랜차이즈를 시작하는 것은 대체로 비용이 많이 들고 이 책의 범위에서 벗어난 다양한 절차가 있다. 내가 줄 수 있는 가장 간결하면서도 훌륭한 조언은 프랜차이즈 업체와 성공 가능성에 대해 미리 완벽하게 조사를 하고 계약과 관련해 변호사를 고용해 계약서에 나온 작은 글씨의 조건을 모두 읽으라는 것이다.

사람들이 바글거리는 수영장에서는 헤엄치기 어렵다. 내가 원하는 사업과 똑같은 일을 하는 다른 회사들이 이미 수영장을 가득 채우고 있다면 기존 업체들과의 경쟁에서 살아남지 못할 확률이 높다. 그렇게 사람이 많은 수영장에서 성공하려면 남들보다 눈에 띌 수 있는 일을 해야 한다. (그렇다고 빨간색 삼각 수영복을 입고 고객을 만나라는 말은 아니다.) 다른 경쟁자들 속에서 자신을 빠르고 쉽게 차별화하지 못한다면 다른 사업을 선택하는 것이 낫다.

무엇보다도 여유를 가져라. 무슨 사업을 하기로 결심했든 정보를 근거로 해서 현명한 결정을 내리도록 마음의 여유를 가져야 한다. 현재 직업을 그대로 유지하면서 파트타임으로 사업을 시작하고, 불가피한 경우 다시 그 직업으로 돌아가는 것도 고려해볼 만하다.

당신이 취급하고 싶은 제품이나 서비스를 사용하는 친구나 동료가 있다면 돈을 내고 당신의 제품을 사용할 용의가 있는지 물어보라.

일단 수영장에 발을 들이면 성공을 거두어 헤엄치든지, 실패하여 물속으로 가라앉든지 둘 중 하나라는 사실을 명심하라.

성공은 당신의 엄지발가락이 얼마나 민감한지에 달려 있다.

20장

내 아이디어는 탁월한가?

적어도 일주일에 한 번, 나는 자신의 아이디어가 사업의 성배 (聖杯)와도 같다고 생각하는 사람을 만난다. 그 사람들은, 하느님 돌봐주소서, 자신의 아이디어가 이전에 아무도 생각해내지 못한, 실로 대단한 수백만 달러짜리라고 생각한다. 그리고 그들 모두 내가 그 아이디어를 시장에 내놓을 수 있게 도와준다면 우리 모두 감히 상상하지 못할 정도로 부자가 될 것이라고 굳게 믿는다. 내가 어쩌다 그들의 망상 속에 휘말려 들어갔는지는 모르겠지만 그들은 언제나 그렇게 나온다.

그중 어떤 사람들은 머릿속이 이런 생각으로 꽉 차 있다. 아래와 같은 질문을 보내온 사람처럼 말이다.

Q: 저만의 사업을 하고 싶습니다. 좋아 보이는 아이디어가 엄청나게 많아요. 하지만 남편은 그렇게 생각하지 않아요. 남편은 성공 가능성이 가장 높은 아이디어를 고르려면 모든 아이디어를 시험해야 한대요. 저는 그저 하나 골라서 당장 시작해도 될 것 같은데요. 사업 아이디어가 생각처럼 훌륭한지 시험할 수 있는 가장 좋은 방법이 있을까요?

A: 제 말이 듣기 싫을 수도 있지만 남편 말씀이 맞습니다. 아이디어를 골라 시작하기 전에 그 아이디어가 생각처럼 좋은지 확인하기 위해 아이디어의 실현 가능성을 시험해보아야 합니다.

머릿속에서 정말 좋은 것처럼 보이든 그렇지 않든, 모든 사업 아이디어는 시간과 돈을 들여 실행에 옮기기 전에 시험 과정을 거쳐야 합니다. 성공이란 자신이 아이디어에 대해 어떻게 생각하느냐가 아니라 소비자들이 어떻게 생각하느냐에 달려 있으니까요.

많은 기업가들이 소비자들의 생각과 자신의 생각이 매우 다르다는 사실을 너무 늦게 깨닫습니다. 낭비한 돈과 시간은 둘째 치고 남편한테 "내가 그럴 줄 알았지!"라는 말을 듣고 싶으신가요? 그러니 길게 숨을 들이마시고 속도를 낮추세요. 이제부터 아이디어의 진정한 가치를 시험할 방법을 살펴봅시다.

아이디어의 실현 가능성을 확인하는 방법에는 여러 가지가 있습니다. 물론 모든 방법이 다 효과적이거나 정확한 것은 아니지만요. 대부분의 사람들이 자신의 훌륭한 아이디어에 대해 아는 사람들에게 물어봅니다. 시동을 건다는 의미에서는 좋은 방법입니다. 전에 생각해보지 못한 피드백을 받을 수도 있으니까요. 하지만 조심할 것이 있습니다. 분명 이것은 아이디어가 진정 실현될 수 있는지를 시험할 최고의 방법이 아닙니다. 친구나 가족이 생각하는 것만 가지고 절대로 사업을 시작해서는 안 됩니다.

여기에는 두 가지 가능성이 있어요. 첫 번째, 어머니는 당신이 듣고 싶어 하는 말만 할 것이고 가장 친한 친구 역시 듣기 좋은 말을 할 것입니다. 당신을 조금이라도 아끼는 사람은 그 아이디어가 얼마나 허황되든 찬물을 끼얹으려 하지 않을 것입니다. 그러니 그들의 마음만 받고 그들의 말은 잘 걸러 들어야 합니다.

반대로 두 번째, 직장 동료나 그리 가깝지 않은 지인들은 그들이 생각하는 것과 정반대로 말할 수 있습니다. 아이디어가 형편없다고 생각하면 정말 좋다고 할 것이고, 아이디어가 정말로 훌륭하다고 생각하면 정말 형편없다고 말할 것입니다. 인간의 선한 마음에 대해 내게 설교를 늘어놓을 필요는 없어요. 인간 본성이 늘 선한 마음을 앞지르는 법이고, 인간은 원래 질투심이 많은 종족 아닙니까. 남들이 우리보다 잘되는 꼴을 못 보고 남들이 우리를 따돌릴 기미만 보여도 싫어하는 것이 당연하지요.

잭 블랙Jack Black과 벤 스틸러Ben Stiller가 출연한 영화 〈엔비 Envy〉를 본 적 있나요? 돈 한 푼 없고 성공 가능성이라고는 찾아볼 수 없는 일을 억지로 하고 있는 사람이 과연 당신이 성공하여 그를 뒤에 남겨두고 앞질러 나가기를 바랄까요?

결코 바라지 않을 것입니다. 더 이상 이야기할 것도 없지요.

그러니 친구와 가족에게만 의견을 묻지 말고 사업에 대해 조금이나마 알고 있으면서 솔직한 의견을 제시할 중립적인 여러 제3자에게 의견을 구해야 합니다.

지역 내 기업 협회나 은퇴한 기업인들로 구성된 자문 협회 등을 찾아보고 당신의 아이디어에 귀를 기울여줄 사람을 찾아보세요. 아니면 창업 상담소를 찾아보세요. 그것도 아니면 당신의 아이디어에 귀를 기울이고 솔직한 의견을 줄 수 있는 성공적인 기업가를 찾아보세요.

이것 하나만 명심하세요. 의견이란 배꼽과 같습니다. 모든 사람들이 적어도 하나씩은 가지고 있지만 제각각 다르고 보통 자신만을 위하는 법입니다.

아이디어의 실현 가능성을 판단할 조금 더 정확한 방법은 SWOT 분석을 하는 것입니다. 검은 옷을 차려입고 총을 갈겨대며 하늘에서 내려오는 특공대 SWOT를 이야기하는 것이 아닙니다. 물론 그렇게 사업 아이디어를 평가할 수 있다면 굉장히 멋져 보이긴 하겠네요.

여기서 SWOT란 강점(S, Strengths), 약점(W, Weaknesses), 기회(O, Opportunities), 위협(T, Threats)의 약자입니다. SWOT 분석을 이용하면 아이디어의 실현 가능성을 측정할 수 있을 뿐만 아니라 아이디어의 강점을 더욱 강화하고, 약점을 규명하여 수정하며, 잠재적인 기회 요인을 이용할 방법을 알아냄과 동시에 잠재적 위협 요인을 피할 수 있습니다.

간단히 SWOT 분석을 할 수 있는 방법을 알려드리겠습니다. 종이 한 장을 놓고 정중앙에 세로로 긴 선을 긋습니다. 그런 다음 역시 중앙에 가로로 긴 선을 긋습니다. 이제 종이가 네 부분으로 나뉘었죠. 왼쪽 상단에 '강점'을 적고 그 오른쪽 면에는 '약점', 왼쪽 하단에는 '기회', 오른쪽 하단에는 '위협'이라고 적으세요.

그런 다음 아이디어의 강점, 약점, 기회, 위협 요인이라고 여기는 것들을 각 칸에 적어 넣으세요. 가지고 있는 모든 아이디어에 대해 이 과정을 반복해야 합니다. 그러면 각 면에 무언가 적혀 있을 거예요. 한 가지 특정 아이디어에 대해 아무런 강점, 약점, 기회, 위협 요인을 생각해낼 수 없다면 SWOT 분석을 할 수 있을 정도로 충분한 정보를 손에 쥐고 있지 않다는 뜻입니다. 이것은 곧 이 아이디어를 효과적으로 실행하여 사업으로 만드는 데 필요한 정보 역시 충분치 않다는 뜻이지요.

강점이란 당신의 아이디어를 강하게 만들어줄 요소입니다. 강점은 개인적인 것일 수도 있고 상품과 관련이 있거나 다음의 것을 포함할 수 있습니다. 이전 사업 경험, 성공 경험, 창업에 충분한 자본, 이미 준비된 고객층, 독특한 상품이나 서비스 보유, 확고한 시장 존재, 등등.

그 다음 **그 아이디어의 모든 약점을 적어보세요.** 스스로에게 솔직해야 합니다. 그러니 가능한 한 많은 약점을 쓰세요. 아이디어에 아무 약점도 없는 척은 하지 마세요. 모든 아이디어에는 약점이 존재하기 마련이니까요. 아이디어가 완전하다고 생각하면 당신만 다칠 뿐입니다. 약점에는 다음과 같은 것들이 포함될 수 있습니다. 사업을 시작하기에 충분치 못한 자본, 사업이나 경영의 경험 부족, 이미 경쟁자가 많은 시장, 거대 경쟁업체 등등.

기회란 아이디어에 가속을 붙여줄 수 있는 요소입니다. 앞에서 기회에 대해 이야기한 적이 있습니다. 똑똑한 기업가들은 기회가 다가오기를 기다리지 않고 새로운 기회를 찾아 나선다고 했었죠.

기회에는 다음과 같은 것들이 들어갑니다. 같은 시장에서 제품을 판매하고 있는 다른 업체와의 파트너십 가능성, 좋은 상권에서 최고의 점포 자리가 곧 나옴, 경쟁업체가 사업을 접으면서 당신이 들어갈 자리를 내주는 것 등등.

위협은 아이디어의 성공에 위협을 가할 수 있는 요소입니다. 위협에는 다음과 같은 것이 들어갑니다. 불확실한 시장 상황, 저가를 내세우는 시장 내 강력한 경쟁업체, 당신의 아이디어에 영향을 미칠 수 있는 법이나 세금 제도 등. 약점처럼 위협 요인을 평가할 때는 솔직한 것이 매우 중요합니다.

이 네 면을 모두 채웠다면 아이디어의 실현 가능성을 시험해보기 위해 충분한 정보가 있어야 합니다. 이 아이디어의 강점이 약점을 이겨낼 수 있습니까? 아니면 강점이 약점을 당하지 못합니까?

　이용할 수 있는 기회 요인이 많습니까, 아니면 전혀 없습니까?

　위협 요인이 많습니까, 거의 없습니까?

　생각을 종이 위에 모두 적고 나니 아이디어가 처음 생각처럼 대단합니까? 아니면 머릿속에서 생각했던 것만큼 좋아 보이지 않나요?

　그렇죠? 그럴 줄 알았어요.

21장

낚시를 하면서 시장조사에 대해 배우기

나는 낚시를 좋아해본 적이 없다. 몇 시간 동안 작은 배 안에 앉아 물에 떠 있는 찌가 움직이기를 기다리는 것은 페인트가 마르기를 기다리는 것만큼 재미가 없다.

한편 아버지는 숨을 쉬느니 차라리 낚시를 할 사람이었다. 몇 차례 안 되지만 어릴 때 아버지와 낚시를 가면 아버지는 정원에서 파낸 지렁이를 내 낚싯바늘 끝에 걸고 물속에 드리운 후 찌가 물속으로 들어가는지 잘 살펴보라고 했다. 아버지는 잘 보고 있다가 찌가 물속으로 들어가는 순간 낚싯대를 휙 들어 올려 물고기를 감아올리면 된다고 했다.

눈이 모여 사시가 될 때까지 찌를 노려본 기억이 난다. 하지만 한 번도, 단 한 번도 그것이 물속으로 들어가는 것을 본 적이 없다. 아마 앨라배마 주에서 태어난 사내아이치고 물고기를 단 한 마리도 잡아보지 못한 사람은 나뿐일 것이다. 물론 조상님이 내게 실망한 일은 이것뿐이 아니겠지만.

하지만 아버지의 찌는 던져 넣기만 하면 수 분 내에 물속으로 푹푹 잠겼다. 아버지는 좌로, 우로 물고기를 잡아 올렸고 나는 마치 낚시로 도를 닦는 사람처럼 찌만 노려보면서 얼른 나이를 먹어 욕을 할 수 있게 되기만 바라고 있었다.

아버지만 물고기를 낚을 수 있던 이유를 알게 된 것은 몇 년 후였다. 아버지가 내 낚싯바늘에 죽은 지렁이를 끼웠고 자신은 살아 있는 것만 사용했던 것이다. 아버지가 쓴 미끼는 유혹하는 몸짓으로 근처에 있던 모든 물고기들을 끌어당겼고 내 것은 굶주린 거북이가 바로 옆으로 헤엄쳐 지나가도 보지 못했을 것이었다.

아버지의 이러한 행동으로 나는 분명 돌이킬 수 없는 정신적 피해를 입었다. 하지만 우리 모두 살면서 갖은 상처를 입지 않는가. 내 상처는 다만 죽은 지렁이가 매달린 낚싯바늘의 모습을 했을 뿐이다. 이러한 기억은 내 머릿속 서랍장, '고마워 죽겠어요, 아빠'라고 이름 붙인 서랍 속에 들어가 있다. 이것은 우리 모두에게 있는 서랍이다. 내 것이 당신 것보다 더 꽉 차 있을 뿐이지.

자식 교육에 관해서는 지도를 받아야 했지만 아버지는 기업가들이 종종 망치거나 아예 무시하는 시장조사에 관해서만은 전문가가 틀림없었다. 물론 아버지가 그러한 단어를 쓴 것은 아니다.

그는 다만 이렇게 말했다. "아들아, 마른 물에서는 절대 낚시를 하지 마라."

이 말을 조금 더 분명하게 바꾸어보겠다. 이 말은 **수요가 없는 시장에서는 절대로 상품을 팔려고 애쓰지 말라는 뜻이 된다.**

만약 구매자(배고픈 물고기)가 없다면 시장도 없다. 세상에서 가장 뛰어난 상품을 가지고 있어도 그 상품에 대한 시장, 즉 수요가 없다면 그냥 짐을 싸들고 나가 땅에서 지렁이나 파는 것이 낫다.

수년 동안 아버지는 그 호수의 구석구석을 조사했고 결과적으로 자신의 시장에 대해 매우 잘 파악하였다. 시간이 많이 흐르면서 그는 자신의 최고 고객(배고픈 물고기)이 호수 어느 편에 있는지 잘 알게 되었다. 그러면 그는 그곳에 배를 정박시키고 자신의 굶주린 틈새시장이 있는 곳에 낚싯줄을 던진 것이다.

배고픈 시장을 찾아낸 후에 아버지는 그들에게 팔 상품을 시험해보았다. 아버지는 귀뚜라미, 밀가루 반죽 뭉친 것, 가짜 미끼, 지렁이 등등을 써보고 물고기들이 어느 미끼를 가장 좋아하는지 알아냈다. 인터넷 마케팅 사업에서는 이것을 분산 시험 방식이라고 부른다. 한 가지 주제에 대해 고객에게 다양한 것을 제공해보고 어느 것이 가장 좋은 반응을 보이는지 살펴보는 것이다. 이 경우 시장 소비자가 가장 좋아하는 것이 지렁이였고 그래서 아버지는 지렁이를 사용하기 시작했다.

아버지는 또한 자신의 고객에 대해 꿰뚫고 있었다. 제품을 좋아하면 그것을 덥석 물 거라는 사실을 알고 있었다. 물고기가 미끼를 건드리기 시작하면 어떻게 반응해야 하는지도 잘 알고 있었다. 아버지는 바로 줄을 잡아당기지 않았다. 그러면 물고기가 도망칠 것이기 때문이다. 아버지는 물고기가 바늘에 완전히 걸릴 때까지 부드럽게 줄을 잡아당겼고 그런 다음에 줄을 감아 올려 거래를 마무리했다.

그러면 유능한 낚시꾼 겸 사업가인 아버지는 언제나 최고의 고객을 저녁 식사에 데려갔다. 문자 그대로 말이다.

아버지가 낚시, 여기서는 사업에 대해 잘 알고 있었던 것은 다음과 같다. **우리는 고객에게 그들 자신이 먹고 싶어 하는 것, 즉 그들 자신이 원하는 것이나 필요한 것을 주어야 한다. 우리가 생각하기에 그들이 사야 하는 것이 아니라.**

때때로 우리 기업가들은 우리가 고객보다 똑똑하다고 생각한다. 영업만 잘하면 무엇을 내놓든 고객이 사리라 생각한다. 실제로 나는 한 거만한 기업가가 이렇게 말하는 것을 들은 적이 있다. "내가 내놓는 것을 사야지. 그렇지 않으면 다른 곳으로 가든가." 그러한 사고방식을 가지면 당신은 절대로 물속에 잠기지 않는 찌를 노려보면서 여생을 보내야 할 것이다.

고객의 요구와 필요를 당연한 것으로 여겨 고민하지 않으면 가만히 있는 낚싯줄을 노려보는 실패한 기업가가 될 것이다.

말이 수레를 끄는 것이 아니라 수레가 말을 끌게 할 때 문제가 생긴다.

시장이 전혀 없는 상품이나 서비스를 만들어놓고 기다린다는 말이다.

그런 기업가들은 자신이 판매할 상품에 목말라 있는 구매자를 찾아 시장조사를 하지 않는다. 대신 자기가 생각할 때 통할 것 같은 미끼를 대충 골라 담고 배를 띄운다. 이들은 아무것도 잡지 못하고 돌아올 수밖에 없다.

이러한 일은 많은 기업가와 낚시꾼들에게 수도 없이 일어난다.

잠시 나의 낚시 이야기로 돌아가서 내가 배운 다른 교훈에 대해서도 이야기해보자. 아버지는 배 한가득 물고기를 잡는데 왜 나는 단 한 마리도 잡지 못하는지 나중에 이유를 알게 되었다는 이야기 기억나는가? 아버지가 내 낚싯바늘에는 죽은 지렁이를 끼웠고 자신의 것에는 살아 움직이는 것을 끼웠기 때문이었다. 사업에서 우리는 이것을 '경쟁 우위'라고 한다.

아버지는 아무것도 잡히지 않을 것이 분명한 곳에 내 낚싯줄을 던졌고 자신의 낚싯대는 물고기가 넘쳐나는 곳에 드리웠다. 사업에서 우리는 이것을 '시장 파악'이라고 한다.

아버지는 종종 나를 돌아보며 말했다. "봐라, 아들아. 내 곁 또 하나 걸렸네! 그럼 지난 10분간 총 여덟 마리 잡은 거야. 너는 얼마나 잡았니? 하나도 못 잡았다고? 세상에, 불쌍해라!" 사업에서 우리는 이것을 '독점 생성'이라고 부른다.

178

아버지 옆에는 물고기가 잔뜩 쌓여 있고 내 옆에는 한 마리도 없이 조그만 배에 둘이 앉아 있을 때면, 노를 집어 들고 세게 휘둘러 아버지가 배 밖으로 얼마나 멀리 날아가는지 보고 싶다고 생각한 적이 많았다. 사업에서 우리는 이것을 '고객 만족'이라고 부른다.

아버지가 수년에 걸쳐 그 호수를 샅샅이 조사했고 어디에 물고기가 많은지 정확히 알고 있었다는 사실을 이야기한 바 있다. 사업에서 우리는 이것을 '시장조사'라고 부른다. 시장에 새로 진입했거나 다른 새 시장으로 옮길 것을 고려하고 있다고 하자. 만약 시장조사를 하지 않으면 입질하는 손님 하나 없이 혼자 배에 앉아 있게 된다.

왜 시장조사를 하는가? 가장 명백한 이유는 당신의 상품이나 서비스를 원하는 시장이 진짜 있는지, 그 시장에 노력을 들일 가치가 있는지 확실히 하기 위해서다. 시장은 규모가 충분하고, 접근이 쉬워야 하며, 현금의 흐름이 활발해야 한다.

또한 시장은 당신이 판매하고자 하는 상품에 목말라 하고 그것을 간절히 원해야 한다. 그렇지 않으면 당신은 관심도, 돈도 없는 시장의 구미에 맞출 사업체를 만드느라 고생해야 한다. 노숙자에게 가정용 화초를 판매하는 것처럼, 이것은 절대로 훌륭한 아이디어가 아니다.

제품이 완성되면 누가 그것을 살 것인지, 즉 시장은 생각지도 않고 제품을 먼저 생각하는 기업가가 많다. 그들은 세상 사람들에게 의견을 미리 구하지도 않고 모든 사람들이 자신의 아이디어를 사랑하리라고 확신한다. 엄청난 시간과 자본을 그 아이디어에 쏟아붓고 나서야 비로소 질문을 한다. "자, 이 경이로운 새 기계를 누가 살까? 여보세요? 거기 누구 없어요?"

제일 먼저 배고픈 물고기가 가득한 연못을 찾고 그 다음 그것을 낚을 수 있는 미끼를 생각하라. 이 순서를 지키고 절대로 거꾸로 하지 마라. 이것이 바로 아버지로부터 얻은 교훈이었다.

명심하라. 당신 생각에 그들이 원하거나 필요한 것을 팔려고 애써서는 안 된다. 고객 자신이 원하거나 필요한 것을 제공해야 성공할 수 있다. 시장을 먼저 확인한 다음 제품을 개발하라. 한 푼을 쓸 때 열 푼 이상이 돌아오는 시장이 있다는 확신이 들기 전에는 단 한 푼도 쓰지 마라. 절대로 육감을 믿거나 막무가내로 밀어붙이지 마라. 뱃속에서 꿈틀대는 듯한 느낌이 알고 보니 돈을 벌어다줄 엄청난 아이디어가 아니라 가스인 경우도 많다는 것을 알게 될 것이다.

다행히도 시장조사는 그 어느 때보다 쉬워졌다. 인터넷 덕분에 우리는 클릭 몇 번으로 완벽한 시장조사를 할 수 있게 되었다. 대부분의 산업에는 해당 시장에 대한 통계 자료를 게시하는 협회가 있다.

정부에서 나오는 통계량도 어마어마하다. 정보를 모으기 위해 인터넷 디렉토리나 검색 도구 등을 사용할 수 있고 시장 데이터나 경쟁사에 대한 자료 역시 다양한 포털 사이트를 통해 쉽게 얻을 수 있다.

해당 산업에 몸담고 있는 사람들이 무슨 생각을 가지고 있는지 알아보려면 온라인/오프라인 포럼 등을 방문해보라. 그들에게 무슨 문제가 있는가? 어떤 요구가 충족되지 않고 있는가? 당신만이 긁어줄 수 있는 가려운 곳은 없는가?

진입하고자 하는 시장이 있다면 경쟁 상황에 대해서도 조사를 해야 한다. 경쟁업체를 통해서 다음과 같은 정보를 얻어라. 시장 내 가장 많이 나가는 제품군은 무엇인가? 제품에 대한 수요는 어떠한가? 가격대가 어느 정도인가? 품질은 어떠한 수준대가 있는가? 더 개선할 수 있는 사항이 있는가? 시장에 경쟁자가 전혀 없다면 그것은 위험 신호와 같다. 경쟁이 없다는 것은 보통 시장이 없다는 뜻이다. 너무나 획기적인 상품이 나와서 완전히 새로운 시장을 형성하는 일은 매우 드물다. 그러니 시장조사를 할 때 이 사실을 염두에 두어라.

제대로 집중하지 않는 독자들을 위해 다시 한 번 이야기하겠다. 사업이란 낚시와 같아서 배고픈 물고기가 가득한 연못을 찾고, 물고기가 원하는 미끼가 무엇인지 알아내어 사용하는 것이 가장 중요하다.

그리고 가장 많은 고객을 잡아 올리는 사람이 승자다.

22장

아는 만큼 보고, 아는 만큼 즐긴다

사랑하는 나의 아내는 야드 세일(가정집 차고나 마당에 쓰지 않는 중고 가정용품 등을 내놓고 싸게 판매하는 것─역주) 중독자다. 여름이면 매주 토요일 아침, 아내는 해가 뜨자마자 자리를 박차고 일어나 한 손에는 구겨진 지도를, 다른 한 손에는 지폐 한 뭉치를 쥐고 집을 나선다. 우리 집에도 처리해야 할 못 쓰는 물건이 창고에 한가득 있다는 사실 따위는 아랑곳하지 않는다. 아내의 생각에 이러한 쓰레기는 아무리 많아도 늘 부족하다. 아니, 아내의 말처럼 쓰레기가 아니라 '멋진 야드 세일 수확물'이라고 불러야 하겠다.

성경 어디에도 "야드 세일에서 사들인 물건이 가장 많은 사람이 천국으로 가는 열쇠를 얻는다."라는 말은 없다. 하지만 이 말을 아내에게 하지는 마라. 게다가 야드 세일 중 절대 다수가 주로 교회에서 열리니 아내가 가지 못하게 막을 수도 없는 노릇이다.

"어, 목사님. 이 아름다운 식기 세트 얼마 드리면 될까요?"

지난 수년간 아내는 야드 세일 지름신을 먹여 살리느라 수천 달러를 썼지만 아내가 돈을 얼마나 많이 썼는지는 거론할 필요가 없다. 야드 세일에서 관건은 돈을 얼마나 쓰느냐가 아니라 얼마나 깎을 수 있느냐라는 말을 귀에 못이 박히도록 들었기 때문이다. 달리 말하면 사랑스러운 아내의 뛰어난 흥정 실력이 없었다면 아내의 이 나쁜 습관에 들어가는 돈을 대느라 내가 밤마다 피자 배달 아르바이트를 할 수밖에 없었을 것이라는 뜻이다.

나는 아내의 문제를 해결하려고 애썼다. 야드 세일 중독자를 위한 12단계 재활 프로그램을 알아내어 아내에게 연락처를 주었더니 아내는 전화를 걸어 흥정을 하고는 그것을 8단계로 낮췄다. 이것 하나는 인정해줘야겠다. 아내는 프로다.

아내가 정말 잘하는 것 중 하나가 어떤 물건의 가치를 정확히 알려주는 것이다. 특히 그것이 당신의 앞마당에 나와 있을 때 말이다. 슬쩍 보기만 하면 그것이 얼마인지 바로 알려줄 수 있다. 엘비스 프레슬리Elvis Presley 기념 접시 세트나 NASCAR 자동차 경주 기념 수건도 손만 한 번 얹으면 얼마를 받으면 되는지 1센트 단위까지 말해줄 것이다.

이걸로는 부족한지 당신의 남편이나 남자 친구를 보고도 바로 그가 가치가 있는 인간인지 아닌지 말하기도 서슴지 않는다. 가

183

격 책정이나 인식 가치에 관한 한 정말 재능이 넘치는 사람이다. 아, 사랑스러운 나의 아내.

제품의 가격 책정은 내가 가장 좋아하는 주제 중 하나다. 아내 말고는 이에 대해 잘 아는 사람이 거의 없기 때문에 의견을 넌지시 내놓기만 해도 실제보다 훨씬 더 똑똑해 보이기 때문이다.

경쟁업체가 제시하는 가격을 보고 그것보다 몇 퍼센트 낮추는 방식으로 가격을 정하는 기업가가 수도 없이 많다. 자신의 제품이 경쟁업체 것보다 훨씬 우월하다고 생각하는 사람들은 더 높은 가격을 매기고 품질에 초점을 두어 홍보를 하기도 한다. 두 가지 모두 불완전한 전략이기는 하지만 어쨌든 가격은 정해야 하는 것 아닌가.

그렇다면 완벽한 가격을 정하는 방법은 무엇이고 나중에 가격을 올려야 할 경우 쓸 수 있는 원칙은 무엇이 있는가?

완벽한 남자, 완벽한 계획, 완전범죄처럼 완벽한 가격이란 없는 법이다.

고객에게 지불한 돈에 대한 가치를 제공하고 회사에는 들인 노력과 자본에 대해 높은 수익을 돌려주는 훌륭한 가격이 있다고 상상해보자. 설사 그런 가격이 있다고 해도 그것을 완벽한 가격이라고 부를 수는 없다. 그것은 절충이지 완벽이 아니다.

가격을 책정하는 데 흔히 쓰이는 방법 중 소위 '데이비드 카퍼필드 방식'이 있다. 이것은 텔레비전 생방송에서 자유의 여신상을 사라지게 만든 유명한 마술사 데이비드 카퍼필드의 이름을 따서 붙인 것이다. 이 카퍼필드 방식은 말 그대로 가격을 홀연히 나타나게 만드는 것이다. 이렇게 가격을 붙이는 것은 추천할 만한 방법이 아닐 뿐더러, 그러한 정책을 사용한다고 하면 사업 계획서가 정말 형편없어 보일 수 있으니 주의해야 한다.

믿기 어렵겠지만 아무런 근거 없이 가격을 책정하는 이 방식은 오늘날 셀 수 없을 만큼 많은 기업에서 사용하고 있다. 이것이 바로 많은 기업이 생존하지 못하는 이유다. 생존하더라도 근근이 돌아가는 이유이기도 하다.

가격 책정은 사업에서 매우 중요한 부분이다. 가격을 통해 재정 수지 계획을 세우고, 손익분기점을 정하며, 수입과 지출을 계산할 수 있기 때문이다. 가격을 책정할 때 고려할 요소는 매우 다양하고, 때로는 여러 가지를 결합하여 이용하기도 하지만 **제품의 가격을 정하는 방법은 기본적으로 세 가지가 있다.**

첫 번째는 **경쟁사에서 판매하는 비슷한 제품을 비교, 분석하는 방법이다.** 경쟁사의 제품 기능과 강점 등이 당신의 제품과 비슷한가? 그렇다면 경쟁사의 가격을 당신 제품 가격의 기준으로 삼을 수 있다. 만약 당신의 제품이 품질이나 기능, 강점 면에서 더 낫다면 조금 더 높은 가격을 정해도 정당하며 경쟁력을 유지할 수도 있다. 만약 당신의 제품이 열등하다면 가격이 분명 조금 더 낮아야 할 것이다.

가격 책정의 두 번째 방법은 **제품을 생산하고 배송하는 데 드는 총 비용을 계산하고 적절한 마진을 덧붙여 최종 가격을 정하는 것이다.**

마지막으로 가격 책정은 결국 이것 하나로 판가름 나는 경우가 많다는 사실을 아는 것이 중요하다. 그것은 바로 인식이다.

인식, 사업에서 주로 인식 가치라고 부르는 이것은 대부분의 기업가들이 가격을 책정할 때 고려하는 한 가지 요소다. 기업가로서 제품은 우리에게 자식과 같다. 우리는 그것을 만들어내고, 먹이고, 키우고, 사랑한다. 그래서 우리가 우리의 제품을 인식하는 가치는 시장의 관점보다 훨씬 높은 경우가 많다.

인식 가치만큼 중요한 것은 없다.

10,000달러짜리 롤렉스가 왜 100달러짜리 타이맥스 시계보다 가치 있는가? 기본적으로 둘 다 시계고 똑같은 기능을 한다. 시간을 알려주는 것이다. 그런데 왜 하나가 다른 하나보다 100배나 비싼가? 월등한 장인 정신이니, 품질이니, 수명이니 하는 뻔한 대답은 접어둬라.

이것은 모두 인식 가치 때문이다. 다른 이유는 없다.

비싼 시계를 찼다고 해서 당신이 더 잘생겨지거나, 더 똑똑해지거나, 더 건강해지거나, 이성에게 더 인기가 생기는 것은 아니다. 하지만 손목에 롤렉스를 차면 100달러짜리 타이맥스를 찬 사람에게는 없는 무언가가 생긴다는 인식이 분명히 존재한다.

그러한 인식이 사실일 수도, 사실이 아닐 수도 있다. 롤렉스를 차고, 메르세데스 벤츠 오픈카를 타고, 구찌 신발을 신고, 아르마니 정장을 입는 빈털터리 인생 낙오자도 많다. 이들이 이런 제품을 사는 이유는 그럴 만한 돈이 있어서가 아니다. 이러한 제품의 인식 가치 덕분에 자신의 인식 가치 역시 올라가리라 믿는 헛된 희망 때문이다.

롤렉스 시계 10,000달러.

메르세데스 벤츠 오픈카 110,000달러.

코치 가방 1,000달러.

아르마니 정장 2,000달러.

위에 나온 모든 제품에는 훨씬 저렴한 대안 상품이 많다. 하지만 매년 수많은 사람들이 엄청난 돈을 써댄다. 바로 이러한 돈을 지불할 가치가 있다는 인식 때문이다.

명심하라. 가격 책정에 관한 한 언제든 인식 가치가 다른 모든 논리적 가치를 누른다는 사실을.

23장

잘 지은 이름이 효자 노릇 한다

둘 중 어느 것이 이름 짓기 더 힘든가? 갓난아기인가, 새 사업체인가? 내가 클라우드와 거트루드라는 부모에게서 태어났기 때문에 갓난아기 이름 짓는 것을 더 어려워하리라 여기는 독자가 많다. 하지만 틀렸다. 아기 이름은 정말 바보처럼 지어도 아기가 반드시 실패하는 것은 아니다. 물론 자라면서 놀림 받고, 괴롭힘을 당하겠지만 실패하지는 않을 것이다.

사업체의 이름을 짓는 것은 기업가로서 내리는 결정 중에서 가장 중요한 것 중 하나다. 제대로 지은 이름은 비슷비슷한 업체들 가운데 당신을 돋보이게 만들고, 잘못 지은 이름은 그 속에 파묻히게 만들기 때문이다.

요즘처럼 경기가 좋지 못하고 경쟁이 날로 심화되고 있는 환경에서 완벽한 이름을 생각해내는 것은 특히 중요하다.

아무도 '프레드네 은행'에 저금하려 하지 않을 것이고 '그럭저럭 빠는 집'에 드라이 클리닝할 옷을 맡길 사람도 없을 것이다.

안타까운 일이지만 완벽한 이름을 짓기는 실행이 말보다 훨씬 어렵다. 훌륭한 이름은 이미 남들이 모두 가로챈 것 같지 않은가?

지금은 '바디숍'이 화장품을 파는 곳일 수도 있고, 몸에 딱 달라붙는 옷을 파는 곳일 수도 있는 시대다. 그러니 명함 시안을 인쇄소에 보내기 전에 정말 적절한 이름을 골랐는지 다음 사항을 통해 다시 확인해보자.

제일 먼저 할 일은 그 이름이 이미 다른 업체에서 사용되고 있지 않은지 조사하는 것이다. 얼마나 많은 기업가들이 이 단계를 건너뛰고 다른 사람들이 쓰고 있는 이름을 이용해 사업체를 여는지 알면 놀랄 것이다.

지방 자치 단체 서기나 등록 담당 기관을 찾아 사용하고자 하는 이름이 이미 등록되어 있지 않은지 확인하라. 또한 특허청을 통해 이 이름이 실용신안에 등록되어 있지 않은지 확인하라. 다른 회사의 등록 상표를 사용하면 소송을 당할 수 있다. 당신의 이름이 다른 등록 상표와 비슷하기만 해도 그 이름을 사용할 권리를 항변하며 법정에 서야 할지 모른다. 게다가 패할 확률 역시 높다.

당신이 사용하고자 하는 이름이 사용되고 있지 않다면 즉시 실용신안 출원을 하는 것이 좋다. 그래야 법적인 소유권을 주장할

189

수 있다. 상표 등록을 하지 않으면 미래에 누군가 나타나 그 이름을 당신의 코앞에서 채어갈지도 모른다. 수년간 공들여 사업체를 성장시킨 후 웬 신규 업체가 그 이름을 상표 등록하더니 정당한 소유권에 대해 당신에게 소송을 거는 상황을 상상해보라. 다른 것은 몰라도 이러한 상황은 피해야 한다. 더구나 돈 조금 들이고 서류 몇 장 작성하기만 하면 피할 수 있는 일 아닌가.

고려해야 할 또 한 가지 사항은 인터넷 홈페이지의 도메인 이름이다. 도메인 이름이란 고객이 당신의 기업을 인터넷에서 찾을 때 사용할 웹사이트 주소다. 당신의 사업체 이름이 도메인 이름으로 사용되지 않고 남아 있는가? 그렇지 않다면 사업체 이름과 비슷한 도메인 이름이 있는가?

적당한 도메인 이름을 확보하기가 기업의 이름을 짓는 것보다 더 어렵다는 사실을 쉽게 알 수 있을 것이다. 논리적으로 가장 합당한 도메인 이름은 이미 다른 사람들이 확보하고 있겠지만 운 좋게 남은 것을 발견할 수도 있다. 도메인 이름은 짧고, 사업체의 특성을 설명할 수 있는 것이 좋으며 .com이나 .net으로 끝나는 것이 좋다. 필요한 경우라면 .to처럼 다른 기관 코드를 사용할 수도 있다. 이러한 경우에는 웹사이트 주소를 홍보하기 위해 추가적인 노력을 기울일 필요가 있다는 사실을 명심하라. 사람들이 .com을 가장 보편적이라고 여기기 때문이다. 그리고 어떠한 경우든 기억하기 어렵고 입력하기는 더 어려운 복잡한 문자나 숫자가 들어 있는 것은 피해야 한다.

 이름을 결정할 때 고객의 시점에서 바라보는 방법 또한 좋다. 기업체의 이름은 당신이 제공하는 서비스나 제품에 대해 분명하게 정의하고, 당신이 원하는 메시지를 고객에게 전달할 수 있어야 한다. 잠시 고객의 입장에서 생각하라. 특정 제품이나 서비스를 제공하는 기업을 찾고 있다면 어떤 이름을 기대하겠는가? 예를 들어 당신이 컴퓨터 부품을 판매한다면 컴퓨터 부품의 이미지가 들어간 이름을 사용해야 하지 않겠는가? '짐의 컴퓨터 부품'이라는 이름은 '짐의 전자 제품 왕국'이라는 이름처럼 멋들어지게 들리지는 않지만 멋들어진 이름이 돈을 벌어다주는 것은 아니다. 돈을 벌어다주는 것은 당신이 무슨 사업을 하는지 재빨리 파악한 고객이다.

 기업의 이름은 고객의 머릿속에서 무의식적인 반응을 일으켜 고객을 끌어당기거나 그들을 밀어내는 역할을 할 수 있다. 품질, 완벽, 최고, 저렴, 신속과 같은 단어는 소비자의 마음에 긍정적인 반응을 불러일으킨다. 하지만 싼, 덤핑, 재활용 같은 단어는 부정적인 감정을 만들어낸다. '헌 차'를 판매한다는 곳을 본 적 있는가? '중고 차'를 판매한다고 광고하는 곳만 보았을 것이다.

 마지막으로 피해야 할 것들에 대해 이야기해보자. 전문가들은 일상생활과 관련된 사업을 한다면 엔터프라이즈, 코퍼레이션, 상사, 유한회사처럼 너무 일반적이고 포괄적인 이름을 피하라고 조

언한다. 규모가 큰 기업이나 법적 기업체 이름으로는 괜찮지만 흔히 보는 일상생활 관련 사업 이름으로는 분명치 못하다. 다음 기업이 무슨 일을 하는지 알 수 있겠는가? ABC Co, 빅 독 엔터프라이즈, M&B 파트너스, 디스카운트 유한회사. 나는 잘 모르겠다. 그리고 잠재 고객 역시 마찬가지일 것이다.

또한 야후(Yahoo!)나 구글(Google)처럼 추상적인 이름도 피하라. 추상적 이름을 사용하면 그 사업체가 무엇을 하는 곳인지 설명을 해야 되거나 그러한 브랜드를 고객의 마음속에 심어주기 위해 엄청난 마케팅을 벌여야 한다. 자본이 충분하지 못하다면 척 보고 어떤 사업인지 알 수 있는 이름으로 지을 것을 권한다.

그리고 **지나치게 가볍거나 웃긴 이름도 피하는 것이 좋다.**

'주인이 미쳤어요' 같은 이름은 주인이 정말 미쳤거나, 활발하고 황당한 주인의 성격을 가게 운영에 이용하고자 하는 목적이 있다면 물론 멋진 이름이 될 수 있다. 그러나 고객에게 진지하게 받아들여지고 싶다면 진지한 이름을 써라.

당신이라면 '미친 데이비드의 치과' 라는 곳에 가고 싶겠는가?

나는 절대 가지 않을 것이다. 절대로. '미친 데이비드의 치과' 라니.

24장

계약서는 세심하게 따져라

임대를 해본 적이 없는 기업가라면 최초의 사무실이나 점포로 이사하는 일이 마치 공식적으로 기업가 클럽에 가입하거나 무언가 이루어낸 것 같은 기분이 드는 신나는 경험이 될 것이다.

이들은 마치 사교계 데뷔 무도회장에 나온 사람들 같다. 화려하게 리본 커팅식을 마련하고, 시장을 초대하고, 거대한 가위를 준비한다.

그들은 상공회의소의 모든 회원들과, 그들의 고객, 협력 업체 사람들뿐만 아니라 길에서 만난 모르는 사람들과 친구, 가족을 모두 초대한다. 사람이 많을수록 즐거운 법 아닌가! 기업의 로고가 그려진 거대한 케이크가 있고 회사 이름이 박힌 싸구려 볼펜도 나누어준다. 그리고 모든 사람들이 즐거운 시간을 보낸다.

하지만 정신을 차리고 보니 당신은 그 싸구려 볼펜으로 해약이 불가능한 임대 계약서에 이미 서명을 한 후고, 계약 조건은 당연히 소유주에게 유리하게 되어 있다. 어느덧 시간이 흘러 다음 달 임대료를 낼 때가 되면 자신의 필요에 전혀 맞지 않는 점포에 앉아 잘 이해하지도 못하는 5년짜리 임대 계약서를 멍하니 들여다보면서 도대체 어쩌다가 이 지경에 이르렀는지 한탄하고 있다.

게다가 뚜렷한 성과도 내지 못하는 상황이라면?

이들이 처음에 흥겨워하는 것을 비난할 수도 없는 노릇이다. 임대 계약서에 이름을 적어 넣는 것이야말로 기업가로서 하는 최초의 유형적 약속과도 같고, 임대할 점포나 사무실을 찾아다니는 일은 정말 신나는 일이기 때문이다.

우리 기업가들은 스스로를 현대판 탐험가라고 생각한다. 차갑고 잔인한 세상에 나가 우리가 빌린 작은 부동산에 회사 깃발을 꽂아 넣는 탐험가 말이다. 나 역시 처음 사무실을 임대할 때 느낀 쾌감을 기억한다.

그러다가 나중에 다른 사무실을 임대할 때는 결코 처음과 같은 기분을 느끼지 못한다는 사실이 참으로 흥미롭다. 나 같은 중견 기업가들에게 새 사무실이나 점포를 찾는 일은 마치 오래된 사무실 벽에 칠한 페인트가 마르기를 기다리는 것과 같다.

최초의 사무실 임대라는 기쁨에 빠져 자신의 즉각적인 필요 이상을 보지 못하는 기업가가 셀 수 없이 많다. 물론 인간은 미래를 예측할 수 없지만 사무실이나 점포를 임대할 때는 장기적으로 그 공간이 당신의 요구를 충족할 것인지 미리 생각하는 것이 무엇보다도 중요하다.

그러니 나의 첫 번째 조언은, 잠시 흥분을 접어두고 **전문가를 불러 당신의 사업에 딱 맞는 공간을 찾도록 도움을 받으라는 것이다.** 유능한 중개업자는 시간과 돈을 절약해줄 뿐만 아니라 임대 기간 내내 불필요한 돈을 낭비하는 실수를 저지르지 않게 도와준다. 그들의 도움을 얻으면 원하는 물건을 찾고, 소유주와 협상하고, 미처 생각하지 못한 다양한 문제를 미리 파악할 수도 있다.

두 번째 조언은 다음과 같다. **당신의 필요에 맞는 임대 공간을 발견하면 계약서에 서명하기 전에 변호사를 고용해 계약서를 한번 훑어보게 한다.** 사무실이나 점포 임대에는 법적 구속력이 있는 계약서가 따른다. 계약서를 꼼꼼하게 읽어보지 않았다가 원하는 때에 그곳을 나오지 못하거나, 아예 나오지 못하는 지경에 처한 기업가들을 여럿 보았다.

임대 계약을 어기는 것은 악마와 계약을 깨는 것보다 어렵다.

또한 사업체를 대표하여 계약서에 서명하는 경우 사업이 실패하여 임대료를 지불하지 못할 때 잔여기간 동안의 임대료를 내야 하는 사람이 사업주로 되어 있는 경우가 있다. 그러니 변호사를 고용해 자신의 법률상 권리를 미리 보호하는 것도 좋다.

세 번째 조언은, **당장의 상황뿐만 아니라 시간이 흐르면서 사**

업체의 요구가 달라질 것을 예상하라는 점이다. 1년이 채 되지 않는 계약 기간에 동의할 건물주를 찾는 일은 거의 불가능하다. 대부분의 임대는 미국의 경우 3년 이상으로 계약을 하기 때문에 이는 곧 임대할 곳을 찾을 때 미래의 성장 가능성을 고려해야 한다는 뜻이다. 한두 해만 지나면 사업이 확장되리라 생각하는 경우 조그만 사무실을 5년씩이나 계약하는 것은 현명한 행동이 못된다. 그러므로 사업을 크게 확장하는 경우 계약을 중도에 해지할 수 있는 조항을 요구하는 것도 좋다.

사무실이나 점포 임대 시 몇 가지 고려할 사항이 더 있다.

입지! 입지! 입지는 너무나 중요하다. 지나가다 들르는 손님이 많은 사업이라면 입지는 특히 중대한 고려 사항이다. 점포가 고객에게 편리한 입지에 있는가? 점포가 위치한 동네가 성장하고 있는가, 아니면 쇠락하고 있는가? 해당 지역에 재개발 등이 예정되어 있는가? 아니면 사업체들이 썰물처럼 해당 지역을 떠나고 있는가? 당신과 비슷한 사업체들이 몰려 있는가?

고객과 직원들을 위한 주차 공간이 충분한가? 소매점의 경우에 주차는 특히 중요하다. 이것은 고객이 자주 오가는 사업의 경우에도 똑같이 중요하다. 몇 블록 떨어진 곳에 차를 세워두고 당신의 점포까지 걸어올 고객은 거의 없다. 주차 공간의 부족은 사업을 파멸로 몰아갈 수도 있다.

또한 지금 있는 직원 수와 미래에 갖게 될 직원 수를 고려하라.

한 공간을 차지하고 있는 사람의 수는 직접적으로 그 공간의 크기를 결정짓는다. 직원들이 장작개비처럼 촘촘히 서서 근무해야 한다면 좋아할 사람이 없을 것이다. (경험자의 말이니 믿어라.) 모든 사람들이 편안히 근무할 수 있는 공간이 갖춰져야 한다.

임대 계약서에 서명할 때 문제점은 대체로 사람들이 잘 보지 않는 세부 사항에 있다. 점포나 사무실에서 컴퓨터나 전자 기기를 많이 사용할 계획이라면 건물의 전기 시스템이 당신의 필요를 충족시키는지 반드시 확인하라. 컴퓨터를 켤 때마다 사무실 내 전구가 펑펑 터진다면 어떻겠는가?

조용한 근무 환경을 선호한다면 사무실 창문이 대로에서 최소한 5m 이상 떨어져 있는 것이 좋다. 그렇지 않으면 교통 혼잡 시간마다 엄청난 소음을 감내해야 할지도 모른다.

개별적으로 실내 온도 조절을 할 수 없고, 에어컨이 조금만 틀어져 있어도 감기에 걸리는 중년 여성이 당신 사무실 옆방에 살고 있다면 아주 덥고 긴 여름을 보낼 각오를 해야 한다.

기업가 겸 임차인으로서 저지를 수 있는 가장 큰 실수는 변호사를 고용해 계약서를 훑어보게 하지 않는 것이다. 그리고 작은 글씨로 쓰인 세부 사항을 읽지 않는 것이다. 사무실이나 점포 임대에 있어서 모든 사항은 깨알 같은 글씨로 되어 있다는 사실을 잊지 마라.

내 말을 못 믿겠다고? 내 친구 호머 이야기를 해주겠다. 물론

이 이름은 가명이다. 호머는 사업을 하기 위해 2년 계약으로 사무실을 빌렸다. 사업체의 소유주로서 호머는 임대료에 대해 개인 보증을 했고 모든 계약 사항을 지키기로 서약했다. 들어간 후 거의 2년이 지나 계약 만료일이 가까워지기 전까지는 아무 문제가 없었다. 임대 계약서를 꼼꼼히 읽지 않았던 호머가 뒤통수를 맞은 것은 그 즈음이었다.

계약 만료일이 다가오자 호머는 새로운 곳으로 이사하기로 결심했다. 통상적으로 만료 30일 전에 건물주에게 이사 사실을 통보하면 된다고 생각한 호머는 30일 전에 건물주에게 이렇게 말했지만 이미 60일 전에 계약 기간이 2년 연장되었다는 말을 들었다. 달리 말하면 호머는 계약을 연장하지 않겠다는 사실 통보가 계약 만료 최소 60일 전에 건물주에게 전달되었어야 한다는 사실을 알지 못했던 것이다.

계약을 연장하지 않는 경우 최소 60일 전 통보해야 한다는 사실을 몰랐기 때문에 계약은 자동으로 2년 연장이 되었다. 호머가 할 수 있는 일은 아무것도 없었다. 그는 단지 계약서를 잘 읽어보지 않은 것과 변호사를 고용해 검토하게 하지 않은 것에 대해 땅을 치며 후회할 뿐이었다.

호머가 계약서를 읽지 않아서 60일 통보 조항에 대해 몰랐다고 했을 때 건물주의 입장은 어땠을까? 그는 호머의 처지를 이해했지만 자신의 뜻을 굽히지 않았고 호머에게 계약 사항을 지키라고 말했다. 이는 곧 호머가 계획대로 이사를 나가더라도 추가된 2년 동안의 임대료를 지불해야 한다는 뜻이었다.

호머와 계약을 파기하지 않고 임대 조건을 지키게 만든 건물주가 나쁜 사람인가? 절대로 그렇지 않다. 건물주의 관점에서 보면 그는 계약 조건을 그대로 지키는 것 말고는 선택의 여지가 없었다. 그는 자신의 건물이 향후 2년간 임대될 것이라는 계약서에 서명을 했다. 아무도 사용하지 않는 텅 빈 건물을 가지고 있는 건물주는 손님이 하나도 없는 사업체와 같다. 빈 건물은 곧 임대료 수입이 없다는 뜻이고 이는 또한 건물주가 대출금을 갚을 방도가 없다는 뜻 아닌가. 그야말로 '개인적인 감정은 없고 다만 사업일 뿐'이었다.

물론 마음씨가 착한 건물주라면 호머가 계약의 자동 연장 조항에 대해 몰랐던 것이 안쓰럽게 느껴질 수 있겠지만 그렇다고 해서 호머가 임대했던 공간을 빈 채로 놔두고 자신의 재정 상태에 문제를 일으킬 이유는 없다. 결론은 이것이다. 호머가 계약서를 읽었든 읽지 않았든 상관없다. 호머는 계약서에 서명을 했고, 그러므로 계약 조건에 동의한 것이며, 결국 그는 계약 조건을 이행해야 하는 것이다.

기존 계약을 해지하지는 못했지만 호머는 계획대로 이사를 했고, 수개월이 지나 다른 사람에게 그 공간을 전대해줄 때까지 빈 공간에 대해 임대료를 계속 지불했다. 처음에 일을 제대로 하지 않아서 수천 달러가 고스란히 낭비된 셈이다. 이제 그는 이러한 실수를 다시는 저지르지 않을 것이다.

이 이야기의 교훈은 바로 '계약서를 꼼꼼히 읽어라' 다. 더 좋은 방법이 있다. 그것은 변호사가 계약서를 검토하게 하는 것이다. 수년간 사업을 하면서 배운 것이 있다. 변호사가 미리 검토하지 않은 법적 서류는 절대로 서명하지 않는 것이다. 특히 돈이 관련되어 있는 문제라면.

사무실이나 점포 임대 계약서에 서명하기 전에 고려해야 할 사항이 몇 가지 더 있다.

임대료가 어떻게 계산되는가? 가장 기본적인 계산 방법은 단위 면적당 임대료에 면적을 곱하고 그것을 열두 달로 나누는 것이다. 예를 들어 100제곱미터 크기의 공간을 임대하고 제곱미터당 임대료가 120달러라면 연간 임대료는 12,000달러가 될 것이다. 이것을 열두 달로 나누면 월간 임대료는 1,000달러가 된다. 이것은 단순화한 예다. 오늘날 대부분의 사무실이나 점포 임대에는 임대료 인상이나 관리비 추가 상승, 공용 구역 관리비 등 최종 지불할 금액에 영향을 미치는 추가 요소들이 있다.

누가 무엇에 대해 지불하는가? 정확히 어떤 사항에 대해 돈을 지불하는지 이해하는 것이 매우 중요하다. 임대료 외에 다른 비용을 내야 하는가? 예를 들어 전기나 수도세를 당신이 부담해야 하는가? 주차비나 보안 경비 사용료를 내야 하는가? 건물 유지나

수리 비용은 누가 책임지는가?

추가 인상 조항이 있는가? 계약서에는 비용 인상 조항이 있어서 건물 관리 비용이 올라가면 이것을 임차인에게 부담시키는 것이 일반적이다. 계약서에 그러한 조항이 들어가 있다면 최대 인상액 상한선을 요구하는 것이 좋다. 그리고 건물주가 이 조항을 이용해 비용을 인상시키는 경우에 임차인은 늘어나는 비용에 대해 상세한 내역을 요구할 권리가 있다.

임대료는 어떻게 인상되는가? 반드시 알아야 할 중요한 요소는 다음과 같다. 계약을 연장한다면 건물주가 임대료를 얼마나 인상시킬 수 있는가? 건물의 가치가 올라가면 임대료도 인상되는 것이 일반적이다. 건물주가 1년 전 당신과 계약한 임대료보다 더 높은 금액을 받을 수 있다면 그는 임대료 인상을 요구할 권리가 있는 셈이다. 하지만 임대료가 하룻밤 사이에 두 배로 뛴다면 정말 끔찍한 일이 분명하다. 그러니 계약서에 서명하기 전에 임대료 인상 비율에 대해 미리 협상하라. 임대료 인상은 대부분 퍼센트로 계산한다.

재계약과 계약 만료는 어떻게 이루어지는가? 계약 만료 후 건물을 나가고 싶다면 보통 최소 60일 전에 건물주에게 통보하도록 되어 있다. 호머가 알게 된 사실과 같이 계약 만료 60일 전에 미리 해당 사실을 알리지 않으면 자동으로 기간이 연장되는 계약이 많다. 그러므로 계약이 언제 만료되는지, 해지/연장 사실을 알려주려면 언제까지 해야 하는지 확실히 파악하라.

개인 보증이 필요한가? 사업이 기울어 더 이상 임대료를 지불할 능력이 되지 않을 경우에는 어떻게 되는가? 그렇다면 사업주인 당신이 사비로 임대료를 내야 하는가? 보통 그렇게 할 것이다. 건물주 대부분은 사업주나 경영인의 개인 보증을 요구한다. 이는 곧 사업이 망하더라도 남은 계약 기간 동안의 임대료를 지불해야 한다는 뜻이다.

마지막으로, 모든 사항을 명백히 확인하라. 계약서에 있는 모든 사항을 하나도 빼놓지 말고 확실히 해야 한다. 이해가 안 가는 부분이 있다면 질문하라. 당신이 임대하는 것이 정확히 무엇인가? 누가 수리비를 부담하는가? 어떤 공용 구역을 이용할 수 있는가? 화장실 비누, 수건, 화장지 등을 채워 넣는 일처럼 세세한 일은 누가 책임지는가?

지금 보면 사소한 것 같지만 중요한 순간에 화장지가 없는 사태를 상상해보라.

25장

돈 문제는 단호할수록 좋다

사업 관련 칼럼을 쓰다보면 고민 상담을 해주어야 할 때도 있다. 그들이 원하는 조언이 개인적인 성향을 띠는 경우가 있기 때문이다. 이럴 때면 나는 헌옷 가게에서 산 벌집 모양의 커다란 가발을 쓰고, 멋들어진 분홍색 정장을 입고, 화려한 샌들을 신는다. 이렇게 세세한 부분까지 독자 여러분께 알려줄 필요는 없겠지만 그만큼 내가 신경을 쓴다는 것을 이해해주었으면 좋겠다. 거기다가 나는 분홍색이 끝내주게 잘 어울린다.

어떤 때는 기업가가 아니라 그들에 대해 염려하는 가족이나 친구들로부터 질문이 날아온다. 기업가를 자식으로 둔 부모가 점점 줄어드는 자신의 은행 잔고에 대해 걱정하는 경우도 있다.

좋은 예가 있다. 기업가를 대상으로 한 강연에서 한 학생이 아버지를 모시고 왔다. 휴식 시간에 그 아버지가 나를 한쪽으로 잡아끌더니 다음과 같은 이야기를 꺼냈다.

"아들이 사업을 하겠다며 저한테 5,000달러를 빌려 달랍니다. 아내는 안 된다는 말을 못 하겠대요. 그냥 그 돈을 주고 돌려받을 걸 기대하지 말아야 한다고 생각하더라고요."

"음, 아버지께서는 어떻게 생각하시는데요?" 내가 물었다.

그가 눈살을 찌푸리더니 목소리를 낮췄다. "그냥 돈을 줘버리면 아들이 사업이나 책임감에 대해 아무것도 배우지 못할 것 같아요. 사실 아들은 빌린 돈을 잘 갚는 사람이 아니거든요. 그래서 투자한 돈을 고스란히 잃어버릴 것 같습니다. 돈을 빌려주고 잘되기만 빌어야 할까요, 아니면 그냥 안 된다고 말하고 아들이 너무 속상해하지 않기를 바라야 할까요?"

이런, 내가 어쩌다 집안 문제에 말려들었나? 그때는 가발도 안 가지고 있었는데! 나는 그에게 이 문제를 곰곰이 생각해보고 다음 날 이메일로 답변을 주겠다고 했다.

아버지 기분이 어떤지 알 것 같았다. 나 역시 스스로를 우리 가족의 현금 자동 입출금기처럼 느낀 적이 있었으니까. 나쁜 뜻은 아니다. 하지만 가족과 친구들이 모르는 사람보다 더 빨리, 그리고 자주 우리의 돈을 가져가고, 우리의 착한 마음과 선의를 이용해먹는다. 이분도 아들과의 경험을 통해 이 사실을 잘 알고 있는 것이 틀림없었다.

친구나 친척에게 돈을 빌려주고 받지 못한 적이 있는가? 그런 경험이 있는 사람이 한둘이 아니다. 다음 조언을 잘 새겨들어라. 만약 친구나 친척에게 돈을 빌리고 갚지 않은 적이 있다면 부끄러운 줄 알아라. 그리고 만약 사업을 위해 친구나 친척에게 돈을 빌릴 생각이라면 이제 정신을 집중하라.

나는 그 다음 날 그에게 보낸 이메일이다.

로저 씨, 가장 처음 할 일은 선물, 대출, 투자 중 어떤 형태로 돈을 내어줄지 결정하는 것입니다. 어제 말씀을 들으니 그것을 아직 결정하지 못하신 것 같더군요.

부인께서는 막내아들에 대한 애정의 표시로 돈을 주고 돌려받지 않을 생각을 하시는 것 같네요. 반면 로저 씨는 그 돈을 대출로 아니면 투자로 내어주어야 할지 아직 결정을 못하신 것 같고요. 그 부분을 확실히 정할 때까지는 은행에서 돈을 꺼내지 마세요.

저는 친척 사이의 돈 거래에 대해 아주 단순한 태도를 갖고 있습니다. "절대, 무슨 일이 있어도, 하늘이 두 쪽 나도, 추수감사절 날 식탁 맞은편에 앉는 사람에게는 돈을 빌려주지 마라." 반복하지 않아도 이해가 잘 되시죠?

"아들아, 거기 있는 소스 좀 건네줄래? 그리고 네가 어쩌다가 내 은퇴 자금을 그 말도 안 되는 사업에 갖다 말아먹었는지 온 가족들에게 이야기해주겠니?"

가족에게 돈을 빌리는 것은 은행에서 빌리는 것과 전혀 다르지 않습니다. 로저 씨, 은행이 아드님, 즉 대출자에게 특정 기간 동안 그 돈을 사용하게 해주는 것이고, 로저 씨는 아드님의 사업이 망하더라도 미리 정해놓은 조건에 맞추어 확실히 돈을 받으셔야 합니다. 물론 대출금이 제때 상환되지 않더라도 은행보다는 관용을 베푸시겠지요. 하지만 부자 관계에 금이 갈 것이고 그것은 복구하기도 힘이 듭니다.

기본적으로 로저 씨가 아들에게 돈을 빌려준다면 로저 씨가 채권자, 아드님은 채무자가 되는 것입니다. 채권자와 채무자 사이가 좋다는 이야기 들어본 적 있나요? 비자카드에서 전화를 걸어 안부를 묻는 적이 있던가요? 거래하는 은행에서 당신 이름을 따 아기 이름을 짓는 것을 본 적 있나요? 대출 회사에서 전화를 걸어 왜 엄마한테 전화 자주 안 하냐고 묻는 적 있던가요? 절대 그렇지 않을 겁니다.

가족의 사업에 투자하는 데에도 똑같은 규칙이 적용됩니다. 저는 여러 차례 사업 자금을 모아본 적은 있지만 단 한 번도 친척들에게 손을 벌린 적이 없습니다. 어머니가 야드세일로 모은 돈을 어떻게 가져다가 잃을 수 있겠어요? 그 잔소리를 어떻게 감당하겠습니까?

투자란 원래 고스란히 잃을 위험 부담을 가지고 하는 것입니다. 상황이 아무리 좋아도 사업에 대한 투자는 모두 도박과 같습니다. 사업이 성공을 거둘 것이며 미래의 어느 시점에서는 대가를 받을 것이라는 데 돈을 거는 셈이지요.

투자를 하기 전에 반드시 돈을 꼭 한 번 끌어안아주세요. 사업이 잘 풀리지 않으면 그 돈을 다시는 못 보게 될 수도 있으니까요.

또한 로저 씨와 부인께서는 아드님의 감정을 상하게 할까 봐 염려하시는 것 같습니다. 그런데 저는 이 점이 매우 걱정스럽군요. 아드님이 씩씩하게 거절을 받아들일 정도로 성숙하지 못하다면 분명 사업을 시작하고 운영할 만큼 성숙한 사람이 못 됩니다. 그러한 경우라면 저라도 투자를 꺼릴 것 같네요.

결론은 이겁니다. 아들에게 돈을 줄 여유가 된다면, 그리고 아무 조건 없이 그렇게 할 수 있다면, 그렇게 하십시오. 돈을 주고 행운을 빌어주세요. 그의 기업가적 정신을 북돋아주고 부모로서 든든한 지원군이 되어주세요.

대신 아무것도 되돌려 받을 기대를 하지 말고 그 돈 이야기를 꺼내지도 마세요. 특히 아드님이 추수감사절에 칠면조 요리를 자르느라 칼을 들고 있을 때는요.

26장

왜 하필 나만 안 풀릴까

경영 지침서라면 대부분의 사업이 처음 몇 년 내에 실패하는 이유를 반드시 다룬다. 이에 관한 통계 자료는 여러 번 보았을 테니 여기서 반복하지는 않겠다. 신규 사업체 대다수가 처음 몇 년 내에 실패하고, 그 원인과 변명은 수도 없이 많다는 것만 이야기하겠다.

"시장이 너무 경쟁이 세요."

"자본이 바닥났어요."

"비용이 그렇게 많이 들 줄 몰랐어요."

"우리 상품을 아무도 사지 않으려 했어요."

"경쟁사한테 당했어요."

"동업자가 돈을 싹 긁어서 비서와 함께 도망갔어요."

사업 실패에 대한 이러한 변명은 매우 흔하게 볼 수 있다. 여기에서 중요한 질문이 하나 있다. 사업이 실패한 것일까, 아니면 그 사업을 이끈 기업가가 실패한 것일까?

나의 의견에 반박하는 사람도 많겠지만 나는 대부분의 실패의 원인은 그것을 이끈 사람에게 있지 치열한 경쟁이나, 고객 부재나, 잠잠한 시장이나, 양심이라고는 없는 동업자에게 있는 것이 아니라고 생각한다.

물론 사업이 실패로 돌아가는 데 영향을 주는 요소는 있다. 옆 건물에 거대한 체인점이 들어왔다거나, 경기가 침체되었다거나, 유능한 직원이 부족하다거나, 새로운 정부 규정이라든가, 전략적 제휴가 실패했다거나 등등. 하지만 조금이라도 밥값을 하는 기업가라면 그러한 태풍이 다가오는 것을 재빨리 알아보고 그에 대비해 필요한 준비를 해야 한다.

물론 태풍을 막을 수는 없고 때로는 가라앉는 배를 버려야 하는 경우도 있다. 그렇다면 이것은 사업의 실패인가, 아니면 기업가의 실패인가? 내 생각에는 양쪽 모두에게 책임이 있다.

창업은 결코 쉬운 일이 아니다. 이 사실을 증명할 만한 통계 자료도 있다. 소규모 사업의 대략 반 정도가 처음 4년 내에 망하고, 그중 상당수가 첫해에 일어난다. 나는 이러한 실패 중 대다수는 그 기업을 이끄는 사람의 실수에서 비롯된 것이라고 생각한다.

사업이란 본래 위험한 것이 아니다. 어느 사업이든 적절한 실행, 투자, 그리고 관리만 있으면 제대로 돌아가게 되어 있다. 사업이 하향 곡선을 타기 시작하는 것은 바로 인간이라는 요소가 끼어드는 시점이다.

빈말이 아니다. 2003년 US 은행에서 실시한 조사에 따르면 사업 실패의 원인은 크게 다음 세 가지 이유로 나눌 수 있다. 관리의 문제, 재무 계획의 문제, 그리고 마케팅의 문제다. 그리고 이 모든 분야에는 인간이라는 공통점이 있다.

먼저, 관리의 문제를 겪은 기업에 대해 살펴보겠다.

실패한 기업 중 78%가 제대로 된 사업 계획이 없었고, 사업주가 도저히 사업을 할 능력이나 자질이 없었다. 달리 말하면 사업주가 충분한 지식이 없었을 뿐만 아니라 자신이 시작한 사업에 대해 완벽히 이해하지도 못했다는 뜻이다. 이것이 바로 나 같은 컴퓨터 프로그램 관련 기업가가 신발 판매를 하지 않는 이유다. 발이 있고 신발을 신지만 그렇다고 해서 내가 신발 사업에 뛰어들 자격이 있는 것은 아니다.

장밋빛으로 물든 계산기를 이용한 기업가는 조사 대상 중 73%나 되었다. 이렇게 낙관적인 기업가들은 수입을 너무 높게 잡고 비용을 너무 낮게 잡는다.

실패한 기업 중 70%는 사업주가 자신의 무능력을 무시한 결과다. 이러한 사업주들은 자신이 기업가적 자질이 부족한 사실을 깨닫지 못했다. 게다가 자신의 부족함을 메우기 위해 다른 사람들에게 도움을 구하지도 않았다. 자신이 모든 정답을 알고 있어야 하는 판국에 남에게 도움을 청하는 것은 어려운 일 아닌가. 하지만 사업이 망해 평생 모은 돈을 잃어버리는 것은 더욱 힘든 일이다.

실패한 기업 중 63%는 사업주가 관련이 있거나 적용 가능한 분야의 사전 경험이 없기 때문에 망했다. 맥도날드에서 음식을 사먹는다고 해서 맥도날드를 운영할 수 있는 것은 아니다.

사업이 실패하는 두 번째 이유는 재무 계획의 문제다. 이 연구에 따르면 실패한 사업 중 82%에 이르는 기업이 심각한 현금 유동성 문제를 겪었다.

이 중 79%는 처음부터 자본이 충분치 못했으며 77%는 비용을 잘못 계산했다. 달리 말하면 제품 가격을 정할 때 관련된 모든 비용을 계산에 넣지 못했다는 뜻이다.

마지막으로 마케팅의 문제는 조사 대상 중 64%에 이르는 기업이 실패한 원인이었다. 이러한 기업가들은 마케팅과 홍보의 중요성을 몰랐거나 그것을 완전히 무시했다.

마케팅에서 필수적인 부분은 자신의 경쟁사를 알고 그들이 무슨 일을 하고 있는지 파악하는 것이다. 경쟁사를 무시하는 기업가는 완전히 바보고 언젠가는 실패하게 되어 있다. 통계를 보아도 알 수 있다. 실패한 기업가 중 55%가 경쟁사가 누구인지도 몰랐거나 경쟁 자체를 완전히 무시했다.

자, 여기 땅을 잘 파두었으니 머리를 들이미시지요.

실패한 기업가 중 47%가 저지르는 또 다른 실수는 한두 명 정도의 고객에게만 전적으로 의존하는 것이다. 이것은 자신의 모든 에너지를 하나의 거대 고객에게 쏟는 많은 기업가들이 저지르는 흔한 실수다. 그들은 그 손님이 떠나면 거기서 나오는 수입도 그리된다는 사실을 이해하지 못한다.

자, 그럼 **당신의 사업이 이런 사업 실패 조사에 통계치로 등장하지 않게 하려면 무엇을 해야 하는가?** 계속 읽으면서 정신을 집중하라.

늘 계획을 짜라. 많은 기업들이 실패하는 이유가 바로 사업주가 계획을 짜지 않기 때문이다. 공자가 말했다. "엉덩이를 붙이고 사업하는 사람은 결국 엉덩이에서 나온 것 위에 철퍼덕 주저앉게 될 것이다." 그렇다, 이 말은 내가 만들어낸 것이다. 하지만 공자도 살면서 한 번쯤은 이런 생각을 했을 것이다.

문제는 바로 우리 기업가들이 사업 계획을 짜기 싫어한다는 점이다. 사업 계획을 짜기 좋아하는 기업가가 있으면 어디 한 번 데리고 와봐라.

자, 사업 계획이란 정말 짜증나고, 겨우 써놓으면 그 순간 이미 너무 시대에 뒤떨어지게 된다는 것을 나도 잘 알고 있다. 하지만 기업가라면 사업의 최종 목적지가 어디인지, 그곳까지 어떻게 갈 것인지 보여주는 총체적인 사업 계획을 가지고 있어야만 한다.

훌륭한 사업 계획은 재정(수입과 지출), 판매, 마케팅, 성장률과 지출 속도, 그리고 다른 많은 요소를 잘 관리할 수 있게 도와준다. 조금이라도 사업에 영향을 미치는 것이 있다면 반드시 사업 계획에 포함되어야 한다.

장밋빛 안경을 버려라. 사업을 시작하는 데 필요한 자본금과 첫 한두 해, 혹은 사업이 스스로 설 수 있을 때까지 버티는 데 필요한 금액은 언제나 조금 높게 예상하라. 이것이 기업가들이 가장 많이 실수하는 부분이자 사업이 망하는 가장 큰 이유다. 안정적 궤도에 올라설 때까지 100,000달러가 필요하다고 생각한다면 실제 200,000달러나 그 이상이 들 것이라고 예상하라.

최대한 아껴라. 사업을 하다보면 만지기만 해도 돈이 증발해버리는 것 같다. 그러니 돈을 현명하게 관리하는 것이 매우 중요하다. 돈이 어디에 쓰이고 있는지 모른다면 당신 생각대로 쓰이지 않고 있을 확률이 매우 높다. 능력 있는 회계사에게 일을 맡겨라. 최소한 분기에 한 번 이상은 재정 상태를 함께 점검하고 보고서를 요청하라.

시작할 사업에 관련된 경험을 쌓아라. 그리고 해당 산업에 대해 확실히 이해하라. 많은 기업가들이 해서는 안 될 사업에 손을 댄다. 이것은 마치 비행기를 조종해본 경험도 없으면서 비행기 조종간을 잡는 것과 같다. 사업을 시작하기 전에 원하는 분야와 비슷한 곳에서 일을 해보라. 이것은 앞에서 다룬 바 있다.

모든 일을 하려고 애쓰지 마라. 당신이 사업에 필요한 모든 기능을 다하면서도 사업체를 세울 시간이 있다고 생각하는 것은 말도 안 된다. 당신은 잘할 수 있는 일, 기업이 더욱 강하게 자랄 수 있도록 도움이 되는 일만 해야 한다. 다른 모든 것들은 직원에게 맡기거나 외부 업체를 고용한다.

"일을 하되 그 안에 빠져 허우적대지 마라!" 이 말을 명심하라.

언제나 경쟁업체를 주시하라. 누군가 경쟁업체가 어디인지 물었을 때 즉시 이름 두세 개를 댈 수 없다면 사업에 문제가 있다는 뜻이다. 모든 사업에는 경쟁업체가 있기 마련이다. 경쟁이 없다는 것은 곧 상품을 팔 시장이 없다는 뜻이 될 수 있다. 언제나 경쟁업체가 어디인지, 그들이 무엇을 하는지 파악하고 있어야 한다. 그렇지 않으면 어느 날 아침, 잠에서 깨어 그들이 당신을 밀어내어 버린 것을 깨닫게 될 것이다.

고객을 알고, 그들을 모실 수 있는 새로운 방법을 찾아라. 자신의 고객이 누구이며, 그들의 기대에 부응하려면 무엇을 해야 하는지 모르는 소규모 업체가 많다. 행복한 고객이란 새로운 고객을 데려오는 재구매 고객이다. 현재의 고객이 잠재 고객보다 훨씬 더 가치 있다. 당신의 고객이 누구이고, 그들이 왜 당신과 거래를 하는지 잘 아는 것이 매우 중요하다. 고객이 한 명 생기면 붙잡아 두기 위해 노력하고, 끊임없이 고객을 만족시켜라. 고객 서비스는 당신의 사업 계획 맨 앞에 나와 있어야 한다.

늘 최고의 직원을 고용하라. 회사가 고객과 직접 맞닿은 곳에 있는 사람들이 바로 당신의 직원이다. 당신이 뽑아 그곳에 세운 직원들이 사업을 흥하게, 혹은 망하게 할 수 있는 이유가 거기에 있다. 당신에게 인간적으로 호감을 주지 못하는 사람은 절대 고용하지 마라. 직원을 열심히 교육하라. 그들은 사업주인 당신만큼이나 사업에 대해 잘 알고 있어야 한다. 고객의 눈에 당신의 직원은 곧 당신과 같다. 고객을 상대할 직원을 뽑을 때 이 점을 명심하라.

오늘 할 수 있는 일을 절대 내일로 미루지 마라. 일을 미루는 것은 사업에서 매우 안 좋은 습관이다. 책상에 쌓인 서류가 점점 높아져 그 너머로 볼 수 없게 되면 자리에서 일어나 일을 시작할 때가 되었다는 뜻이다. 도움이 필요하다면 시간 관리 강좌를 듣거나 비서를 고용하라. 그렇지 않으면 빚쟁이들이 찾아와 책상을 압류해갈 때 그 서류 더미 뒤에 숨어 있게 될 것이다.

도움을 요청하기를 절대 두려워하지 마라. 사람은 섬이 아니다. 그리고 모든 것을 알고 있는 기업가는 없다. 우리는 비록 그렇게 생각하지 않지만. 자존심 따위는 책상 서랍에 집어넣어라. 도움이 필요하면 요청하라! 그것이 바로 하느님께서 컨설턴트를 창조하신 까닭이다.

경험이나 재능이 없는 일은 절대 맡지 마라. 장부 관리를 못하면 회계사를 고용하라. 법적 도움이 필요하면 변호사를 고용하

라. 선 하나 똑바로 긋지 못하면 회사 로고를 직접 디자인할 꿈도 꾸지 마라.

유연하게 움직여라. 세월이 흐르면 사업도 변한다. 너무 경직되어 있으면 새로운 기술에 적응할 수 없고 새로운 고객 요구에 부응할 수 없다. 많은 기업들이 몇 년에 한 번씩 재개편된다. 당신의 사업도 그렇게 될 필요가 있을지 모른다.

배움을 멈추지 마라. 스펀지가 되어라. 구할 수 있는 모든 경영 서적을 읽어라. 세미나와 강의에 참석하라. 공부를 멈춰서는 안된다. 당신이 생각하는 것과 달리 머리에는 아직도 빈 공간이 많다. 사업을 성공으로 이끄는 데 도움이 될 지식으로 빈 공간을 채워라.

실수는 한 번으로 족하다

내가 아무리 현명한 조언을 해도 매년 수천 개의 기업이 망한다. 어떤 때 당신은 모든 일을 제대로 한다. 올바른 의사 결정을 내리고 올바른 조치를 취한다. 하지만 여전히 기업은 죽어 허연 배를 보이며 물 위로 떠오르기 마련이다.

그래서? 그게 세상이 돌아가는 이치다. 나쁜 일은 생기기 마련이다. 나를 포함해 내가 아는 거의 모든 기업가들은 과거에 실패한 사업 한두 가지 정도는 다 가지고 있다. 우리 기업가들은 위험을 떠안고, 과감히 뛰어들며, 다른 이들이 발조차 들이기 두려워하는 곳에 가고, 모험을 하면서 과녁을 향해 화살을 날린다. 물론 아무것도 맞추지 못할 때도 있다. 여기서 중요한 점은 실패로부터 배우는 것이지 그것에 빠져 허우적대는 것이 아니다.

좋은 예가 있다. 다음은 사업이 곤경에 처한 진이 보내온 질문이다.

Q: 팀, 몇 년간 저만의 사업을 꿈꾸다 약 1년 전쯤 마침내 뛰어들게 되었습니다. 하지만 저의 꿈은 곧 악몽이 되었지요. 사업은 제가 바란 대로 되지 않았습니다. 6개월도 되지 않아 돈이 다 떨어졌고, 그저 사업을 유지하기 위해 집을 2차로 저당 잡혔습니다. 이제 회사는 문을 닫았지만 아직도 빚이 산더미처럼 쌓여 있고 저는 개인 파산에 이를 것 같습니다. 당신을 원망하는 것은 아니지만, 사업을 하는 것이 얼마나 좋은 일인지 사람들에게 이야기하는 대신, 창업이란 절대로 쉽지 않고 일이 잘 풀리지 않으면 정말 괴로운 일이 될 수 있다고 경고해야 하는 것 아닌가요?

A: 혹시라도 제가 창업이 마치 공원에서 산책하기와 같다는 인상을 풍기지 않았길 바랍니다. 오히려 저는 사업을 고려하고 있는 독자들에게 미래에 닥칠 장애물과 함정에 대해 경고하는 사람입니다.

그런 의미에서 제가 늘 이야기하는 사항을 다시 한 번 말씀드리겠습니다. 창업이란 놀랄 만큼 힘든 일입니다. 엄청난 시간과 자본이 필요하지요. 억제할 수 없는 열정과 맹목적인 헌신도 필요합니다. 더 이상은 줄 것이 남아 있지 않다고 느낄 때까지 자신을 내어주어야 하는 일이기도 하고요.

그리고 때로는 할 수 있는 모든 일을 하고, 줄 수 있는 모든 것을 내어준 후에도 사업은 실패합니다. 더 이상 보탤 말이 없지요.

피와 땀, 눈물로 이룰 수 있는 일에는 한계가 있습니다. 훌륭한 의도와 대단한 아이디어가 사무실 임대료를 내주는 것은 아니지요. 보드 게임용 지폐로 직원들 월급을 줄 수도 없어요. 제가 해봐서 압니다. 똑똑한 직원들을 고용한 제 탓이지요.

지금 상황을 가지고 농담을 하려는 것이 아닙니다. 사실, 지금 기분이 어떨지 잘 알고 있어요. 저도 첫 번째 사업에서 끔찍하게 실패하여 다시는 사업을 하지 않으리라 맹세한 적이 있습니다.

당시에는 오직 안정적으로 월급을 쥐어줄 괜찮은 직장을 하나 구해 들어갈 생각뿐이었어요. 한 번쯤 남이 주는 돈을 받으며 살도 찌고 행복해지는 것이 소원이었거든요.

고객이니, 협력 업체니, 직원이니, 원천과세니, 외상 매출금이니, 심지어는 사업과 조금이라도 연관된 모든 것은 생각도 하기 싫었어요.

쥐구멍이라도 찾아 들어가 그냥 거기서 죽어버리고 싶었습니다. 사내다운 사고방식으로 '너는 네가 하는 일과 같다.' 라고 생각하니 나 역시 실패작이었지요.

사업 실패를 이겨내는 것은 진정 힘듭니다. 특히 저처럼 사업의 실패를 곧 개인의 실패라고 여기는 기업가라면 말이죠.

사업 실패와 함께 개인적 실패를 이겨내는 가장 좋은 방법은 사업의 사체를 부검하여 정확히 무엇이 잘못되었는지 알아보는 것입니다.

우리는 약점을 발견해야만 강점을 찾아내어 더욱 성장할 수 있으니까요.

제가 사업가로서 자질이 부족했다는 것 말고도 여러 가지 이유로 사업이 실패한 것이라는 사실을 깨닫는 데는 엄청난 시간과 노력이 필요했습니다. 저는 비난할 곳을 찾기보다는 단지 무엇이 잘못되었는지 알고 싶을 뿐이었어요.

몇 년이 흘러 다시 사업을 시작하겠다는 용기를 겨우 끌어모아 저는 첫 번째 사업 실패에서 얻은 지식을 모두 이용했습니다. 제가 무엇을 잘못했는지, 무엇을 잘했는지 알고 있었거든요. 교훈을 얻었으니 잘 활용해야 하지 않겠습니까. 그러자 사업이 잘되었어요.

실패한 사업에 부검을 실시하는 것은 아주 단순한 일이지만 혹시 나중에 다시 사업을 시작하기로 마음을 먹었다면 활용할 수 있는 정보를 엄청나게 얻을 수 있습니다.

먼저 사업 인생에 대해 앉아서 곰곰이 생각할 수 있는 조용한 장소를 찾으세요. 펜과 종이, 혹은 노트북 컴퓨터를 들고 먼저 어떤 일이 잘되었는지 생각나는 것을 모두 적으세요. 그 다음 잘못된 일을 모두 적으세요. 여기서 목표는 '성공'과 '실패'의 비교표를 만들어 정확히 왜 사업이 망했는지 이해하는 것입니다.

부검을 더욱 효과적으로 실시하려면 자기 자신에게 솔직해야 합니다. 자존심은 잠시 접어두고 완전히 현실적으로 바라보세요. 그렇지 않으면 부검 또한 헛된 일이 될 뿐입니다. 올바른 이유 대신 희생양이나 찾다가 끝날 테니까요.

경험 부족이 실패의 가장 큰 원인이라고 생각한다면 그렇게 적으세요.

훌륭한 협상 기술 덕분에 큰 계약을 따내고 경쟁업체를 제칠 수 있었다면 그렇게 적으세요.

자본이 부족했거나, 시장 점유율을 잘못 계산했다면 그렇게 적으세요.

동업자가 제 몫을 하지 않았거나, 예상보다 제품이 잘 팔리지 않았거나, 지진이 일어나 건물이 폭삭 주저앉았다면 그렇게 쓰세요. 필요한 것을 모두 적으세요.

모든 원인을 다 적었다면 왜 사업이 실패했는지 정확한 이유를 알아보기 쉬울 겁니다. 실패의 원인이 자신에게 있지 않다는 것을 깨닫고 놀라게 될지도 모릅니다.

물론 예상한 대로 실패가 자신 때문이었다는 것을 알게 될 수도 있지요. 만약 그러한 경우라면 너무 오랫동안 자책하지 마세요. 우리는 모두 실수를 저지릅니다. 우리 모두 일을 망치지요. 그것이 바로 인생이에요. 중요한 것은 실수로부터 교훈을 얻고 똑같은 실수를 다시는 저지르지 않는 것입니다.

모든 사람들이 기업가의 자질이 있는 것은 아닙니다. 그것이 당연하고요.

모든 사람들이 퍼질러 앉아 왜 고객이 없는지, 왜 직원들이 형편없는지 불평만 늘어놓는다면 세상이 어떻게 되겠어요?

이 이야기의 교훈은 이렇습니다. **사업에 뛰어들기 전에 해당 산업과 시장, 경쟁 상황을 미리 파악하세요.**

자존심은 집에 두고 나오세요. 필요한 경우 도움을 청하세요.

마케팅의 중요성을 이해하고 지구상의 모든 사람들에게 자신의 상품에 대해 떠들고 다니세요.

그리고 더욱 중요한 점. **재정 상태에 대해 현실적으로 생각하세요.** 수입을 너무 높게 잡지도, 지출을 너무 낮게 예상하지도 마세요. 언제나 수입은 낮게, 지출은 높게 예측하세요. 수입이 예상보다 두 배나 높게 나와 계획이 틀어졌다면 좋은 일 아닌가요? 울 일 대신 자랑할 일이 생긴 셈이니.

자, 이제 사업이 무조건 성공할까요?

절대 그렇지 않습니다. 하지만 분명 도움은 될 겁니다.

28장

지도 없이 떠나지 마라

어릴 때, 우리 가족은 위대한 미국 전통인 '일요 드라이브'를 나가곤 했다. 차에 온 가족을 태우고 정처 없이 돌아다니는 길고 지루한 여행이 기억나는가?

물론 당시에는 텔레비전 채널이 세 개뿐이었고 그나마 만화는 토요일 아침에 몇 시간 해주는 것이 다였으니 집 안에 가만히 앉아 있는 것보다는 나았다. 하지만 집에 돌아오면 어디 제대로 다녀온 것 같은 기분이 들지는 않았다.

사실 집을 떠나서 다시 돌아올 때까지 어디에 멈추지 않았으니, 따지고 보면 왕복 여행이지 놀러 나간 것이 아니었다.

나는 이 일요 드라이브가 싫었다. 지금 아이들에게 "아빠랑 일요 드라이브 갈 사람?" 하고 물으면 아이들이 뭐라고 대답하는지 아는가? 아마 약이나 잡숫고 한숨 주무시라고 할 것이다.

우리 기업가들은 마치 이 일요 드라이브의 운전사 같다. 훨씬 더 빨리 달린다는 차이만 있을 뿐. 일요 드라이브의 두 배인 시속 140km 이상의 속력으로 우리는 사업의 고속도로를 내달린다. 그러면서 속력을 줄이거나 급정거를 하게 만들 장애물이 나타나지 않기만을 기도한다.

내가 지나간 사업의 고속도로에는 치어 죽은 동물의 잔해가 많이 남아 있다. 아마 당신도 그럴 것이다.

지금 당장 걱정할 것도 많은데 앞에 무엇이 나타날지 걱정할 사람이 어디 있겠는가?

당장 오늘 점심시간 이후는 생각할 시간도 없는 기업가가 셀 수 없이 많다. 그들의 일과는 시간 단위로 돌아간다. 다음번 월급날 이후의 장기적 계획은 없다. 내가 무슨 말을 하는 것 같은가? 이런 사람들은 앞서 내다보며 행동하지 못하고 닥친 일에 대처하는 데 급급하다. 그들은 새로운 상황을 미리 예측하거나 관리하지 못하고 상황이 그들을 지배하게 놔둔다. 이렇게 근시안적인 태도는 지금까지 수많은 기업가들을 파멸의 길로 이끌었다.

수년간 나는 뒤늦게 반응하는 기업가였다. 즉, 새로운 상황에 대비해 계획을 세우지 못하고 그것이 닥친 후에야 그에 반응하고 움직였다.

이제 나는 앞서 내다본다. 운명이 나의 방향을 결정하게 놔두지 않고 내 스스로 방향을 조종한다. 이제 나는 1년 후, 2년 후, 3년 후, 그리고 그 후에도 나의 사업을 어느 위치에 두고 싶은지 정확히 알고 있다.

나는 **이러한 과정을 '로드맵'이라고 부른다. 이 과정은 아래와 같다.**

먼저, **목적지를 결정하라.** 『성공하는 사람들의 7가지 습관 *The 7 Habits of Highly Effective People*』의 저자로 유명한 스티븐 코비 Steven Covey가 말했다. "끝을 마음에 새기고 시작하라." 그러므로 첫 번째 단계는 1년 후 (2년 혹은 3년) 개인적으로나 사업적으로 어디에 있고 싶은지 결정하는 것이다. 우리 기업가들은 개인 생활과 사업을 잘 구분하지 못한다는 사실을 잊지 마라. 그러니 사업적 목표와 함께 개인적 욕구를 고려해야 한다.

당신의 목적지가 백만 달러를 벌어들이는 직원 100명 규모의 사업체라면 그것을 종이에 적어라. 당신의 목적지가 완전히 방향이 다른 새로운 사업이라면 그렇게 적어라. 원한다면 엉뚱하고 말이 안 되는 것도 쓸 수 있다. 지평선이 아니라 달을 겨냥하라. 원대한 결과는 원대한 꿈으로 시작된다. 계획이 얼마나 원대하든 상관없이 최대한 세밀하게 작성하라. 마음이 그려낼 수 있다면 열정이 그것을 실현시킬 것이다.

이어, **목적지를 상상하라.** 해변으로 여행을 계획하면 눈을 감고 바다 냄새를 맡고, 새 소리를 듣고, 발밑의 모래를 느낄 수 있다. 사업의 최종 목적지 역시 이렇게 현실적으로 상상할 수 있어야 한다. 눈을 감고 1년 후를 상상하라. 같은 건물에 있는가, 아니면 다른 곳으로 이사했는가? 건물에 들어갈 때 로비에 안내원이 있는가? 그녀가 당신을 보고 반가워하는가? (당신을 반가워하지 않는 안내원을 상상하지는 않으리라 믿는다.) 직원들은 어떤가? 그들도 행복하고 생산적인가? 모든 세세한 부분을 상상한 후 종이에 적어라.

출발점을 정하라. 사업이 지금 어느 위치에 있는지 정직하게 살펴볼 차례다. 눈을 감고 출발점인 현재의 상황을 생각해보라. 무엇이 보이는가? 그것이 조금 전 상상한 사업과 어떻게 다른가? 지금의 위치인 A지점에서 향후 원하는 위치인 B지점으로 가려면 어떤 단계를 거쳐야 하는가?

출발점을 정했다면 **로드맵을 만들어라.** 다음 단계는 당신을 A지점에서 B지점으로 가게 도와줄 로드맵을 만드는 것이다. 모르는 곳에 갈 때 지도나 약도가 필요한 것처럼 계획 없이 사업 성장이라는 여정을 시작해서는 안 된다. 로드맵은 최종 목적지에 이르기 위해 밟아야 할 단계를 자세히 보여줄 것이다. 예를 들어, 특정 시장을 지배하는 상상을 한다면 그 목표를 이루기 위해 어떤 단계를 거쳐야 하는가? 아마 그 시장에 연고를 만들고, 시장조사를 하고, 사업 모델을 바꾸거나 새로운 제품을 출시하는 것 같은 단계가 필요할 것이다. 이 모두는 로드맵에 그려져 있어야 한다.

아울러, **장애물을 예측하라.** 마지막으로 앞에 놓인 길에서 가장 큰 어려움이 될 것들을 나열하라. 모험을 떠나기 전에 자본이 필요할 것인가? 직원을 조금 더 고용해야 할 것인가? 길을 막고 있는 경쟁업체들이 있는가? 위기가 될 만한 임박한 시장 상황이 있는가? 여정을 시작하기 전에 장애물을 미리 생각해두면 그것이 갑자기 나타났을 때 조금 더 쉽게 대처할 수 있다.

그렇다면, **당장 길을 떠나라!** 로드맵이 완성되었으면 당장 시작해야 한다. 그렇지 않으면 추진력이 곧 사라질지도 모른다. 원하는 그곳에 가기 위해 오늘, 내일, 다음 주, 다음 달에 무슨 조치를 취할 수 있는가? 계획을 가진 것만으로는 아무것도 할 수 없다. 그것은 마치 스포츠카를 차고에 박아두고 절대 몰고 나가지 않는 것과 같다. 매 순간 그 계획에 정신을 집중해야 한다. 그리고 최종 목적지에 한 걸음 한 걸음 다가가게 만들 일을 해야 한다. 전진하지 않고서 단 하루도 무의미하게 보내선 안 된다.

마지막으로, **이 과정을 반복하라.** 길이 끝나는 곳까지 왔다고 해도 아직 끝난 것이 아니다. 끝은 곧 새로운 시작이기 때문이다.

새로운 목적지를 정하고, 새 로드맵을 만들어 계속 전진하라. **당신의 사업은 매일 목적지를 향해 나아가야 한다. 정처 없이 떠도는 일요 드라이브가 아니라.**

227

29장

쇼핑몰에서 배운 성공 비결

최근에 나는 십 대 딸아이를 데리고 쇼핑몰에 갔다. 이 경험을 통해 나는 두 가지 의문을 품었다. (1) 십 대를 대상으로 한 장사에서 어떤 사업적 교훈을 얻을 수 있을까? (2) 그런 데 쫓아가다니, 내가 도대체 무슨 생각을 하고 있었던 것일까?

내가 그곳에 쫓아간 이유는 아마 하느님만 아실 것이다. 나의 열여덟 살 먹은 딸 첼시가 늙은 아빠와 더 이상 시간을 많이 보내지 않는다고 아내에게 불만스럽게 이야기했던 기억이 어렴풋이 난다.

그것은 십 대가 된 딸을 한때 "우리 아가"라고 부르던 아버지들이 한 번쯤 갖는 불만이다. 통찰력 풍부한 나의 아내가 이제 첼시도 십 대가 되었으니 아이와 시간을 보내고 싶다면 첼시의 입맛에 맞춰야 한다고 이야기했다. 그것은 곧 '쇼핑몰' 이라고 쓰여 있는 거대한 건물로 가야 한다는 뜻이었다.

호랑이를 잡으려면 호랑이 굴에 들어가야 한다고 했던가.

상업에 몸담고 있는 우리 형제, 자매 여러분은 기분 나빠하지 마시라. 하지만 나는 홀딱 벗고 아마존의 깊은 정글로 들어가는 것이 옷을 모두 차려입은 채로 쇼핑몰에 들어가는 것보다 마음이 놓인다. 다른 행성에서 온 것 같은 점원들과 대화를 나누려 애쓰면서, 이월 상품을 쌓아놓은 매대를 뒤적거리면서, 이름 모를 고통에 시달리고 있는 표정을 짓는 마네킹을 쳐다보면서, 이 점포에서 저 점포로 터벅터벅 걸어 다니는 것은 결코 나에게 재미있는 일이 아니다. 그러고 보니 생각나는 것이 있다. 왜 행복한 표정을 한 마네킹을 만들지 않는 것일까? 하는 일이라고는 하루 종일 비싼 옷을 걸치고 서 있는 것뿐인데. 도대체 뭐가 그리 불만이람?

아무리 생각해도 내가 남자라서 그런 것 같다. 쇼핑몰에 가거나, 여성 속옷 코너를 기웃거리거나, 아내가 팬티를 고르는 동안 핸드백을 들고 서 있는 일 같은 것을 못마땅하게 여기도록 유전자에 프로그램 되어 있는 것 같다. 하지만 아이에 대한 사랑이 너무나 깊은 나는 진심을 잠시 접어두고 어느 비 오던 토요일 오전 그 애와 함께 쇼핑몰에 갔다.

나는 그것을 '그린 마일(사형수가 사형장을 향해 마지막으로 걷는 길―역주) 이라고 불렀다.

시어스 백화점을 돌 때까지만 해도 나는 멀쩡했다. 오지 오스본(Ozzy Osborne. 영국의 헤비메탈 가수, 음악성뿐만 아니라 괴팍한 행실로도 유명함—역주)과 똑같이 생긴, 머리가 끄덕이는 인형을 파는 선물용품 가게를 둘러보는 것도 견딜 만했다. 하지만 젊은이들을 위한 옷과 액세서리를 파는 곳에 이르자 나의 머리는 기능을 완전히 멈추어버렸다.

몇 분 지나지 않아 나는 그 가게에서 옷이라 부르는 조그만 천쪼가리를 입어보는 딸아이의 가방을 들고 가게 안쪽에 멍하니 서 있는 나를 발견했다. 이런 일을 싫어한다고 방금 이야기하지 않았었나? 하지만 사랑하는 딸을 위해서라면! 나는 끈 팬티와 뽕 브라가 줄줄이 걸린 옷걸이 사이에서 아무렇지 않은 척하며 딸아이의 가방을 꼭 붙들고 서 있었다. 남자로 태어나 저렇게 불편하게 생긴 것들을 입지 않아도 되니 정말 다행이라고 하느님께 감사하면서 말이다. 나는 갑자기 마네킹들이 왜 그리 불행해 보이는지 이유를 알게 되었다.

자, 그럼 다시 나의 첫 번째 의문으로 돌아가보자. 십 대를 대상으로 한 장사에서 얻을 수 있는 사업적 교훈이 있는가?

젊은 사람 흉내를 내볼까? "당근이지!"

보통 남자라면 엄두도 못 낼 유리한 고지에서 상황을 관찰한 결과, **다음의 교훈은 젊은이를 대상으로 한 소매업뿐만 아니라 모든 기업에 적용할 수 있다는 결론을 내렸다.**

고객을 파악하라. 단순히 인구통계학적으로가 아니라 친밀하고 개인적인 수준에서 말이다. 형광색 배꼽티 매대로 살짝 가려진 곳에서 관찰한 것이기는 하지만 그 점포의 전형적인 고객을 규명하는 것은 쉬웠다. 젊고 유행에 민감한 여성, 십 대 중반부터 이십 대 중반까지.

그들은 둘씩, 혹은 셋씩 짝을 지어 돌아다니고 있었다. 집 밖에서 화장실 가는 일과 쇼핑을 다니는 일은 여성들이 반드시 그룹을 지어 해야 하는 일이 분명하다. 십 대 소녀나 성인 여성에게 쇼핑이란 사교적 행위이자, 친구와 함께하는 나들이라는 사실을 감안하면 분명 이치에 맞는 이야기다. 똑똑한 소매업자는 이 사실을 잘 알고 있으며 물건을 파는 곳뿐만 아니라 친구들이 함께 모여 놀기에 좋은 곳으로 점포를 꾸민다.

천장에 매달린 스피커에서 터져 나오는 최신 유행/멋진 음악에서부터 최신 유행/멋진 젊은 점원들, 벽에 붙은 최신 유행/멋진 포스터, 취급하는 최신 유행/멋진 상품까지, 이 점포는 십 대 소녀들의 쇼핑 천국이었다. 끊임없이 열리는 계산대만 보아도 그들이 사업을 제대로 하고 있는 것을 쉽게 알 수 있었다.

확장하는 고객층을 겨냥하라. 1990년부터 2000년 사이, 십 대는 16.6%라는 성장률을 보이며 급속히 성장하는 소비자 인구가 되었다. 십 대는 자체만으로 상당한 구매력을 지닐 뿐 아니라 가정의 구매 의사 결정에서도 큰 힘을 발휘한다.

최근의 연구 결과에 따르면 15세부터 19세 사이의 청소년은 평균 한 주에 100달러 정도를 쓰며 대부분은 의복과 액세서리를 구매하는 데 들어간다. 그것이 바로 많은 소매업체들이 성장하는 이 소비자층으로 관심을 확장하는 이유다.

이런 말도 있지 않은가. "돈 냄새를 맡아라. 그리고 코를 따라라."

훌륭한 고객 서비스를 제공하라. 이 내용에 대해서라면 앞에서도 일장 연설한 바 있다. 고객이 기대하는 것을 미리 알고 항상 그것을 뛰어넘어라. 그들의 사소한 바람도 만족시켜라. 고객의 이름을 묻고 예의를 갖춰 이름을 불러라. 그들이 당신의 친구처럼 느끼게 해라. 밥줄이 아니라. 그들의 쇼핑 경험을 즐거운 것으로 만들어라, 그러면 다시 돌아올 것이다. 이 점포는 훌륭한 고객 서비스의 가치를 이미 잘 알고 있었다. 모든 점원들이 발랄하고 친절했다. 한 사람은 웃으며 내게 의자가 필요한지 묻기까지 했다. 늙고 지친 불쌍한 내 다리가 금방이라도 풀릴 것처럼 보였나 보다. 그가 나를 "아저씨"라고 불렀으면 지팡이로 흠씬 두들겨 주었을 것이다. 나한테 웃었든, 안 웃었든.

좋은 직원이 차이를 만든다. 열의가 있는 사람을 고용해 잘 교육하라. 열여섯 살밖에 안 되어 보였지만 사실 스물여섯이라고 고백한 이 점포의 매니저는 내가 지금까지 본 사람 중에 가장 뛰어난 세일즈맨이었다. 그는 자신의 고객과 비슷하게 옷을 입었다. 고객의 언어로 말하고 패션과 유행에 통달해 있었다. 고객이 무엇을 좋아하고 무엇을 싫어하는지 잘 알고 있었다. 고객이 관심을 가질 만한 것을 짚어줄 줄 알았고 고객의 의견이 어떠하든 즉시 동의할 줄 아는 감각도 있었다.

"이 셔츠 정말 잘 어울릴 것 같아요." 저들끼리 키득거리느라 정신이 없는 소녀 떼에게 그가 말했다. 한 사람을 콕 집어 이야기한 것이든 아니든 상관이 없었다. 그들은 또 저들끼리 키득거리더니 그것을 입어보겠다며 탈의실로 갔다. 돈이 들어오는 소리가 들렸다.

끼워 팔아라. "프렌치프라이나 다른 것은 필요 없으세요?" 이 단순한 질문 하나로 패스트푸드 업체들은 수백만 달러를 추가로 벌어들였다. 계산할 때가 되자 그 젊은 매니저는 갑자기 끼워 팔기 모드로 전환하더니 이런 말을 했다. "지금 사시는 셔츠 정말 예뻐요. 그거랑 잘 어울릴 반바지도 많은데! 이 귀걸이도 지금 세일 중이에요. 지금 하고 계신 목걸이랑 같이 하면 정말 멋질 것 같아요."

딸아이는 그 남자 매니저가 내뱉는 칭찬 겸 영업용 사탕발림을 듣자 키득거리며 얼굴을 붉혔다. 신용카드를 쥐고 있는 사람이 내가 아니었다면 딸아이는 그 사람이 팔려는 것을 몽땅 사들였을 것이다.

집으로 돌아오는 길에 첼시는 하루를 결론짓는 말을 했다.

"정말 끝내주는 가게 아니에요? 그 잘생긴 점원 오빠 덕분에 장사가 훨씬 잘될 것 같아!"

나의 아기 입에서 나온 사업의 지혜다.

아들을 낳았어야 하는 건데.

30장

피어싱, 문신, 그리고 중요한 것들

요즘 나는 이전에 접해보지 못한 다양한 분야의 기업가들을 만나 나의 기업가적 지평을 넓히고 있다. 세상에는 수많은 종류의 기업가가 있으며 그들은 모두 자신만의 박자에 맞추어 춤을 추고 있다는 사실을 알게 되었다.

정말 잘 해내고 있는 사람들도 있고, 그저 내키는 대로 하는 사람들도 있다. 나는 기업가 자신의 태도가 일의 품질을 결정지으며 그것이 또한 사업이 얼마나 오래 지속될지도 결정할 확률이 높다는 사실을 알게 되었다.

좋은 예가 하나 있다. 앞서 이야기한 십 대 딸 첼시가 어느 날, 배꼽을 뚫지 않으면 세상이 두 쪽 날 것이라고 굳게 믿기 시작했다. 그렇다. "배꼽을 뚫는다"고 했다. 세상에, 내 생각에 이것은

'머리를 몽땅 밀고 파란색으로 칠하는 것'과 똑같이 미친 짓이다. 하지만 그것이 최신 유행이란다. 법적으로 배꼽을 드러내 보여서는 안 될 어린 소녀들까지 말이다.

나는 하느님께서 애초에 만들어주신 구멍 외에 다른 곳에 구멍을 뚫는 이유를 도저히 납득할 수 없는 사람이다. 하지만 딸아이는 말했다. "아빠, 다른 아이들도 다 배꼽을 뚫는단 말이에요."

그래서 나는 이렇게 대답했다. "그럼 그 아이들이 모두 머리를 몽땅 밀고 파란색으로 칠하면 너도 그렇게 할래?"

그러자 딸아이가 대답했다. "아버지 미워요."

첼시가 나를 부를 때 '아빠'에서 '아버지'라고 바뀌면 그 순간 나는 곤경에 처한다.

그때부터 나의 주장은 하향 곡선을 그리기 시작했고, 언제나 통하는 그 말, "아빠가 허락만 하면 엄마도 괜찮댔어요."라는 말이 첼시 입에서 나오자 평소와 다름없이 나는 딸아이에게 지고 말았다.

젠장, 공이 내 쪽 코트로 넘어왔는데 그것을 어떻게 받아넘겨야 하는지 모를 때 정말 난감하다.

그래서 나는 대답했다. "그래, 그럼 엄마가 머리를 몽땅 밀고 파란색으로 칠하면 너도……"

음, 내가 살면서 배운 것이 있다면 바로 이거다. "아빠가 허락만 하면 엄마도 괜찮댔어요."라는 말은 그것이 정말 괜찮은 것이거나, 사실 괜찮지 않은데 아내가 내게 나쁜 부모 노릇을 미뤄 내가 "안 돼."라고 말하게 만들려는 것이다. 아내가 내게 은밀히 눈짓을 보내야 할 시점이건만 마침 아내는 집에 없었다. 게다가 아내에게 전화를 걸어 확인하는 것은 내가 나의 사랑스러운 딸을 믿지 않는다는 뜻이라니 나는 그 말을 믿어야만 했다. 결국 나는 울며 겨자 먹기로 허락을 했고 무사히 잘 하고 오라고 행운까지 빌어주었다.

그때, 뜻밖의 문제가 나타났다. 딸아이가 이렇게 말하는 것 아닌가! "엄마가 아빠랑 같이 가서 하고 오라고 했는걸요?"

딸아이가 처음으로 자전거를 타던 순간, 처음으로 스케이트를 신던 순간, 남자 아이랑 처음으로 춤을 추던 순간, 처음으로 브래지어를 사던 순간 늘 나는 그 애와 함께 있었다. 하지만 쇠 갈고리가 그 애의 배꼽을 뚫는 순간에도 아이의 손을 잡아주어야 할 줄은 결코 몰랐다. 누구인지는 몰라도 그 자식이 사랑스러운 나의 딸에게 그런 짓을 하는 순간 주먹을 휘두르지 않으리라 자신할 수 없었다. 아, 요즘 아빠들의 의무에는 끝이 없나 보다.

그래서 우리는 피어싱 가게로 갔다. 솔직하게 말하겠다. 사실 나는 내심 그곳이 너무나 더럽고, 어둡고, 음산해서 배꼽 피어싱 따위는 당장에 집어치우라고 당당히 소리칠 수 있을 줄 알았다. 하지만 놀랍게도 우리가 들어간 곳은 세련된 장식에 밝은 조명이 켜져 있고, 일반 병원보다 더 위생적이고 전문적으로 보이는 가게

237

였다.

걸어 다니는 광고판처럼 온몸에 문신을 하고 무언가 주렁주렁 매단 젊은이가 우리를 따뜻하게 맞아주었다. 그는 콧구멍에 두꺼운 고리를 매달고 있었는데 아마 그의 아내가 밧줄을 매어 이리저리 끌고 다닐 수 있게 만든 것 같았다. 첫인상이란 양쪽 모두에게 남는 법. 아마 이 남자도 하와이안 셔츠에 찢어진 청바지, 카우보이 부츠 차림의 무식하게 생긴 내가 무슨 볼일로 왔는지 꽤나 의아했을 것이다.

그때 나는 그 남자 또한 일종의 기업가라는 사실을 깨달았다. (우리 기업가들은 보통 서로를 잘 알아본다. 종류가 다른 원숭이들이 서로를 잘 알아보듯.) 그리고 나는 곧장 나만의 현미경을 꺼내 그와 그의 사업을 자세히 관찰하기 시작했다.

문신과 코걸이를 제쳐두고 보면 그는 친절하고, 지식이 풍부하고, 전문가적이고, 고객의 요구에 대해 매우 협조적이었다. 대기실을 둘러보니 그의 사업이 잘 운영되고 있다는 사실과 함께, 그곳이 고객을 편안하게 만들어주면서도 용기를 심어주게 디자인되어 있다는 사실을 알 수 있었다. 커다란 가죽 소파가 있었고 수많은 문신 관련 잡지가 놓여 있었으며 천장에서는 록 음악이 쾅쾅울리고 있었다. 딱히 내 취향은 아니었지만 그의 주 고객층에게는 완벽한 것 아닌가.

실제로 배꼽을 뚫는 작업을 한 여자 직원은 주인만큼이나 친절

238

했고 솜씨가 흠잡을 데 없이 꼼꼼하고 완벽했으며 제대로 교육을 받은 것 같았다. 그리고 여느 의사들이 환자와 이야기하는 것보다 더 오랜 시간 동안 딸아이와 이야기를 나누었다.

그녀는 첼시와 내가 피어싱 절차와 결과, 발생할 수 있는 부작용 등을 완벽히 이해하게 만들었다. 첼시가 자신의 결정을 후회하지 않을 것이고 내가 홧김에 과격한 짓을 하지 않으리라는 것을 납득하고 나서야 피어싱이 시작되었다.

마지막에 가서 첼시는 결국 소원하던 배꼽 링을 얻었고 나는 색다른 종류의 기업가를 처음으로 접하게 되었다.

나도 배꼽을 뚫어볼까?

오래된 교회에 붙어 있는 거대한 사자 모양의 문손잡이가 내 허리띠 위에 매달려 있으면 멋져 보이지 않겠나.

어쨌든, 끝이 좋으니 모든 것이 잘되었다.

깜짝 놀란 아내가 전화를 걸어오기 전까지는……

31장

그가 내 이름을 불러준다면

'빨리 부자되기' 같은 광고처럼 보이는 것은 싫지만 순식간에 당신의 사업을 바꾸어줄 아주 작은 비결을 하나 알려주겠다.

이 작은 비결은 힘이 매우 강력하여 그것이 당신과 직원들, 그리고 사업의 최종 매출에 미치는 즉각적인 영향을 보면 깜짝 놀라게 될 것이다. 이 작은 비결은 기존 고객과의 관계를 향상시켜줄 뿐만 아니라 잘만 이용하면 마케팅과 광고에 돈 한 푼 들이지 않고 새로운 고객도 많이 얻을 수 있다. 이것은 고객이 당신을 따뜻하게 대하게 하고 그들이 평생 당신과 거래하게 만들 것이다.

그 작은 비결은 바로 이것이다. **고객을 대할 때 직접 만나든, 전화, 팩스, 이메일이든 언제나 그들의 이름을 사용해라.** 바로 이거다. 매출이 당장 지붕을 뚫고 솟구쳐 올라가게 만들 단어 하나가 바로 고객의 이름이다.

고객의 이름을 불러주면 사업적 경험이 바로 개인적 경험으로 변한다. 그리고 사업적 경험이 개인적 경험으로 바뀌면 고객은 바로 둘 사이의 인간관계에 몰입하게 되고 이는 곧 당신과 친구가 되는 것과 마찬가지다. 그러면 그들도 당신만큼 당신의 성공을 원하게 된다.

자신의 이름을 들으면 고객은 즉시 당신을 위한 투사가 된다. 당신의 나팔을 불어줄 것이요, 당신의 명예를 지키기 위해 싸울 것이다. 당신의 사업을 친구에게 소개하기도 할 것이다. 혹시 똑같은 상품이나 서비스를 다른 곳에서 더 싼값에 구할 수 있다고 해도 말이다.

불행히도 전체 기업가와 직원들 중 99%는 사업적 관계를 개인화하는 것이 얼마나 중요한지 깨닫지 못하고 있다. 고객이 힘들게 번 돈을 날름 가져가면서도 그들은 고객의 이름이 무엇인지 알려 하지도 않는다. 그것이 바로 수많은 기업이 실패하는 이유다. 그들은 고객을 숫자로민 생각하지 사람으로 생각하지 않는다. 고객과의 관계를 개인적 인간관계로 만드는 것이 얼마나 중요한지 이해하는 1%의 기업이 바로 번창하는 기업이다.

좋은 예가 하나 있다. 사무실로 오는 우편물을 매일 살펴보고, 수표가 있으면 골라내고, 봉투를 열고, 수표에 서명하고, 입금표를 작성하고, 입금할 돈을 은행에 가져가는 일을 하는 사람이 바로 나다. 물론 다른 사람에게 시킬 수도 있지만 은행에 가서 입금하는 것이 기업가로서 내가 제일 좋아하는 일이다. 입금표에 쓰인 숫자를 보면 그동안 내가 들인 노력이 확인되는 것 같다. 내가 일을 제대로 해내고 있거나 적어도 나의 고객은 그렇게 생각하고 있다는 증거 아닌가.

그래서 나는 은행에 자주 간다. 너무 자주 가서 은행의 드라이브-인 코너(자동차를 몰고 지나가면서 음식을 주문하고 받을 수 있는 패스트푸드 식당처럼 간단한 은행 업무를 처리할 수 있게 만든 곳. 외국 일부 은행에서 이 제도를 이용하고 있음-역주)에서 근무하는 카렌이라는 젊은 은행원은 나를 알아보고, 내가 그 앞에 차를 댈 때마다 정말 반갑게 맞아준다.

"안녕하세요, 녹스 씨?" 그녀는 언제나 이렇게 인사한다.

기분이 완전히 엉망일 때도 스피커 너머로 들려오는 내 이름을 들으면 기분이 당장 좋아진다. 나 역시 언제나 웃으면서 즐겁게 지저귀듯 말한다. "안녕하세요, 카렌?" 그렇다, 실제로 지저귀지는 않지만 여기서 요점은 그것이 아니다.

내 옆에 누군가 앉아 있기라도 하면 더 좋다. 거래하는 업체 사람이나 고객을 태우고 이곳을 들른 적이 많다. "안녕하세요, 녹스 씨?"라는 말을 들으면 그들은 정말 깊은 감명을 받는다. 단순히 카렌이 내 이름을 불렀기 때문이다.

"와, 이 은행에서 잘 아시나 봐요?" 그들은 언제나 묻는다.

242

"아, 네!" 나는 기세등등하여 자랑스럽게 대답한다. "계좌가 모두 여기에 있거든요. 제 개인 것이랑, 회사의 당좌 예금 계좌, 보통 예금 계좌, 신용 카드, 등등요. 여기가 지구상에서 가장 좋은 은행이에요. 은행 계좌 이리로 옮기시지 그래요?"

어머니가 차 안에 있다가 카렌이 내 이름을 부르는 것을 듣기라도 한다면? 세상에나, 우리 아들이 세상에서 제일 잘났다! 음, 어머니가 쉽게 감동을 받는 편이긴 하지만, 또한 요점은 이것이 아니다.

지난 수년간 나는 아마 열 명이 넘는 새 고객을 이 은행에 모셔다주었을 것이다. 단지 카렌, 그 훌륭한 드라이브-인 행원이 고객 관계의 가치를 이해하고 내가 갈 때마다 이름을 불러주었기 때문이다.

고객의 이름을 부르는 것이 어떻게 돈을 더 벌어주는지 확인할 수 있는 예가 또 하나 있다. 얼마 전에 캔자스시티에서 한 스테이크 식당에 간 일이 있었다. 식당에 들어가자 지배인이 내 이름을 물었다.

잠시 후 테이블에 자리를 잡고 나서 물을 따르러 온 젊은이가 이렇게 물었다. "아이스티 좀 드릴까요, 녹스 씨?"

순간, 나는 그 웨이터가 초능력이라도 있는 줄 알았다. 그러나 지배인이 그 웨이터에게 내 이름을 알려주었을 테고 웨이터가 나를 편안히 대접하기 위해 이름을 사용했을 것이라는 생각이 이내

243

들었다. 초능력 슈퍼히어로 웨이터는 아니지만 그래도 꽤 멋지지 않은가?

잠시 후 다른 웨이터가 빵을 가져오더니 말했다. "여기 빵 가져왔습니다, 녹스 씨."

식사를 끝내고 자리에서 일어나기 전까지 총 네 명의 서로 다른 웨이터가 우리 테이블에 왔고 네 명 모두 예의 바르게 내 이름을 불렀다. 결국 나는 그날 밤 식사비로 75달러, 팁으로 50달러를 냈다.

음식이 맛있었기 때문일까? 그렇다, 음식은 아주 맛있었다. 그러나 진정한 이유는 내가 네 명의 친구와 식사를 한 것처럼 느꼈기 때문이었다. 물론 내 시중을 드는 친구들이긴 하지만, 사실 그런 친구가 더 좋은 친구 아닌가?

그것은 정말 기분 좋은 경험이었고 그들이 내 이름을 부름으로써 우리의 관계를 개인적으로 만들었기 때문에 더 즐거운 경험이 되었다.

자, 그럼 맛있는 음식과 뛰어난 서비스를 갖춘 이 레스토랑에 대해 내가 만나는 모든 사람들에게 이야기하겠는가?

물론이다. 지금도 이야기하고 있지 않은가?

32장

서비스가 사람을 모은다

　힘들게 번 돈으로 제품이나 서비스를 구매하고 돌아서기가 무섭게 판매자가 냉담하고 불쾌하게 굴거나, 심지어 대놓고 불친절하게 구는 것을 본 적 있는가? 이것처럼 나를 열 받게 하는 일은 없다.

　자, 나의 기업가 친구 여러분, 결론은 이것이다. 취급하는 상품이 패스트푸드건, 슬로우푸드건, 소매 상품이건, 컴퓨터, 잔디 깎는 기계, 책, 부동산, 혹은 자동차건 상관없다. 고객이 당신의 제품이나 서비스에 대해 돈을 지불할 용의가 있다는 것은 거래가 시작되기 전이든, 한창 진행 중이든, 심지어 거래가 끝난 후든, 항상 감사의 마음과 존경을 담아 고객을 상대해야 한다는 뜻이다.

　이렇게 단순한 사실을 깜빡 잊어버리는 기업주와 그들을 대표하는 일선 직원들이 얼마나 많은지 놀라울 따름이다.

이것은 마치 연애와 똑같다. 상품이나 서비스의 구매가 완료되기 전까지 열심히 그녀를 쫓아다니면서 구애를 했다면 그녀를 손에 넣은 후에는 더욱 존중하고 사랑해야 한다. 이제 그녀의 돈을 손에 넣었고 그녀의 손에 당신의 상품을 쥐어주었다고 해서 그녀의 모든 요구가 충족되었으며 기대하는 바가 모두 사라져버린 것은 아니다. 오히려 당신과 그녀의 관계는 이제 막 시작되었다. 이제 둘이 얼마나 잘 지낼 것인지, 둘의 관계가 얼마나 오래갈 것인지는 당신에게 달려 있다.

하느님께서 고객 서비스가 형편없는 모든 기업에 벌을 내린다면 세상은 훨씬 친절하고 빈 공간이 많은 여유 있는 곳이 되었을 것이다. 쇼핑몰과 패스트푸드 식당이 없는 세상을 상상해보라. 그렇게 나쁠 리 없다.

요점은 이것이다. **거래가 끝나고 나서 고객 서비스가 바로 멈춰서는 안 된다. 사실 거래가 끝난 후 제공되는 고객 서비스가 거래 전 서비스보다 사업에 미치는 영향이 훨씬 크다.**

부정적인 입소문을 만들어내는 데에 고약한 서비스만큼 효과적인 것이 없다. 그리고 기우는 사업을 관에 집어넣어 뚜껑을 덮고 못질을 하는 데 이것만큼 신속한 것 또한 없다. 형편없는 서비스에 대한 소문은 번개처럼 퍼지고 들불처럼 번진다.

자신이 직접 불량한 서비스를 받아본 기억을 떠올려보라. 곧장

246

뛰쳐나가 만나는 사람 모두에게 그 경험에 대해 불평을 늘어놓았을 것이다. 아마 "그런 놈들하고는 절대 거래하지 마, 똑같은 꼴만 당할 테니!"하고 경고도 했을 것이다.

사업에 몸담고 있는 사람으로서 고객이 다시 찾아오게 만드는 것은 당신의 임무다. 그리고 그렇게 할 수 있는 가장 좋은 방법은 그 고객이 문을 열고 들어올 때마다 훌륭한 서비스를 제공하는 것이다. **뛰어난 고객 서비스는 고객 만족 향상으로, 이것은 반복되는 거래로, 그리고 이는 다시 고객 충성심으로 이어진다. 새로운 고객을 한 명 얻기보다 기존 고객을 한 명 유지하는 것이 훨씬 저렴하기도 하다.**

패스트푸드 산업에서 특히 고객 서비스 문제가 잘 생긴다. 가장 큰 원인은 아마도 모든 거래가 대면 판매로 이루어지고, 카운터 뒤에서 프렌치프라이를 포장하느니 차라리 고문을 받겠다는 표정으로 서 있는 십 대 청소년들이 직원의 대부분을 차지하기 때문일 것이다.

그러나 패스트푸드 식낭이 모두 이러한 것은 아니다. 칙-필-에이(Chick-fil-A, 미국 남부를 중심으로 성장하여 해당 업계 2위로 올라선 치킨 전문 패스트푸드 식당-역주) 광고를 하겠다는 것이 아니고 타코 벨(Taco Bell, 미국과 캐나다, 그 외 일부 국가에서 영업 중인 멕시코 스타일 패스트푸드 식당-역주) 욕을 하겠다는 것도 아니다. 하지만 이 두 거대 패스트푸드 기업이 제공하는 고객 서비스의 차이는 그야말로 엄청났다.

나는 이 두 식당을 자주 드나들었다. (나는 패스트푸드에 약하다.) 이것은 경험에서 우러나온 이야기다. 우리 동네 칙―필―에이에서 근무하는 젊은이들은 고객을 상대하는 것이 진정 행복해 보인다. 그들은 늘 말쑥하고 예의 바르다. 그들은 야구 모자를 삐딱하게 쓰지 않았고 피어싱도 눈에 띄지 않는다. 그들은 언제나 내 눈을 쳐다보며 말하고, 다른 어느 곳보다 그곳에 있어 행복하다는 표정으로 미소를 지으며, 명확하고 간결한 언어로 무엇을 주문할 것인지 묻는다. 또한 거듭 감사의 인사를 하면서 다시 오라고 말한다. 한마디로 거래 전과 중간, 거래가 끝난 후까지 뛰어난 고객 서비스를 제공한다.

거꾸로, 나는 최근에 동네에 있는 타코 벨에 갔다가 〈경찰청 사람들〉의 한 장면을 찍을 뻔했다. 내가 주문한 나초 칩이 오래된 것 같으니 새것으로 달라는 정중한 나의 주문에 카운터 뒤에 서 있던 아가씨가 잔뜩 화가 났다. (사건 번호 #132: 오래된 나초 칩) 이 친절한 아가씨가 내 손에서 나초 칩을 확 채어가더니, 그것을 쓰레기통에 메다꽂고는, 새 나초 봉지(이것도 오래되었다.) 하나를 내가 서 있는 카운터 앞에 툭 던지는 것 아닌가. 그 아가씨를 나를 쳐다보는 눈빛에는 '더 지껄일 말이 있거든 밖으로 나가 붙어보자.' 하는 메시지가 담겨 있었다. 나는 나초를 좋아한다. 하지만 타코 벨 모자를 삐딱하게 눌러쓴 불량 청소년에게 엉덩이를 걷어

차이는 수모를 감수하면서 먹을 정도는 아니다.

이것은 거래 전과 중간, 거래가 끝난 후, 모두 그다지 뛰어나지 못한 고객 서비스로 분류되겠다.

자, 이제 생각해보자. 다음번에 패스트푸드를 달라고 뱃속이 아우성을 치면 내가 어디로 가겠는가? 그리고 둘 중 어느 식당을 자신 있게 친구에게 추천하겠는가? 당연히 고객 서비스의 중요성을 제대로 이해하고 있는 곳 아니겠는가?

내가 겪어본 최악의 고객 서비스는 중고차를 살 때 벌어졌다. 금요일 저녁에 중고 포드 엑스퍼디션(Ford Expedition) 한 대를 샀는데 이어지는 주말에 바로 차에 문제가 생겼다. 그래서 나는 월요일 아침에 다시 그곳을 찾았다. 금요일에는 나의 가장 친한 친구처럼 굴던 판매 사원이 월요일에 나를 보고는 전혀 반가워하지 않았다. 요점만 추려 이야기하겠다. 판매가 끝나고 난 뒤라 영 협조적으로 굴지 않는 그의 태도를 지적하자 그는 자리를 박차고 일어나 내 앞에 서더니, 고래고래 고함을 치면서 삿대질을 하기 시작했다. 옆에 있던 접수원이 그를 겨우 진정시킨 것은 이미 그가 나를 "정신 나간 바보"라고 부르고, 그 차를 내 엉덩이 부위에 쑤셔 박으라는 등, 해부학적으로 불가능한 말을 지껄인 후였다.

그것은 커다란 SUV 차였고, 나는 몸집이 작은 사람이다. 한번 상상해보라.

나중에 사장이 내게 사과를 하면서 모든 문제를 처리해주겠다고 했지만 그의 사업체가 받은 손상은 돌이킬 수 없었다. 그곳을 나서는 순간부터 내 안에 있던 나쁜 입소문 제조기에 발동이 걸리기 시작했으니.

내가 만나는 사람 모두에게 그 경험에 대해 이야기했을까? 당연하다. 내가 나중에 그 중고차 판매점과 거래를 했을까? 그럴 리 없다. 나한테 그러한 이야기를 듣고 나서 그곳에서 차를 살 사람이 있을까? 아마 없을 것이다. 그 사장과 판매 사원이 그 경험을 통해 무엇인가 교훈을 얻었을까? 그러길 바랄 따름이다.

마지막으로, 훌륭한 고객 서비스의 가치는 얼마일까?

값으로 매길 수 없다. 암, 그렇고말고.

자, 이제 누가 가서 바삭바삭 맛있는 나초 칩 좀 사다주겠나?

33장

고객이 정말 사고 싶은 것

사업에 있어 형편없는 고객 서비스는 죽음의 전조와도 같다. 그런데 왜 많은 기업가들이 그것을 방치할까? 나는 정말 이해할 수 없다. 내 생각에 가장 큰 문제는 고객이 무슨 생각을 하는지 관심조차 없는 기업가가 형편없는 서비스를 하고 있거나 무심코 이를 묵과하는 것이다. 고객의 생각에 무관심해지는 것은 곧 문을 닫을 때가 되었다는 의미다. 나가서 직장이나 알아봐라. 이러한 당신이라면 뾰로통한 직원으로 안성맞춤이다.

가장 최근에 겪은 저질 고객 서비스는 아내가 딸아이에게 농구화를 사주러 갔다가 일어난 것이었다. 아내가 직원을 찾는 동안 점포를 지키던 십 대 아이들 네다섯 명은 모두 계산대에 모여 있었다. 일터가 아니라 파티라도 가 있는 것처럼 잡담을 하고 시시

덕거리면서 말이다.

아내가 이 사실을 지적하자 (아내는 이런 것을 참고 넘어갈 사람이 아니다.) 그중 열여섯 남짓 되어 보이는 건방진 소녀 하나가 화가 난다는 듯 허리에 손을 얹더니, "이렇게 몰상식한 사람이 다 있어?" 하고 말했다. 모여 있던 남자 아이들은 아무 반응조차 보이지 않았다. 그들은 나가서 쇼핑몰 주변을 돌아다니는 다른 여자 아이들을 쫓아다닐 생각에 누가 먼저 휴식 시간을 가질지 싸우느라 바빴다.

몹쓸 점원을 호되게 몰아칠 줄 아는 사랑하는 나의 아내가 저들끼리 키득거리느라 바빴던 아이들에게 본때를 보여주었다는 사실은 덧붙일 필요도 없다.

슬프게도 아내의 경험과 같은 일은 너무나 흔하다. 요즘에는 전설의 설인을 발견하는 것이 훌륭한 고객 서비스를 경험하는 것보다 흔할 것이다. 패스트푸드 카운터에서 일하는 친절한 십 대 직원을 찾을 확률보다 행방불명되어 시신도 찾지 못한 음모설의 주인공 지미 호파Jimmy Hoffa(미국의 화물 운송 노조의 지도자로 명성을 얻었으나 여러 가지 구설수에 오른 뒤 실종되었음-역주)를 발견할 확률이 더 높다. 당신의 다섯 살 먹은 아이가 전자 제품 코너에서 근무하는 '상품 지식을 갖춘' 직원보다 최신 기계에 대해 더 많이 알고 있을 것이다.

이러한 고객 서비스에 대해 통탄을 금치 못하는 나는 훌륭한 서비스를 받으면 이를 찬미하며 세상에 알리고 싶다. 훌륭한 서비스 마인드를 지닌 사람은 찾기가 너무 힘들어서 그런 사람을 만나면 자신의 책임 한계를 넘어 고객에게 만족을 제공한 데 대해 기립박수를 보내고 상을 내려야 한다.

그럼 나의 새로운 영웅 켄을 소개하겠다. 나는 인터넷에서 판매할 음원 상품을 녹음하는 데 필요한 믹싱보드를 사려고 들른 전자 제품 상점에서 처음 그를 만났다. 한마디로 말해 믹싱보드란 마이크를 꽂고 컴퓨터에 연결하면 음성을 디지털 형태로 바꾸어 녹음해주는 기계다. 굳이 이 기계에 대해 설명할 필요는 없지만, 혹시 내가 사내답지 못한 주방기기 같은 것을 사려던 것은 아닌가 의심하는 독자가 있을까 봐 덧붙인다.

믹싱보드를 사서 돌아와 설치를 했지만 그것은 작동하지 않았다. 그래서 나는 그것을 다시 포장하여 반품하기 위해 가게로 가져갔다. 켄에게 이 문제를 이야기하자 그는 여느 형편없는 판매 사원들처럼 구시렁거리며 돈을 내어주지 않았다. 대신 그는 내게 물었다. "제가 한 번 해봐도 될까요?"

"한 번 해보슈." 이것이 나의 대답이었다. 내가 작동시키지 못했으면 그도 못 하지 않겠나. 켄은 믹싱보드를 상자에서 꺼내더니 진열되어 있는 컴퓨터 한 대에 연결하기 시작했다. 그는 매대에 있던 전선과 코드 등을 끄집어내려 상자를 뜯고는 필요한 곳에 끼워 넣었다. 그는 새 마이크와 어댑터의 포장을 뜯어 꺼내기까지 하더니 모든 것을 연결했고 결국 믹싱보드는 제대로 작동하게 되었다. 그렇다, 잘 돌아갔다. 믹싱보드는 아무 문제가 없었다. 다만 내가 가지고 있던 어댑터에 이상이 있었던 것이다.

자, 그럼 이 일을 자세히 따져보자. 켄은 그냥 내 돈을 돌려주고 나와의 거래를 끝낼 수 있었다. 그 대신 그는 친절하고 끈기 있는 태도를 보였고, 믹싱보드가 올바르게 작동하게 만들기 위해 풍부한 상품 지식을 이용해 여러 가지를 기꺼이 시도했다. 물론 잘 모르는 길을 갈 때 남들에게 묻기 싫어 몇 시간씩 헤매고 다니는 남자의 쓸데없는 자존심이라고 생각할 수도 있다. 하지만 요점은 그것이 아니다. 고객 서비스에 관해서라면 나는 미국의 모든 쇼핑몰에서 일하는 모든 청소년들을 데려다주어도 켄과 맞바꾸지 않을 것이다.

나는 그의 노력이 너무나 고마워서 그 믹싱보드를 도로 가져갔을 뿐만 아니라 50달러 정도 되는 다른 상품을 더 샀다. 그리고 다음번에 전자 제품이 필요하면 내가 어디로 가겠는가? 비록 가격이 두 배나 높더라도 나는 켄을 찾아갈 것이다.

자, 이 이야기의 교훈이 무엇인가? 당신이 십 대 청소년들에게 가게를 맡겨둔 사업주라면 그들을 모두 내보내고 켄 한 명만 두는 것이 낫겠다. 아니면 야생 원숭이들을 한 무리 데려다놓든지. 적어도 원숭이는 구경하기 좋지 않은가.

254

34장

고객은 항상 옳은가?

지불한 돈에 걸맞은 상품이나 서비스를 요구할 권리가 고객에게 있듯이, 기업가에게도 상식이나 약속을 넘어서는 대접을 요구받지 않을 권리가 있다.

만약 고객이 햄버거를 주문하였다면 그것이 스테이크 맛이 나기를 기대해서는 안 된다. 물론 당신이 스테이크 맛 햄버거라고 광고했다면 이야기가 다르지만. 만약 고객이 면 셔츠를 가지고 와 세탁을 맡겼다면 나중에 실크 셔츠를 기대해선 안 된다. 고객의 기대가 상식적 기대 수준과 맞지 않을 때 바로 문제가 생긴다.

자신의 권리보다 훨씬 많은 것을 원하는 고객을 많이 만나보았을 것이다. 불합리하게 구는 고객들, 지나치게 많은 것을 요구하거나, 우리를 내려다보거나, 까다롭거나, 심지어 부정직하게 거래하려고 하는 사람들. 고객의 합리적 기대가 비합리적 요구로 바뀔 때 당신은 이 고객이 사업에 이로운지, 해가 되는 것은 아닌지 판단해야 한다.

'고객은 항상 옳다'와 '고객이 틀릴 때도 있다' 사이를 판가름하는 기준이 여기 있다. 회사의 자산이었던 고객이 선을 넘어 손해를 끼치고 있다면 그 고객을 잘라버려야 하는지 곰곰이 생각해볼 때가 되었다.

그 고객과의 거래가 수입원 중 상당 부분을 차지하고 있다면 이것을 실천으로 옮기는 것은 결코 쉽지 않다. 하지만 그 문제 고객이 사라져준다면 사업이 어떻게 바뀔지 생각해보아야 한다.

문제 고객을 다루느라 허비한 시간에 다른 고객을 찾고 영업을 시도했다면 고객층이 더욱 넓어지고 수입이 오히려 늘지 않을까? 따지고 보면 한 고객에 의존하는 사업은 마치 카드로 지은 집과 같아 어느 순간 무너져 내릴지 모르는 것 아닌가?

그 고객을 상대하지 않아도 된다면 직원들이 더욱 기뻐하지 않을까? 그 고객으로부터 온 전화 메시지가 아침마다 수십 개씩 쌓이지 않는다면 당신이 더 마음 편히 잘 수 있지 않을까?

과연 그 고객이 이러한 수고를 감수할 가치가 있는지 알아보는 가장 쉬운 방법은 바로 그 고객으로부터 창출하는 수입과 그 고객의 기대에 부응하느라 들어가는 시간, 비용을 비교하는 것이다. 이 고객이 당신에게 매월 1,000달러를 지불한다고 치자. 그러나 그 사람을 만족시키는 데 2,000달러가 든다면 이 고객은 사실상 손해를 끼치고 있는 셈이다. 이런 고객이 몇 명만 있으면 문을 닫는 것은 시간문제다.

예를 들어보자. 내가 운영하는 소프트웨어 회사에 일 년에 몇 천 달러를 가져다주는 고객이 있었다. 그러나 계약서에 서명을 한 그 순간부터 이 사람이 문제 고객이라는 사실이 드러났다. 그와 그의 직원들은 하루에 열 번씩 우리 사무실에 전화를 걸었고, 계약에 포함되지도 않은 IT 문제를 가지고 우리 직원들을 들들 볶았다. 이 문제가 너무나 심각해서 나의 직원들은 전화벨이 울릴 때마다 그 고객인가 싶어 움찔 놀라는 지경까지 이르렀다.

계약을 연장할 때가 되었을 때 이 고객을 잘라버려야겠다고 마음먹기는 어렵지 않았다. 나는 간단한 계산을 해보았다. 이 고객은 우리 회사에 수천 달러를 가져다주었지만 그의 자질구레한 요구에 응답하고 IT 서비스를 제공하는 데에만 그 정도 비용이 들었다. 그가 우리 직원들에게 주는 정신적 스트레스는 말할 것도 없었다. 나는 계약을 연장하지 않기로 했고 정중하게 다른 곳을 알아보시라고 통보했다.

가장 이상적인 고객과의 관계는 윈-윈 관계다. 즉, 고객이 당신의 상품이나 서비스로부터 혜택을 받고 당신의 회사는 그 제품이나 서비스를 제공함으로써 성장할 수 있어야 한다는 뜻이다. 이 관계는 상호 존중과 정직한 취지에 기반을 두어야 한다. 둘 중

한 편만 '윈' 하는 상황이 되면 당신은 당장 필요한 조치를 취할 준비를 해야 한다. 고객이 당신을 손에 쥐고 흔들 수 있다고 생각하거나, 지불한 돈보다 많은 것을 취할 수 있다고 여긴다면 이 관계와 당신의 사업은 곤경에 처할 것이다.

정신 차리라고 내가 굳이 머리를 한 대 쥐어박아 줄 필요가 있는가? 당신은 이미 **문제 고객**이 누구이며, 언젠가는 그들을 처리해야 한다는 사실을 잘 알고 있다. **모든 고객은 장기적 관점에서 가치를 따져보아야지, 당장 오늘 현재의 가치만으로 생각해서는 안 된다.**

고객이 합리적 범위를 넘어서는 요구를 하는가? 고객이 끊임없이 자신의 권리보다 더 많은 것을 요구하고 당신이 그 요구를 거절할 때 화를 낸다면 잘라버릴 것을 고려하라.

그 고객이 당신의 선의를 이용하고 있는가? 어떤 고객은 당신의 서비스 정신을 나약함이라 여기고 당신과의 관계에서 더 많은 것을 짜내려고 할 것이다. 만약 고객이 당신을 이용하려고 한 적이 있거나 당신에게서 더 많은 것을 빼내려 별의별 수단을 다 쓴다면 잘라버릴 것을 고려하라.

그 고객이 당신의 평판에 해가 되는가? 입이 가벼운 불만 고객보다 평판에 더 큰 해가 되는 것은 없다. 잘못이 누구에게 있는지가 중요한가? 불만을 품은 고객은 결국 당신에 대해 험담을 늘어놓을 것이다. 고객에게 잘못이 있는 경우 특히 그렇다. 고객이 언젠가 자신의 치부와 함께 당신에 대한 불만을 아무렇지도 않게 드러낼 것 같으면 잘라버릴 것을 고려하라.

그 고객이 지불 기한을 준수하는가? 계약서의 지불 조항에 나와 있는 것보다 늘 늦는다면 이는 곧 다른 부분에서도 문제를 일으킬 가능성이 높다는 의미다. 고객이 지불 면에서 골칫거리라면 잘라버릴 것을 고려하라.

고객과의 사이에서 이러한 문제를 피하는 가장 좋은 방법이 무엇일까? 제일 바람직한 것은 계약의 상세 조건을 계약서에 확실히 명시하는 것이다. 내가 사용하는 계약서에는 제공할 서비스의 종류, 가격, 서비스 제공 기간과 조건이 명확하게 나와 있다. 계약서에 빠진 사항이 있으면 수정 사항을 자세히 명시한 추가 계약을 작성한다. 그래도 잘라버려야 할 고객이 있을까? 물론이다. 하지만 그리 자주 생기지는 않을 것이다. 자신이 직접 한 서명 바로 위에 모든 계약 사항이 명명백백하게 나와 있는 계약서를 두고 딴소리하기 힘들지 않겠는가.

계약서를 사용하지 않는 기업의 경우는 어떨까? 점포에 포스터를 걸거나 유인물을 배치하여 고객이 무엇을 기대해야 하는지 명확히 정의해놓아라. 그런 다음 약속한 것은 반드시 지켜야 한다.

서비스, 요금, 기한, 반품 규정 등을 명확히 제시한 포스터나 유인물이 있다면 고객이 불평할 거리가 거의 없을 것이다.

휴우, 나도 안다. 예외는 늘 있다는 것을.

259

직원이 양이라면 좋을 텐데

수많은 기업가들이 맞닥뜨리는 가장 큰 어려움 중 하나가 바로 직원 관리다. 시작할 때 우리는 모두 직원이 많은 커다란 사업체를 운영하는 것이 매우 멋지리라 생각하지만 사실 직원을 거느리는 것은 실로 괴로운 일이다. 80kg씩 나가는 한 살짜리 아이들이 뛰어다니는 어린이집을 운영한다고 생각해보라. 그럼 직원을 관리하는 일이 어떤지 대략 감이 올 것이다.

내 말을 못 믿겠다고? 여기 편지를 하나 소개하겠다. 그는 직원들과 함께 일하는 것이 정신없는 아이들이 집안 가득 뛰어다니는 것과 같다는 사실을 지금 막 어렵게 깨달은 사람이다.

Q: 약 1년 전 조그만 사업을 하나 시작하여 사업이 조금씩 성

장하고 있습니다. 제 사업을 하는 것은 좋지만 직원들을 관리하는 데 문제를 겪고 있어요. 지금 직원은 5명인데 제 시간 중 반은 그들이 맡은 일을 제대로 하고 있는지 확인하는 데, 나머지 반은 그들이 제대로 하지 못한 일을 처리하는 데 쓰고 있는 것 같아요. 차라리 혼자 가게를 운영하던 것이 더 쉬웠던 것 같습니다. 좋은 방법 없을까요?

A: 아, 경이로운 직원 관리의 세계에 오신 것을 환영합니다. 사업주에게는 재앙과 같은 곳이지요. 지금 머리숱이 많으신가요? 이 상황을 재빨리 제어하지 못하면 곧 머리가 모두 벗어질 수 있거든요. 이미 머리숱이 많지 않다면 모자라도 하나 눌러 쓰고 이 스트레스를 이겨낼 수 있게 두피에 힘을 주십사 기도를 올려야 합니다.

인력 관리가 예술이라고 말하는 경영 전문가들이 있습니다.

어떤 사람들은 그것을 기술이라고도 하지요.

저는 이렇게 말하고 싶습니다. 인력 관리는 마치 고양이 떼를 모는 것과 같다고요. 겨우 한 방향으로 가게 만들어놓았다 싶으면 한 마리가 냉큼 달아나서 곧 그것을 쫓아가야 하지요. 도망갔던 녀석을 데리고 돌아올 때쯤 되면 나머지 고양이들이 이미 제각기 다른 방향으로 흩어져 있고요. 기업가들 대부분이 고양이를 싫어하는데, 어찌 보면 당연한 일이지요. 직원들을 관리하는 일이 얼마나 힘든지 상기시켜주거든요.

35장 직원이 양이라면 좋을 텐데

직원들이 제멋대로 뛰어다니고 있는 가운데 사업을 제대로 제어하고 관리하는 것이 직원 관리에 있어 가장 어려운 부분입니다. 당신이 아니라 직원들이 사업을 운영하고 있다면 그것은 마치 환자들 손에 정신병원이 넘어가는 것과 같아요. 고객을 잃거나 문을 닫는 것과 같은 말도 안 되는 일이 일어나거든요.

결론은 이겁니다. 직원을 관리하세요. 그렇지 못하면 그들이 당신을 관리할 겁니다. 단순하죠?

직원을 관리하는 데 가장 중요한 것은 최고인 사람들만 고용하고, 잘 교육시키고, 권한에 있어 선을 분명히 긋고, 기대하는 바와 목표를 확립하며, 그들이 당신의 사업이 성공하기를 진정으로 원하게 만들고, 늘 최선의 노력을 이끌어내는 것입니다.

능력의 110%를 내어주는 보기 드문 훌륭한 직원을 발견하면 갖은 수단을 동원해 보답해주세요. 보너스를 준다거나, 급여를 인상해주거나, 고용을 보장해주거나, 권한을 늘려주거나, 칭찬해주거나, 크리스마스 때 커다란 칠면조를 선물해주세요. 훌륭한 직원을 찾는 일은 어렵습니다. 하지만 그들을 기쁘게 해주는 것은 그리 어려운 일이 아니지요. 여기에서 훌륭한 직원이란 정직하고, 충성스럽고, 헌신적이고, 열심히 일하는 사람을 의미합니다. 그런 사람들은 회사의 이익을 위해 자신의 모든 것을 바치고 고객을 만족시키기 위해 자신의 의무를 넘어서는 행동을 합니다.

이러한 사람을 찾아내는 것은, 음…… 고양이 떼를 모는 것만큼 힘듭니다.

어렵지만 불가능한 일은 아니지요. 여기 **직원을 고용하고 관리하는 데 도움이 될 몇 가지 요령**이 있습니다.

과거의 실적이 증명된 경험 많고 자격을 갖춘 사람만 고용하라. 직원이야말로 늘 고객을 상대하기 때문에 당신의 사업을 대표할 경험과 자격이 있는 사람을 고용하는 것이 필수적입니다. 지원하는 자리와 비슷한 이력에서 성공을 거둔 경험이 있는 사람을 고르는 것 또한 중요합니다.

영업사원을 뽑는다면 판매 능력이 증명된 사람을 골라야 하겠죠? 복사기 서비스 기사를 뽑는다면 복사기를 고치는 데 프로라고 증명된 사람을 골라야 하고요. 주요 직책이라면 아무것도 모르는 신참을 뽑아 가르치겠다는 생각은 접어두세요. 언제든지 경험이 풍부한 사람을 고르세요. 월급을 더 많이 줘야 하는 경우에도요. 그러한 투자가 몇 배는 되어 돌아올 겁니다.

모든 지원자를 꼼꼼히 따져보라. 정직, 청렴, 야망, 약물 경험, 전과 등, 직원들의 자실을 살펴보고 좋은 사람을 가려내는 데 쓸 수 있는 심사 프로그램 상품이 이미 많이 출시되어 있습니다. 종이로 된 것부터 웹 프로그램까지 이러한 상품의 종류는 매우 다양합니다. 적합한 것을 하나 골라 지원하는 모든 사람들에게 적용하세요. 문제가 될 사람들을 가려내는 데 이러한 상품이 얼마나 유용한지 아마 놀라게 될 겁니다.

모든 주요 직책 지원자들의 약물 검사를 하라. '사생활 침해'에 대해 강경한 입장을 보이는 사람들에게는 미안한 말이지만 누군가에게 매달 급여를 내어줄 것이라면 법이 허용하는 한도에서 그 사람에 대해 모든 것을 확인하는 것이 나의 권리라고 생각합니다. 기업가로서 지원자들을 심사할 때 해도 되는 것과 하면 안 되는 것을 정하는 것은 나라 법입니다. 여기에 반대하는 분들은 환경보호 운동이나 하시고 나는 그저 내 일을 계속하도록 내버려두시죠.

항상 추천인에게 확인하라. 수많은 고용주들이 이것을 확인하지 않는 큰 실수를 저지릅니다. 추천인을 써달라고만 하지 실제로 지원자의 기량이 얼마나 뛰어난지, 기재된 추천인 사항에 거짓은 없는지 확인하는 일은 거의 없지요.

이력서에 쓰는 추천인 명단 중 대부분이 가짜거나 지원자에 대한 칭찬을 늘어놓을 가족과 지인이라는 조사 결과가 있습니다. 가족과 친구 이름이 적혀 있다면 그 이력서는 제쳐두세요. 과거의 고용주 세 명의 이름을 받아서 지원자가 기재한 내용이 사실인지 전화해보세요. 과거의 고용주가 그 사람에 대해 밝힐 수 있는 사항에는 법적 제한이 있지만, 단순히 "기회가 된다면 이 사람을 다시 고용하시겠습니까?"라고 물어보기만 해도 엄청난 정보를 얻을 수 있습니다. 다시 고용하겠다는 대답이 바로 튀어나오거나 한참 침묵이 흐르거나 둘 중 하나겠지요. 당신은 원하던 답변을 얻은 셈이고요.

급하다고 아무나 채용하지 말라. 당장 빈자리를 채우는 데 급급하여 자격을 갖춘 사람으로 그 자리를 채우는 것을 잊는 고용주들이 많습니다. 패스트푸드 식당이나 판매업, 제조업 등에서 이러한 현상이 자주 발생합니다. 보통 그 분야의 이직률이 매우 높고 훌륭한 직원을 찾는 것이 고양이 떼를 모는 것만큼 힘들기 때문이지요. (이제 더 이상 고양이에 비유는 하지 않겠습니다. 이번이 마지막이에요.) 살아 숨 쉰다고 아무나 데려다 고용하지 마세요. 결국에는 다 문제가 되어 돌아옵니다.

부족한 사람을 가려내려면 수습기간을 활용하라. 새로운 직원을 고용할 때에는 항상 60일 수습기간이 있다는 사실을 알려주어야 합니다. 그리고 이 기간 동안에는 그들의 태도와 수행 능력을 정기적으로 평가하세요. 그 사람이 당신이 찾던 직원이 아니라는 사실을 알게 되면 수습기간이 끝날 때 최종 검토를 하여 그 사람을 내보내세요. 문제가 있는 사람들은 이 60일 간의 수습기간조차 제대로 마치지 못할 가능성이 높겠지요.

마지막으로 일을 잘하는 사람이 있으면 상을 주세요. 보상이란 직원의 실적을 향상시키는 아주 좋은 방법입니다. 우리는 모두 어린 아이 같아서 착한 일을 할 때 새로운 장난감, 즉 보너스를 받는다는 사실을 알면 더 좋은 성과를 낼 확률이 높아지지요. 좋은 실적에 대해서는 보상을 하고 그러한 사실을 널리 알리세요. 스톡옵션이든, 보너스든, 공짜 여행이든 다양한 것을 활용할 수 있습니다.

회사가 잘나가면 직원들도 잘나간다는 사실을 직원들이 이해하게 만드는 것 또한 매우 중요합니다. 회사가 성장해야 급여도 올라가는 법이지요.

위의 독자는 직원들을 관리하느라 정신이 없었지만 다음 편지에 등장할 사업주처럼 고용주와 고용인 관계를 너무 친밀하게 만드는 실수는 저지르지는 않았다.

이 말을 명심하라. 직원이 당신의 친구가 되는 순간 문제가 생긴다. 하지만 다음 편지를 보내준 독자는 이 사실을 너무 늦게 깨달았다.

Q: 주요 직책에 있는 직원 하나가 문제를 일으키고 있어요. 아침마다 지각을 하기 시작하더니 회사 생활에 전반적으로 불량한 태도를 보입니다. 그가 제대로 처리하지 못한 일을 떠맡게 된 나머지 직원들이 불평을 하고 있어요. 그에게 이 문제를 이야기해 보았지만 귀를 기울이지 않습니다. 더 큰 문제는 5년 전 그를 고용한 이후 우리 둘이 정말 친한 친구가 되었다는 것이지요. 그러니 그를 해고할 수도 없어요. 어찌해야 할까요?

A: 제가 사업에 관련된 상담을 잘할 수 있는 이유 중 한 가지가

바로 상상할 수 있는 모든 사업적 실수를 거의 다 저질러보았기 때문이지요. 저는 마치 소규모 사업 세계의 이블 크니블(Evel Knievel, 전 세계적으로 유명한 미국의 스턴트맨-역주) 같아요. 만약 이블 크니블이 오토바이 안전에 대해 상담 칼럼을 쓴다고 가정하면 말이죠.

제가 한 일 중에 가장 괴로웠던 것 중 하나가 바로 자신의 일을 제대로 하지 않던 친구를 해고한 것입니다. 그는 일자리가 필요했고 저는 직원이 필요했기에 그에게 기회를 주기로 했지요. 하지만 그것은 엄청난 실수였다는 사실이 곧 드러났습니다.

그는 우리의 우정을 이용해 밥 먹듯 지각을 하고, 일은 하지 않고 시간을 보냈으며, 그러한 행동에 대해 불만을 제기하면 농담으로 웃어 넘겼습니다. 우정 때문에 나는 그의 행동에 대해 다른 직원들에게 변명까지 했어요. 하지만 몇 주 지나지 않아 나는 그를 해고해야 한다는 사실을 깨달았습니다. 우리는 여전히 친구로 지내지만 확실히 예전처럼 가까운 사이는 아니지요.

제가 저지른 실수는 바로 애초에 친구를 고용한 점이었습니다. 나의 감정, 즉 친구가 직장을 구하도록 도와주고 싶은 마음이 저의 사업적 감각을 둔하게 만든 셈이지요. 이것이 바로 지금 당신이 겪고 있는 문제입니다. 이런 말을 하기는 싫지만 빨리 이 상황을 처리하지 않으면 이 사람 하나의 행동에 의해 사업 전체가 영향을 받게 될 겁니다.

당신이 저지른 실수는 직원을 고용한 후 그와 친구가 된 것입니다. 이러한 일은 절대로 일어나서는 안 됩니다. 직원들과 가깝게 지내지 말라는 뜻이 아닙니다. 하지만 당신은 고용주/고용인 관계에 지나친 감정적 무게를 부과했고 그 결과 오늘날과 같은 상황에 빠지게 된 것이죠.

친구란 자신이 친구라는 이유 하나로 특혜를 기대하기 마련입니다. 하지만 직장은 친구든 아니든 모든 직원들에게 공평한 터전이 되어야 하지요. 직원들 모두 당신의 존중을 받을 권리가 있기 때문에 한 직원에게만 특별 대우를 해주는 것은 결코 바람직한 생각이 못 됩니다. 직원들과 너무 가까이 지내는 사업주나 관리자들이 이러한 문제를 겪게 됩니다.

시간이 흐르면서 그와 친구가 되었고, 그를 해고하느니 차라리 돌을 집어 삼키겠다는 당신의 마음을 이해합니다. 하지만 그의 행동이 사업 전체에 어떠한 영향을 미치고 있는지 반드시 생각해 보아야 합니다. 직원 사기나 근무 스케줄, 고객 서비스, 그의 실수를 처리하는 데 드는 시간, 그리고 무엇보다도 중요한 회사의 실적에 그가 어떠한 영향을 주고 있습니까?

다음 둘 중 하나를 선택해야 합니다. 정신을 차리게 만들든가, 직원 명단에서 빼세요. 너무 냉정하거나 옳지 못하다고 느껴질지 모르지만 이 길뿐입니다. 어떤 길을 선택하든 항상 당신이 그의 고용주라는 것을 우선하여 생각하세요.

268

그 또한 자신의 문제에 대해 변명할 여지가 있을 것입니다. 고용주로서 당신은 그의 사생활에 끼어들 권리가 별로 없지만 친구로서는 그의 문제가 무엇인지 이미 파악하고 있으리라 생각합니다. 그를 도와 다시 성실한 직원으로 만들 수 있다면 그렇게 하세요. 그렇게 할 수 없다면 그에게 행운을 빌어주고 해고하세요.

고용주/고용인 관계를 확립하는 데 도움이 되는 몇 가지 요령이 있습니다.

관계를 정의하라. 고용주/고용인 관계는 처음부터 잘 정의되어 있어야 하고 양쪽 모두 그 경계를 잘 이해해야 합니다. 어떤 사람은 그것을 '서열 정의' 혹은 '먹이 사슬 확립'이라고도 하지요. 어떤 화려한 용어를 사용하든 결론은 이것입니다. "상사가 되거나 친구가 되어라. 둘 다 될 수는 없다."

친구나 친척을 고용하지 마라. 당신이 사업주로서 자식을 고용한다면 이 규칙은 물론 융통성 있게 활용할 수 있습니다. 자녀는 이미 부모를 권위의 대상으로 받아들이고, 그들을 관리하는 것은 부모로서 제2의 본능이니까요. 하지만 이러한 경우라도 다른 직원들이 당신의 아들, 딸, 혹은 친구가 남보다 덜 일하고, 돈을 더 벌면서, 더 좋은 대접을 받는다고 느끼게 된다면 심각한 악영향을 줄 수 있습니다. 이것이 사실이든 아니든 족벌주의와 편파주의는 기업 내에서 잠재적인 문제를 발생시키니 주의하세요.

회사 규정을 확립하여 준수하라. 직원 태도와 수행 기준을 포함하여 사업 전반에 걸친 규정집을 갖추는 것이 좋습니다. 고용주/고용인 관계는 그 본질적 특성 때문에 편애 현상이 나타나기 매우 쉽습니다. 관리자들은 열심히, 오래, 빠르게 일하는 직원들을 더 좋아할 수밖에 없지요. 하지만 회사 규정을 준수하는 데 있어서는 어떠한 특별 대우나 편애 감정도 없어야 합니다. 모든 직원은 회사 규정이 담긴 책을 한 부씩 받고, 그것을 읽고 이해했으며 내용에 동의한다는 서류에 서명해야 합니다.

결론: 모든 직원을 동등하게 대하라. 그 직원이 부사장이든, 경비든 상관없이 회사의 모든 사람들을 회사 규정과 기대에 따라 동등하게 대해야 합니다.

물론 부사장이 경비보다는 회사에 더 큰 가치가 있는 것이 사실이지만, 실성한 사람처럼 뛰어다니는 부사장이 가끔씩 사소한 실수를 저지르는 경비보다 회사에 더 큰 손해를 끼치는 것도 사실입니다.

개인적인 것이 아니라 일일 뿐이다. 영화에 나오는 나쁜 놈들이 서로 총질을 시작하기 전에 꺼내는 말이지요.

"이봐, 개인적인 감정은 없어. 다만 일일 뿐이야."

빵! 빵!

비슷한 뜻으로 연애에서 쓰는 말이 있지요. "당신 때문이 아니야. 나 때문이지."

이러한 말은 해고당하거나 차이는 사람들에게 아무 도움도 되지 않습니다. 이 대사를 써먹어 본 적이 있는 옛날 직원이나 애인에게 한 번 물어보세요.

직원을 해고해야 한다면, 그것이 친구일지라도 전문가적 태도로, 규칙에 따라 하세요.

쉽지는 않을 것입니다. 하지만 자신의 감정을 잠시 제쳐두고 당신과 사업을 위해 최선인 일을 하세요.

쉽다면 누구나 했을 것이다

내가 아는 모든 기업가들은 언젠가 한 번쯤 일명 '쓰레기차의 유혹'을 겪어보았을 것이다.

스트레스가 파고들기 시작하면서 과연 기업가로서의 삶이 자신에게 적합한지 의문을 품게 된다. 매출이 떨어지고, 빚이 쌓이고, 직원들이 미쳐 날뛰고, 경쟁업체가 금방이라도 발목을 붙들 것 같고, 고객은 찾지 않는다. 이때 뱃속 깊이 울렁거리는 역겨운 기분이 들고 가슴에 찌르는 듯한 통증을 느끼며 무척 단순해 보이는 쓰레기차 운전을 하고 싶다는 생각이 드는 것이다.

쓰레기차를 모는 여러분, 오해하지 마세요. 모두 열심히 일하시는 것 알고 있고 하시는 일을 정말 존경합니다. 여러분들이 없다면 말 그대로 세상이 정말 더러워지겠지요.

사업을 하다보면 잘 풀리는 날에도 굉장한 스트레스가 밀려온다. 말할 수 없을 만큼 많은 일이 우리를 맥 빠지게 하는 것은 말할 필요도 없다. 그러니 진정 이 일을 할 자질이 있는지 의심을 품는 순간이 오는 것은 당연하다.

"그냥 직장을 구할까?" 하고 자문하는 것은 당신도 인간이라는 의미다. 그리고 인간으로서 우리는 스스로 제어할 수 없는 일을 견디는 데 한도가 있다. 그리고 그것이 바로 기업가로서 가장 큰 스트레스를 받는 부분이다. 우리가 어찌할 수 없는 일에 대해 걱정하며 시간을 낭비하다가 결국 우리가 제어할 수 있는 일조차 제어하지 못하는 상태에 이르는 것이다.

우리 힘으로 조종할 수 없는 일을 걱정하는 것은 뇌세포의 낭비다. 물론 상황이 원하는 쪽으로 기울게 만들기 위해 최선의 노력을 할 수는 있다. 그러나 사업에 진정 큰 영향을 미치는 대부분의 일은 그 결과를 마음대로 조종할 수 없는 것이 사실이다.

그래서 우리는 끊임없이 걱정한다. 걱정은 곧 스트레스를 부르고 스트레스는 회의를, 회의는 수백 킬로그램이 나가는 고릴라 한 마리가 가슴 위에 걸터앉아 있는 것 같은 느낌을 부른다. 그러니 이러한 의문을 품는 것도 당연하다. "이것이 정말 내가 원하는 일일까? 사업을 운영하는 데 필요한 자질이 과연 내게 있는 것일까?"

스트레스로 곧 쓰러질 것 같다는 한 젊은 기업가가 보내온 다음 질문을 살펴보자.

Q: 약 1년 전 사업을 시작해 모든 것이 잘 돌아가고 있습니다. 우리는 꾸준히 성장하고 수익을 내고 있지요. 그런데 사업을 운영하는 데서 나오는 스트레스가 정말 심합니다. 일하는 것보다 걱정하는 데 더 많은 시간을 보냅니다. 어떤 때는 압박감을 도저히 견딜 수 없어요. 제가 사업을 운영할 자질이 없다는 생각이 들기 시작했습니다. 어떻게 해야 할지 조언을 부탁드립니다.

A: 저는 조언으로 가득 차 있는 사람입니다. 그리고 무료로 알려드리고요. 이것 하나만 기억하세요. 사람은 지불한 만큼 얻는 법이니 제 조언을 듣고 맥도날드에 가서 일하기로 결심하더라도 제가 법적으로나 도덕적으로 책임이 없다는 것을요. 저는 닥터 필Dr. Phil(미국의 유명 정신과 의사 겸 작가. 오프라 윈프리 쇼에 출연한 후 유명해졌으며 자신의 이름을 건 텔레비전 프로그램을 진행하고 있기도 함—역주)이 아닙니다. 제가 그 사람보다 키도 작고 돈도 적지만 머리숱은 더 많지요.

다시 진지하게 이야기하자면, 가장 먼저 할 일은 길게 심호흡을 몇 번 하는 겁니다. 그리고 나서 사업이라는 세상의 무게를 자신의 어깨 위에 짊어진 사람처럼 느끼는 사람은 당신뿐만이 아니라는 사실에서 위안을 얻으세요.

모든 기업가는 누구나 한때 당신과 같은 기분이 듭니다. 어떤 이들은 매일 그런 기분을 느끼기도 하지요. 특히 원하는 대로 일이 돌아가지 않을 때는요. 그리고 사업이 정상 궤도에 오른다고 해도 스트레스가 마법처럼 사라지리라 기대하지 마세요.

수백만 달러 규모의 기업을 운영하는 사람들을 몇 명 알고 있습니다. 그들이라면 사업의 규모에 따라 스트레스 수준도 올라간다고 말할 겁니다. 하지만 동시에 자신의 일을 사랑하고 다른 일을 할 생각이 없다는 사실 또한 인정할 겁니다.

이 기업가들과 당신의 차이점은 그들이 스트레스를 다루는 방법뿐만 아니라 이를 추진력으로 변화시키는 방법 또한 배웠다는 것입니다. 그들은 스트레스를 에너지원으로 이용합니다. 스트레스는 창의력과 혁신력의 연료를 공급할 뿐만 아니라 닥친 문제에 도전하게 만듭니다. 생각하게 하고, 혁신하게 만들어 더 나은 기업가가 되게 하는 것이지요.

여기서 진짜 질문은 기업을 운영하는 데 필요한 자질을 갖추었느냐가 아니라고 생각합니다. 진짜 질문은 바로 사업을 운영하는 데에서 생기는 스트레스를 다스리는 자질이 있느냐는 것이지요. 이 두 가지는 매우 다른 질문이고 정답은 순전히 당신 몫입니다.

사업을 하면서 받는 스트레스에 대해 저보다 나이가 많은 기업가에게 불만을 늘어놓은 적이 있었습니다. 그는 파리를 쫓는 듯한 손짓으로 제 말을 받아넘기더니 말했습니다. "이보게, 사업이 쉬웠으면 아무나 했을 거야. 꾹 참고 계속 전진해."

36장 쉽다면 누구나 했을 것이다

꾹 참고 전진하라. 아마 살면서 들은 사업상의 조언 중 이것이 최고였을 겁니다. 그의 요점은 이거죠. "사업을 운영하는 것은 결코 쉬운 법이 없고 언제나 스트레스가 심하다. 하지만 바로 그것이 사업이 흥미진진한 이유이기도 하다."

사업을 운영하는 것은 외줄 타기를 하는 것과 같습니다. 그것도 거꾸로. 눈을 감고서. 바지에는 불이 붙은 채로. 그리고 오줌 싸기 직전인 상태로.

세상에, 먹고 살려고 이렇게까지 해야 하나요?

지금 당신에게 일어나는 일은 세상 모든 기업가들이 한 번쯤 겪는 것입니다. 스트레스 때문에 사업을 시작하기로 한 자신의 결정뿐만 아니라 사업을 운영하는 자신의 능력에 대해서까지 회의를 품는 것이지요. 스트레스를 없애는 만병통치약은 없습니다. 스트레스를 전혀 받지 않을 수도 없으니 그것을 다스리는 방법을 배워야 합니다.

스트레스를 다스리는 방법은 먼저 스트레스의 원인을 파악하고 그 다음 그것을 처리할 계획을 세우는 것이라고 생각합니다.

제가 쓰는 방법을 알려드리지요. 종이와 연필을 가지고 앉아 지금 자신에게 스트레스를 주는 모든 일을 적습니다. 그리고 각각의 문제에 대해 자문합니다. "내가 어찌할 방법이 있는가?" "이것을 스트레스가 아닌 성과로 바꿀 수 있는 방법이 있는가?"

달리 말하면, "이것이 내가 조종할 수 있는 것인가?"

자신이 조종할 수 없는 일에 대해 스트레스를 받는 것은 완전한 시간 낭비입니다. 헛되이 뇌세포를 불사르고 있는 것이라는 사실을 자신에게 주지시키고 그 문제를 목록에서 지워버리세요.

어떤 사람들은 이러한 능력이 없습니다. 그런 사람들은 타고난 걱정쟁이라서 걱정할 대상이 없으면 행복하지 못합니다. 그들은 걱정할 때만 행복하지요. 그들은 위대한 예술가들이 유화물감을 가지고 일하듯 걱정을 가지고 일에 임합니다. 걱정할 일이 하나도 없을 때에는 심지어 하늘이 무너지지 않을까 걱정하지요.

당신이 타고난 걱정쟁이라면 내가 아무리 좋은 말을 해도 스트레스를 줄이지 못할 것입니다. 진정제 한 알 먹고 핑크 플로이드 음악을 튼 다음 〈텔레토비〉 시리즈나 보세요. 자고 일어나면 기분이 조금 나아질지 모릅니다.

다음으로 각각의 스트레스 원인이 이미 일어났는지, 현재 일어나고 있는 것인지, 아직 일어나지 않았고, 혹시 영영 일어나지 않을 수 있는지 따져봅니다.

만약 이 스트레스 요인이 이미 일어났다면 딱히 할 수 있는 일은 없습니다. 다만 그 상황을 고치도록 노력할 수는 있겠지요. 이것이 현재의 문제라면 이 문제를 처리하고 그것이 일으키는 스트레스를 제거할 계획을 세우세요.

마지막으로 결코 일어나지도 않을 문제를 가지고 스트레스 받고 있다면 마크 트웨인의 말을 기억하세요. "나는 나이를 많이 먹었고 수많은 문제에 대해 잘 알고 있다. 하지만 그중 대부분은 실제로 일어나지도 않았다."

그리고 남의 밑에서 일하는 것 역시 스스로 사업을 하는 것만큼 스트레스를 준다는 사실 또한 기억하세요. 물론 사업을 운영하는 데서 비롯되는 스트레스나 책임은 없겠지요. 하지만 기한 내에 절대 마무리할 수 없는 일이라든가, 달성 불가능한 영업 목표라든가, 갱단에서 리더십을 배운 상사라든가, 제 몫을 다하지 않는 동료라든가, 해고라든가, 더 심각한 스트레스 요인도 많을 것입니다. 인생에서 스트레스가 없는 일이란 거의 없지요. 지나가는 쓰레기차를 붙잡고 기사에게 물어보세요.

37장

오프라인은 정말 죽었을까?

나의 사업 중 상당 부분이 인터넷으로 이루어진다. 그리고 가능하다면 나는 모든 사업을 100% 인터넷으로만 할 것이다. 나는 인터넷의 편리성, 신속성, 그리고 엄청난 접근성과 유연성을 사랑한다. 나는 로스앤젤레스에 있는 고위 임원들과 인터넷 회의를 이끌면서 영국에 있는 협력 업체 사람과 메신저로 대화를 주고받는 동시에 인도에 있는 나의 가상 비서에게 이메일을 보낸다. 스펀지 밥이 그려진 트렁크 팬티에 낡은 엘비스 프레슬리 티셔츠 하나만 입고서 말이다.

나는 인터넷의 광적인 팬이고 인터넷 관련 기술이 나의 사업에 갖는 긍정적 영향력을 매우 감사히 여긴다. 사업을 더 빠르게, 더 부드럽게, 더 낫게 운영하도록 인터넷의 모든 기능을 이용하지 못하고 있다면 결국 당신의 사업은 그로 인해 손해를 볼 것이다.

하지만 오프라인 사업은 모두 죽었고 온라인 사업만이 살 길이라고 생각하는 사람들을 볼 때마다 조금 놀라곤 한다.

인터넷의 엄청난 지지자이긴 하지만 나는 아직 우리가 모든 쇼핑몰을 부숴버릴 단계에는 이르지 못했다고 생각한다. 월마트의 창업자 샘 월튼이 아직 무덤 속에 편안히 잠들어 있다고 하니 최소한 다음 몇 년간은 오프라인 사업이 안전하다고 할 수 있겠다.

닷컴 사업이 한창 붐을 이루었을 때 모든 사람들이 "오프라인 사업은 죽었다!"고 입을 모아 이야기했다. 하지만 얼마 후 뚱뚱한 여자의 무게를 이기지 못하고 폭삭 주저앉은 싸구려 간이 의자처럼 닷컴 산업이 무너졌을 때 사람들은 "인터넷은 죽었다! 오프라인 최고!"라고 다시 입을 모았다.

두 가지 모두 완전히 틀렸을 뿐만 아니라 매우 짜증나는 일이기도 했다. 나는 이렇게 말하겠다. "이렇게 휩쓸려 다니며 입을 모으는 사람들이나 죽여라!" 음, 이야기가 다시 빗나갔다.

나는 오프라인 사업이 앞으로도 오랫동안 우리와 함께할 것이라고 믿는다. 그렇다고 온라인 판매가 계속 성장하여 앞으로 오프라인 판매를 무색하게 만드는 일은 없을 것이라는 말이 아니다. 똑똑한 유통업자들은 인터넷의 잠재력과 한계를 잘 알고 있으며 그에 따라 여러 가지 계획을 세우고 있다.

똑똑한 유통업자들은 새로운 판매 채널을 열 수 있는 무궁무진

한 잠재력이 인터넷에 있다는 사실을 잘 알고 있지만 모든 고객이 온라인으로 쇼핑을 하지는 않으리라는 사실 또한 알고 있다. 적어도 앞으로 두세 세대는 그럴 것이다. 지구상의 모든 남자, 여자, 어린이들이 휴대전화만큼이나 쉽게 컴퓨터를 조작할 수 있는 때가 오기 전까지 온라인으로 구매를 하지 않는 소비자는 얼마든지 있을 것이다.

또한 똑똑한 유통업자들은 온라인 전략의 성공은 일반 소비자의 태도에 달려 있다는 사실을 이해하고 있다. 인터넷이 기존 사업 모델을 완전히 대체하는 것이 아니라 단지 사업 모델을 바꾸게 만드는 것이라는 사실도 알고 있다. 그러므로 이에 적응하는 사람들은 성공할 것이요, 그렇지 못한 사람들은 어느 날 완전히 문을 닫게 될 것이다.

아마존닷컴(Amazon.com)이 책을 구매하는 방법을 바꾸어놓겠다는 원대한 계획을 가지고 등장했을 때, 거대 서점인 반즈 앤드 노블(Barnes & Noble)은 겁에 질려 냉큼 자신의 오프라인 점포를 닫는 실수를 저지르지 않았다. 물론 온라인 쇼핑이라는 새로운 유행을 무시하지도 않았다. 대신 그들은 온라인 시장의 경쟁자들과 맞서기 위해 자신만의 온라인 판매 전투 준비에 자원을 투자하기 시작했다.

온라인 쇼핑이라는 시류에 편승하는 데 능장을 부린 많은 대규모 유통업자들이 이제 온라인 판매에 대해 진지한 입장을 취하기 시작했다. 그들은 신제품 라인을 출시하고, 점포에서는 찾을 수 없는 상품을 판매하기 위해 인터넷을 이용한다. 예를 들어 월마트는 6,000달러짜리 플라스마 텔레비전이나 고가의 스포츠 기념품처럼 오프라인 점포에서 취급하기에 너무 비싼 것들을 온라인에서 판매한다.

온라인 창업 또한 그 어느 때보다 저렴해졌다. 몇 년 전만 해도 새로 여는 데 수백 달러가 들었던 온라인 점포가 지금은 100달러도 채 들지 않는다. 나에게는 매우 안타까운 일이다. 1990년대에 고급 웹사이트 디자인으로 돈을 벌었던 나의 사업이 지금은 진공청소기처럼 공기만 빨아들이고 있기 때문이다. 하지만 이것은 소자본 기업들에게는 분명 좋은 소식이다.

또한 온라인 유통 업체는 제한된 전시/저장 공간만 있는 오프라인 업체보다 더 많은 제품을 쌓아둘 수 있다.

광대역 통신에 접속하는 사람들이 많아지면서 온라인 쇼핑과 온라인 창업의 성장은 이어질 것이다. 그러므로 온라인 쇼핑을 즐기는 사람들은 더욱 다양한 제품과 저렴한 가격을 즐길 수 있다. 물론 기업들은 가격 말고도 다른 분야에서 경쟁하는 법을 배워야 하겠지만 이는 좋은 일 아닌가. 고객 서비스를 향상시키고 제품의 품질에 집중하여 눈에 보이는 상품 말고도 다른 것들을 사게 만들 수 있을 것이다.

내 생각에 이것이 바로 인터넷이 모두에게 윈－윈 사업이 될 수 있는 이유다.

특정 사업의 경우 오프라인이 절대로 사라지지 않을 것이 확실한 이유는 바로 '입어보기 요소' 때문이다. 구매하기 전에 입어보거나 모양새가 어떤지 확인해야만 하는 제품의 경우 늘 오프라인 점포에 대한 수요가 있을 것이다.

예를 들어 나는 늘 카우보이 부츠를 신는다. 그리고 신어보지 않고서는 절대로 부츠를 사지 않는다. 그러니 한 천재가 나타나 내 발을 컴퓨터 모니터 앞에 올려놓으면 완벽하게 잘 맞는 신발을 찾아주는 방법을 개발하기 전까지 나는 반드시 오프라인 점포에서 부츠를 살 것이다.

언젠가는 상품의 대다수가 온라인으로 구매될 것이라고 믿는다. 우리는 이미 여러 산업에서 이러한 추세를 목격했다. DVD, CD, 비디오테이프(이들 역시 몇 년 후면 레코드판처럼 사라지겠지만), 책, 휴대전화, 텔레비전, 컴퓨터, 오디오, 이 모두가 온라인에서 엄청난 양이 판매된다. 집 안에 앉아 차를 사거나 이사할 집을 구하는 것 또한 드물지 않은 일이 되었다. 내가 둘 다 해본 적이 있어서 잘 안다.

오프라인 사업이 정말 죽었는지 따지기 전에 쇼핑이란 여성에게 사회적 경험과 같다는 사실을 먼저 고려해야 한다. 특히 이 소비자들은 가계의 돈지갑을 쥐고 있고 가정에서 대다수의 구매 의사 결정을 내리는 사람이라는 사실을 잊지 말자.

좋은 예가 하나 있다. 매년 나의 아내와 장모님은 버밍햄과 애틀랜타로 쇼핑을 떠난다. 마치 이곳 헌츠빌에 있는 수많은 쇼핑몰로는 쇼핑 욕구를 충족할 수 없다는 듯 말이다. 여기 우리 동네에도 멀쩡한 쇼핑몰이 많다는 사실을 지적하자 중요한 점은 그것이 아니라고 했다. 쇼핑 여행의 목적은 무엇을 사는 것이 아니란다. 진정한 목적은 구경하고, 먹고, 놀고, 함께 어울리는 것이라고 했다. 무엇을 사는 것은 단지 부수적인 것이라고 했다.

이러한 현상에 대해 조사한 연구 결과에 의하면 이것은 '여자들만의 것'이라고 한다.

남자들에게 쇼핑이란 끔찍하고 피해야 할 허드렛일이다.

여자들에게 쇼핑은 즐기고 반복해야 하는 경험이다. 그리고 자주 할수록 좋다. 적어도 내가 들은 바에 의하면.

그러니 아내와 장모님이 쇼핑몰을 돌아다닐 때 느끼는 만족감을 컴퓨터 모니터 앞에서도 똑같이 느낄 수 있을 때까지 오프라인 점포는 무사할 것이다.

샘 월튼 만세.

284

38장

온라인, 알아야 돈 된다

요즘 내가 받는 이메일은 보통 기존 사업에 웹사이트를 추가하는 기업가나 100% 온라인 사업을 시작하는 기업가들로부터 온다. 나는 두 가지 모델을 각각 이용하는 사업을 모두 하고 있으므로 그들의 욕구를 완벽히 이해하지만 그들 대부분은 어떻게 일을 시작해야 하는지 아무 생각도 없는 경우가 많다.

반드시 이해해야 할 사항은 바로 이것이다. **사업의 규모에 상관없이 효과적인 웹사이트를 만들려면 명확한 정의부터 내려야 한다.**

처음 디자인을 그리거나 프로그램 코드를 쓰기 전, 웹사이트의 예산, 목적, 목표 고객, 디자인, 사용 메뉴, 콘텐츠를 정확히 정의해두어야 한다. 그리고 이 모두가 정확히 전달되어 완성된 후에

285

는 방문자를 끌어들일 수 있는 마케팅 기법을 정의해야 한다.

쉽게 들리는가? 하지만 정말로 형편없는 기업 웹사이트가 얼마나 많은지 놀라게 될 것이다. 음, 당신 것도 그중 하나일지 모르니 잘 들어라. 1995년 이래로 나의 웹사이트 디자인 회사는 구멍가게부터 대기업까지 당신이 상상할 수 있는 거의 모든 종류의 기업 웹사이트를 제작하고 다시 제작했다. 우리가 디자인한 웹사이트는 200개 정도 되고 이러한 일을 거치면서 나는 한 가지 결론에 이르렀다. 대부분의 기업주들은 훌륭한 디자인을 그들 눈앞에 가져다주어도 절대로 알아보지 못한다는 것이다. 그리고 바로 그러한 이유로 대부분의 기업용 웹사이트는 제구실을 못하고 있다.

회사 웹사이트가 회사를 위해 무슨 구실을 해주어야 한다니? 몰랐나? 그럼 디지털 공간을 차지하고 디지털 먼지를 뒤집어 쓴 채 서버 어딘가에 가만히 앉아 있을 줄 알았나?

틀렸다. 모든 웹사이트는 사업용이든 아니든 한 가지 목적에 이바지해야 한다. 그리고 대부분의 웹사이트들이 이러한 역할을 잘 해내지 못한다. 웹사이트의 소유자들이 그에 대해 별다른 생각을 못 하기 때문이다. 이것은 웹사이트의 잘못이 아니다. 웹사이트는 생명이 없다. 이것은 그저 프로그램 코드와 이미지가 붙어 있는 파일일 뿐이다. 웹사이트는 그것이 활용되는 만큼의 가치만을 지닌다. 웹사이트는 디자이너와 소유주가 주는 생명만을 갖는다.

만약 인간이 기본 구성 요소를 잘 정의하지 못하면 이 구성 요소로 만들어진 웹사이트는 아무런 목적에 이용되지 못하고 곧 죽음을 맞게 될 것이다. 다시 한 번, 모든 것을 정의하는 것부터 시작하라.

예산을 정의하라. 규모에 상관없이 모든 웹사이트는 현실적인 예산이 있어야 한다. 여기에서 중요한 것은 '현실적인'이라는 단어다. 자신이 원하는 수백만 개나 되는 멋진 홈페이지 기능을 늘어놓지만 가진 돈은 단지 수백 달러뿐인 기업가를 만난 적이 한두 번이 아니다. 그럴 때마다 나는 이런 말을 하고 싶어 입이 근질거린다. "방금 나의 시간 수백 달러어치를 낭비하셨네요. 자, 여기 계산서입니다."

목적을 정의하라. 모든 웹사이트는 목적이 있어야 한다. 목표 고객, 디자인, 사용 방법, 내용, 마케팅, 이 모두를 목적이 결정한다. 목적 하나만으로 따로 장을 만들 수도 있지만 대부분의 웹사이트는 다음 다섯 가지 목적을 갖는다는 말로 충분할 것 같다. 정보 제공의 목적, 교육의 목적, 오락의 목적, 유인의 목적, 판매의 목적, 혹은 위의 다섯 가지를 다 결합한 목적. 웹사이트의 목적을 정의하지 못하면 다른 모든 것 또한 헛된 노력이라고 보면 된다.

목표 고객을 정의하라. 목표 고객이란 일반 대중 중에서 당신이 웹사이트로 끌어들이고자 하는 계층을 뜻한다. 예를 들어 신발을 판매한다면 목표 고객은 바로 발이 있는 모든 사람들일 것이

287

다. 한 단계 더 나아가 여성화만 판다면 목표 고객은 발이 있는 모든 여성일 것이다.

목표 고객을 정의하는 것이 왜 중요한가? 대상이 누구인지 모른다면 어떻게 그들의 입맛에 맞고 판매를 불러일으키며 재방문하게 만들 웹사이트를 디자인하겠는가? 당신의 목표 고객은 구매 고객, 투자자, 구직자, 정보 탐색자 등이 될 것이다. 목표 고객을 먼저 정하고 어떻게 그들을 대할지 생각하라.

디자인을 정의하라. 웹사이트 디자인 이론은 지난 몇 년간 크게 변화하였다. 검색 엔진들이 이제 그래픽이 너무 많은 웹사이트는 무시하고 디자인을 최소화한 사이트를 선호하기 때문이다.

GE, 오라클, HP 같은 거대 기업 웹사이트를 보면 홈페이지에 나온 유일한 그래픽이 회사 로고인 경우가 많다. 검색 엔진은 이제 현란한 그래픽이 아니라 텍스트 위주로 구성된 웹사이트를 많이 선호하고 있다. 디자인 경향을 거스르려 하지 마라. 분명 당신이 지게 될 테니.

사용 메뉴를 정의하라. 방문자들이 웹사이트를 떠나게 만드는 가장 큰 원인이 바로 형편없는 사용 메뉴 구성이다. 메뉴란 방문자가 사이트를 돌아다닐 때 사용하는 링크를 의미한다. 메뉴의 위계가 비논리적이거나, 메뉴가 너무 적거나 많은 경우, 혹은 단순히 사이트를 돌아다니기 힘들게 되어 있으면 큰 문제가 된다.

우리는 전자레인지 사회에 살고 있다. 우리는 전자레인지 앞에

서서 발을 까닥거리고 시계를 들여다보며 팝콘 한 봉지 튀기는 데 왜 이리 오래 걸리는지 신경질을 낸다. 3분 요리는 왜 30초 만에 할 수 없지? 방문자가 당신의 사이트 중 한 페이지에 접속하는 데 세 번 이상 클릭해야 한다면 메뉴 구성을 수정할 필요가 있다.

콘텐츠를 정의하라. 콘텐츠란 웹사이트에 나와 있는 정보를 의미한다. 그것은 그래픽, 텍스트, 다운로드용 파일 등 다양하다. 주요 검색 엔진은 이제 웹사이트 목록을 만들 때 HTML 메타 태그 (meta tag, HTML 문서의 정보를 담는 태그—역주)를 사용하지 않기 때문에 검색 엔진에게 매력적으로 보이려면 웹사이트 콘텐츠는 키워드 중심으로 간결하게 잘 정리되어 있어야 한다.

웹사이트 제작 방식을 정의하라. 다음으로 누가 웹사이트를 만들 것인가? 웹사이트 제작 프로그램을 이용하여 당신이 직접 할 것인가, 아니면 옆집에 사는 아이를 고용할 것인가? 프리랜서 디자이너를 고용할 것인가, 아니면 전문 회사를 이용할 것인가? 제작 방식을 정하는 것은 보통 예산이다. 하지만 웹사이트 제작에서는 들인 비용만큼 결과가 나오는 법이니 주의하라. 물론 피자 한 판 사주거나 당신의 딸을 함께 졸업 무도회에 보내주는 대가로 옆집 아이가 만들어줄 수는 있겠지만 곧 당신은 옆집 아이가 만들어준 것처럼 보이고 그 정도밖에 작동하지 않는 웹사이트를 얻게 될 것이다.

마케팅을 정의하라. 만들어만 놓으면 사람들이 방문할 것인가? 절대로 그렇지 않다. 반드시 훌륭한 마케팅 캠페인이 있어야 한다. 웹사이트를 온라인과 오프라인의 마케팅 전략의 일부로 만들어야 한다.

홈페이지 주소를 명함과 팸플릿, 공식 문서, 그리고 모든 물건에 집어넣어라. 지면, 텔레비전, 라디오 광고에 홈페이지 주소를 집어넣어라. 온라인 마케팅을 하고 싶다면 목표 고객이 주로 가는 곳이 어디인지 알아보고 그곳에 광고를 실어라.

마케팅에 대해 잘 모른다면 반드시 전문가를 이용하라. 자신의 제품과 서비스를 효과적으로 마케팅하는 방법을 모른다는 이유 하나로 실패하는 사업이 셀 수 없이 많다.

마케팅 부재야말로 대부분의 회사 홈페이지가 망하는 이유다.

홈페이지 제작이 끝났다면 겨우 퍼즐의 반을 완성한 셈이다. 까다로운 부분은 방문객을 모으는 것인데, 이제부터 시작이다. 홈페이지를 새로 제작한 사람이면 누구나 실망하며 이러한 문제를 느낀다. 오프라인 점포에 대해서는 광고에 수천 달러를 쏟아붓는 기업가들이 왜 인터넷 홈페이지만은 똑같은 노력을 들이지 않아도 사람들이 벌 떼같이 몰려오리라 믿는지 모르겠다.

이 주제에 관해 손이 보내온 다음의 질문을 살펴보자.

Q: 최근에 저는 운영하는 스포츠용품 사업체의 홈페이지를 만들었지만 단 한 명의 방문자도 찾아오지 않아요. 개시 첫날부터

매출이 일어나리라 생각했는데 그렇지 못한 것 같습니다. 고객을 홈페이지에 끌어들일 수 있도록 무언가 특별한 것을 해야 하나요? 검색 엔진이나 마케팅 같은 것은 하나도 모릅니다. 어디서부터 시작해야 할지 알려주세요.

A: 홈페이지를 열어본 적이 있는 기업가라면 누구나 던지는 질문입니다. 만들어놓으면 사람들이 찾아올 것인가? 물론 찾아올 겁니다. 죽은 야구선수들의 구미를 당기는 웹사이트라면요.

영화 〈꿈의 구장 Field of dreams〉을 못 본 여러분들을 위해 다시 말하지요. 아니오, 손. 홈페이지를 만들어도 아무도 찾아오지 않을 것입니다. 추가적인 노력을 기울이지 않는다면요.

홈페이지가 자동적으로 고객을 끌어당길 것이라고 생각하는 것은 수많은 기업가들이 하는 가장 큰 착각입니다. 그리고 바로 이것이 홈페이지가 실패작이라고 믿고 온라인 판매 노력을 모두 포기하게 만드는 원인이기도 하지요.

이렇게 말하는 고객이 얼마나 많았는지 모릅니다. "음, 홈페이지를 만들어놓긴 했는데 아무도 오지 않고 제품이라곤 단 하나도 팔아보질 못했소! 순 돈 낭비라니까."

여기에서 문제는 바로 '만들어놓다' 라는 말입니다. 이렇게 근시안적인 기업가들은 (하느님, 돌봐주소서) 웹사이트를 하나 '만들어놓기만' 하면 사업이 하룻밤 사이에 알아서 두 배가 될 것이라고 생각합니다. 그리고 나서 아무 일도 일어나지 않으면 인터넷이나 엘니뇨, 보사노바 음악 같이 말도 안 되는 것이나 고객을 탓하지요. 자신이 마케팅 노력을 기울이지 않은 것만 빼고요.

홈페이지를 만들어놓으면 사람들이 찾아올까요? 흠, 그것은 분명 당신이 하기 나름입니다.

고객을 유인하는 데 있어 온라인 창업(혹은 기존 사업에 온라인 분야를 추가하는 것)은 전통적 의미의 오프라인 창업과 아무 차이가 없습니다. 시작을 알리는 작은 팡파르나 세심하게 준비한 마케팅 계획이 없다면 당신의 홈페이지 역시 정보의 고속도로 위에 남겨진 동물 시체가 될 뿐입니다.

마케팅 계획을 짤 때 가장 먼저 할 일은 다음과 같이 자문하는 것입니다. 나의 고객이 누구인가? 나의 홈페이지로 유인하고 싶은 사람이 누구인가? 믿기 힘들겠지만 이 질문을 하지 않는 기업가들이 셀 수 없이 많습니다. 고객이 누구인지 파악하는 것은 정말 중요합니다. 만약 고객이 누구인지 모른다면 누구에게 마케팅을 하겠어요?

다음 질문은 고객의 지역적 위치와 연관되어 있습니다. 해당 지역에 사는 방문객을 원하나요, 아니면 전 세계로부터 방문객을 받고 싶은가요? 해당 지역이라고 대답했다면 그 사람들을 대상으로 마케팅 노력을 경주해야 합니다. 즉, 홈페이지 마케팅을 오프라인 점포 마케팅과 함께 시행해야 한다는 뜻이지요.

웹사이트가 기존 오프라인 사업의 온라인 지점과 같다면 웹사이트 주소를 모든 인쇄물과 광고물에 집어넣으세요. 지역 신문이나 텔레비전, 라디오에 광고를 하여 홈페이지가 열렸다는 사실을 알리는 것도 좋습니다. 광고 우편이나 점포 내 포스터를 이용해 기존 고객들에게 홈페이지 오픈을 알리세요. 한마디로 고객을 점포로 이끌기 위해 지금 하는 일을 그대로 하되, 거기에 홈페이지 주소를 덧붙이라는 말입니다.

홈페이지가 당신의 오프라인 사업의 한 지점과 같다는 사실을 이해하는 것이 매우 중요합니다. 훌륭한 홈페이지는 판매를 높이고, 고객층을 넓히며, 추가 비용 없이 수입을 늘려줄 것입니다. 홈페이지를 얕잡아보지 마세요. 그것을 이용하세요.

전 세계를 목표 고객으로 보고 있다면 마케팅 기법이 달라져야 할 것입니다. 전 세계에 있는 고객을 유인하기는 주변 지역의 고객을 모으기보다 분명 어려운 일이니까요. 다행히 이것이 불가능한 일은 아닙니다. 인터넷은 여러 방면에서 평등한 세상을 만들었습니다. 이제 그 규모에 상관없이 모든 기업이 국제적인 사업을 할 수 있지요.

국제적 고객을 유인할 온라인 마케팅은 기본적으로 다음과 같은 노력이 필요합니다.

검색 엔진에 등록하라. 검색 엔진과 거기에서 나오는 방문객 유인 효과에 대해 이 장에서 다루기는 힘들 것 같습니다. 전체 검색 중 95%는 구글과 야후에서 이루어지니 거기에서부터 시작하는 것이 좋겠네요. 이러한 검색 엔진에 등록했다는 이유만으로 방문객이 생기는 것은 아니라는 사실을 이해하는 것이 중요합니다. 물론 해가 되지는 않겠지요.

불행히도 몇 년 전, 사람들이 검색 목록에 오르거나 더 상위에 노출되기 위해 돈을 지불할 용의가 있다는 사실을 검색 포털 회사들이 알게 된 후 무료 등록 서비스는 막을 내렸습니다. 이제 남들보다 앞서 노출되는 방법은 돈을 내는 것뿐이지요.

구글과 야후 모두 '종량제 광고(pay-per-click)' 서비스를 통해 당신의 기업이 상위에 노출될 수 있게 해줍니다. 이 서비스에 대해 자세히 알아보고 싶으면 각각의 홈페이지를 방문해보세요. 일단 시작하는 데 최소한 수백 달러를 쓸 각오를 해야 합니다. 저는 검색 엔진을 이용한 광고 전략을 관리하는 데 검색 엔진 최적화(SEO, Search Engine Optimization) 서비스를 이용할 것을 권장합니다. 검색 엔진에 가장 효과적으로 노출되는 홈페이지를 제작하려면 엄청난 시간과 노하우, 끊임없는 조정과 시험이 필요합니다. 당신이 여느 기업가와 같다면 인내심이 부족할 테고, 그럼 종량제 광고라는 것이 무엇인지 알아보려고 혼자 애쓰는 것이 발가락으로 미적분하는 것처럼 힘들 테니까요.

비슷한 사이트와 링크를 교환하라. 방문객을 끌어들이는 방법 중 링크 교환이 있습니다. 엄청난 수의 방문객을 모을 수는 없지만 어차피 무료고 대가란 돈을 들이는 만큼 나오는 법이니까요.

당신의 홈페이지와 잘 어울리는 사이트를 찾아 소유주에게 연락한 다음 당신의 사이트를 그것과 연결하는 대가로 그들의 사이트를 당신의 사이트에 연결시키겠냐고 물어보세요. 당신이 홈페이지에서 골프공을 판매한다면 골프 클럽을 판매하는 다른 사이트를 찾아 링크를 교환하세요. 당신의 홈페이지에 그곳으로 연결되는 링크를 걸고 그곳에는 당신의 홈페이지로 연결되는 링크를 거는 것입니다. 이것을 '디지털 등 긁어주기'라고 부르는데 제대로 하기만 하면 방문객을 꽤 모을 수 있습니다. SEO와 마찬가지로 링크 교환을 도와주는 서비스도 많습니다. 구글에서 검색하여 평판이 좋은 링크 교환 서비스 회사를 찾아보세요. 단, 서비스 제공 경험을 지어내는 곳도 있으니 반드시 이력 확인을 하세요.

고객이 가는 곳으로 가라. 산을 움직일 수 없다면 당신이 산으로 가야겠지요. 홈페이지로 고객을 유인할 수 있는 방법 중 입증된 것이 바로 이베이(eBay) 같은 거대 사이트에 제품을 등록하여 판매하는 것입니다. 하루 중 어느 때든 이베이에 접속하고 있는 사람은 수천만 명이나 되고 그 사람들은 모두 당신의 잠재 고객이 될 수 있습니다. 그러니 그곳은 사업에 대해 광고할 수 있는 아주 좋은 장소가 되는 셈이지요.

여기서 목표는 이베이에서 물건을 파는 것이 아니라 이베이를 마케팅 도구로 삼아 방문객을 당신의 홈페이지로 유인하는 것입니다. 이것은 마치 최종 수익과 연결된 거대한 깔때기 속을 채우는 것과 같습니다. 고객이 모여 있는 곳으로 가서 그들을 데리고 집으로 돌아오세요.

위에서 이야기한 골프공을 다시 예로 들어 봅시다. 이베이에서 말도 안 되는 낮은 가격에 골프공을 판매해보세요. 그러면 크게 시선을 끌 수 있습니다. 그곳에서 구매하는 고객이 있으면 그들을 고객 목록에 더해 홈페이지에 와서 다른 물건을 둘러보라며 이메일을 보냅니다. 이베이에는 '판매자 정보' 페이지가 있으니 그곳을 사업에 대해 광고할 공간으로 사용할 수 있어요. 더 많은 사항은 ebay.com을 방문하여 확인하세요.

필요한 정보를 매우 간략히 다루었지만 시작하는 데에는 충분하리라 생각합니다. 홈페이지로 방문객을 끌어들이는 것이 쉬운 일이라고 할 수 있으면 좋겠습니다. 하지만 진실은 절대 쉽지 않아요.

엄청난 노력과 창의력, 그리고 무엇보다도 끈기가 필요합니다.

인터넷에 관해서라면 크기는 전혀 중요하지 않다. 나는 모든 사업체는 규모에 상관없이 홈페이지가 있어야 한다고 믿는다. 로빈이 보낸 다음 질문에 그러한 내용이 담겨 있다.

Q: 저의 사업체는 매우 작아서 저하고 직원 둘뿐입니다. 그리고 저희 제품은 온라인에서 판매할 수 없는 것이지요. 그래도 홈

페이지가 필요할까요?

A: 축하합니다. 당신은 저에게 그 질문을 한 백만 번째 사람이에요. 자, 머리에 붙은 색종이 조각을 떼어내고 카메라를 향해 웃으세요. 그리고 잘 들으세요. 지금부터 디지털 사업 시대에서 가장 중요하고 가장 자주 등장하는 질문에 백만 번째로 대답할 테니까요.

대답을 하기 전에 제가 이 질문을 처음 받은 때로 돌아가보겠습니다. 때는 1998년, 인터넷 초창기로 앨 고어Al Gore가 자신이 인터넷이라는 개념을 몇 년 전 처음으로 생각했다고 주장한 직후입니다.

저는 앨라배마 몽고메리에서 한 오찬 모임에 참석하여 소규모 사업에서 인터넷이 갖는 중요성에 대해 연설을 하고 있었습니다. 당시 저의 신조는 이것이었죠. "먹여만 주세요. 연설하겠습니다." 물론 요즘에도 같은 신조를 가지고 있어요. 저의 막대한 지혜를 나누는 대가로 이제는 디저트도 기대한다는 사실만 빼고요.

1998년은 인터넷 시대의 초기였기 때문에 '전자상거래' 라는 것은 누구나 추측만 할 뿐, 아무도 정확히 예상하지 못했습니다. 그러나 가장 비관적인 미래학자들조차도 미래에는 엄청난 비중의 사업 수익이 온라인 거래에서 나오거나 온라인 마케팅 전략의 결과로 오프라인 거래에서 나올 것이라는 데에 동의했습니다.

그럼, 기업이 규모가 작고 온라인에서 팔 수 없다고 생각하는 것들만 취급한다면 홈페이지가 있어야 할까요? 저의 대답은 1998년이나 지금이나 똑같습니다. 예, 사업체가 있다면 홈페이지도 있어야 합니다. 이상. 감사합니다. 다음 손님 오세요. 이제 백만하고도 첫 번째 손님 받겠습니다.

또한 당신의 제품을 온라인에서 판매할 수 없다고 단정하지 마세요. 요즘 온라인으로 판매할 수 없는 것은 거의 없습니다. 2천만이 넘는 사람들이 온라인에서 쇼핑을 하고 있고 책과 컴퓨터부터 자동차, 부동산, 제트기, 천연가스까지 별의별 것을 다 사들이고 있습니다. 상상할 수만 있다면 누군가 그것을 온라인으로 판매할 방법을 찾아낼 겁니다.

이것 하나만 분명히 하겠습니다. 제품 모두를 인터넷에서 판매해야 한다는 말이 아닙니다. 물론 온라인 판매가 쉽다면 분명 고려해야겠지만요.

중요한 점은 인터넷에 최소한 기업의 존재라도 알려야 한다는 것입니다. 그래야 당신의 고객, 잠재 고용인, 협력 업체, 심지어 투자자까지 쉽고 빠르게 당신의 사업이 무엇인지, 어떤 제품과 서비스를 제공하는지 알 수 있기 때문입니다.

이 사실을 밝히고 나니 홈페이지를 갖추는 것만으로는 충분치 못하다는 사실 또한 말씀드려야겠군요. 진지한 사업가의 이미지를 만들고 싶다면 그렇게 보이는 홈페이지를 제작해야 합니다. 많은 소비자들이 오프라인 점포에서 구매를 하기 전에 온라인에서 정보를 찾습니다. 그러니 당신의 홈페이지가 잠재적 구매자에게 좋은 첫인상을 남기는 수단이 될 수도 있습니다. 홈페이지가 마치 색맹 원숭이들이 대충 그려놓은 것처럼 생겼다면 좋은 첫인상 따위는 바로 날아가겠지요.

인터넷의 좋은 점 중 하나는 누구든 대기업에 대항해 싸울 수 있게 업계를 평등화한 것입니다. 위에서 이야기한 것과 같이 훌륭한 첫인상을 남기는 데는 단 한 번의 기회가 있고, 잘 디자인된 홈페이지가 있다면 당신의 기업은 훨씬 큰 회사 같은 이미지와 프로 같은 느낌을 전달할 수 있습니다.

정반대의 경우 역시 마찬가지겠지요. 홈페이지 디자인이 형편없고, 둘러보기 너무 힘들어서 전문성이나 신뢰도가 완전히 떨어지는 거대 기업 홈페이지를 많이 보았습니다. 당신에게는 잘된 일이지만 그들에게는 정말 실망스러운 일이지요.

회사가 소규모라고 하셨지요. 하지만 홈페이지로 혜택을 보는 데에는 규모가 상관없습니다. 당신이 1인 기업체든, 만 명의 직원을 둔 거대 기업이든 상관없습니다. 홈페이지가 없다면 홈페이지를 갖춘 다른 기업들에게 밀리는 것입니다.

39장

온라인 사업으로 정말
돈을 벌 수 있을까?

인터넷 시대에 흔한 편견 중 하나가 온라인으로 돈 벌기가 오
프라인보다 쉽다는 것이다. 이것은 정도에 따라 사실일 수 있다.
인터넷 쇼핑몰이 오프라인 가게보다 열기 쉽다. 디지털 제품이
실물 제품보다 개발하기 쉽고 저렴하다. 한낱 아이디어나 전자
이미지에 지나지 않는 것을 팔아 단기간에 엄청난 돈을 벌어들이
는 것도 가능하다. 그렇다고 해서 홈페이지를 열고 손가락을 튕
기니 꿀처럼 돈이 흘러들어온다는 뜻은 아니다.

인터넷 덕분에 다양한 지름길이 열렸고 수많은 기회도 생겼지
만 그것이 수많은 사람들이 원하는 '벼락부자' 되는 방법 같은 것
을 알려주지는 않는다. 인터넷 마케팅이란 사업이다. 그러니 그
에 합당한 방법으로 접근해야 한다. 지름길은 있지만 '쉬운' 버

튼 따위는 없다.

다음 질문을 생각해보자.

Q: 팀, 저는 지난 몇 달간 인터넷 마케팅 사업을 시작하려고 애썼지만 아무것도 이루지 못하고 있어요. 제가 생각한 것처럼 일이 빨리 진행되지 않아서 계속 짜증이 납니다. 들어보니 당신은 인터넷 마케팅 세계의 닥터 필 같은 분이더군요. 그러니 알려주세요. 기술이 없지만 끈기는 많은 사람이 어떻게 하면 온라인 사업에서 성공할 수 있을까요? 그것도 빨리요.

A: 인터넷 마케팅의 닥터 필이라고요? 그 말에 동의하기는 어렵지만 제 머리숱하고 그의 돈을 좀 바꿀 수 있으면 좋겠네요.

첫째, 짜증난다고요? 이해합니다. 하지만 그러한 짜증은 하룻밤 사이에 결과가 나타나기를 기대하는 마음에서 나오는 경우가 많아요. 그런 사람들은 말하죠. 이것은 인터넷이잖아. 인터넷에서는 모든 일이 금세 일어난다고! 오늘 당장 사업을 시작해서 금요일이면 부자가 될 수 있어! 정말 그럴까요?

인터넷이 빠르게 움직이는 것은 맞지만 그렇게 세상 물정 모르는 사람들은 도대체 자신의 온라인 사업이 왜 실패했는지 영문도 모르는 채 인터넷이 남기고 간 흙먼지를 뒤집어쓰고 서 있게 되지요. 이러한 일이 자주 일어나는 이유는 바로 그 사람이 일에 뛰어들기 전 인터넷 마케팅 산업에 대해 시간을 들여 공부하지 않았기 때문입니다.

저도 이제는 빠른 시일 내에 수익을 내는 것이 쉽게 느껴지지만 온라인 기업가로서 첫해는 정말 재앙과 같았지요. 저는 결국 실패로 돌아간 열 개가 넘는 사업에 수천 달러와 수백 시간을 낭비했습니다. 그러던 어느 날 이런 생각이 퍼뜩 들더군요. "내가 도대체 무슨 짓을 하고 있는지만 알면 성공이 훨씬 쉬워지겠는걸."

다른 사업가들처럼 저 역시 인터넷 마케팅 산업의 기본에 대해 충분히 공부를 하지 않았습니다. 다른 사람들이 온라인으로 돈을 버는 것만 보고 그들이 할 수 있으면 나도 할 수 있다고 생각했지요. 사람이 많은 수영장을 하나 골라 곧장 뛰어들었습니다. 거의 익사할 뻔했는데 시간을 충분히 들여 수영하는 방법을 배우지 않았기 때문이었어요. 세상에, 물에 뜨지도 못하는 지경이었지요.

그래서 나는 하던 일을 모두 멈추고 사회인이 아닌 학생이 되었습니다. 곧 내가 책에 나와 있는 실수란 실수는 모조리 저지르고 있었다는 사실을 알게 되었습니다. 책을 읽지 않았다는 이유 하나 때문에요. 무엇을 해야 할지, 심하게는 무엇을 하지 말아야 할지 몰랐던 것이지요.

서서히 전구에 불이 들어오기 시작했고 오늘날 저의 온라인 사업은 오프라인 사업의 열 배를 벌어들입니다. 하지만 온라인 기업가로서 성공하는 방법을 배우기 위해 저는 한 걸음 뒤로 물러서서 사고방식 전체를 다시 평가해야 했습니다. 그리고 거인의 한 걸음이 아니라 아기의 한 걸음 같은 성공에 만족해야 했고요. 첫 타석에 홈런을 치는 일은 없었습니다. 처음에는 파울볼이 매우 많았지만 결국에는 안타를 치게 되었어요. 그것이 바로 온라인에서 성공하는 방법입니다.

인터넷 마케팅 사업을 시작하고자 하는 분들을 위한 조언이 여기 있습니다.

벼락부자가 되는 기회 따위는 없다. 돈이나 경험 없이 시작하여 하룻밤에 엄청난 돈을 벌 수 있다고 말하는 사람이 있다면 그 사람은 거짓말을 하는 것이고, 그 말을 믿는 사람은 바보입니다. 물론 인터넷 마케터로서 짧은 시간 내에 많은 돈을 벌 수는 있지만 복권에 당첨되거나 부자 삼촌이 돌아가시지 않는 한 이번 주 내에 부자가 되는 일은 없을 것입니다. 현실적으로, 똑똑하게, 논리적으로 생각하세요. 믿을 수 없을 정도로 좋은 일이라면 실현될 리 없습니다.

인터넷 창업은 오프라인 창업과 똑같다. 둘 다 힘들게 노력해야 하고 헌신과 끈기, 약간의 행운이 필요하며 시간과 돈을 투자해야 합니다. 사업이 '가상의 것'이라고 해서 시간과 노력을 들이지 않아도 된다는 뜻은 아닙니다.

인내와 현실적 기대를 가져야 한다. 우리 인간의 문제점은 인내심이 부족한 존재라는 것입니다. 우리는 아무리 빨라도 부족한 전자레인지 시대에 살고 있습니다. 사업에서 빠르게 일어나는 일은 거의 없지요. 이것을 이해할 때까지 매번 실패에 부딪칠 것입니다. 사업을 시작했다 금세 포기하고, 조바심을 내다가 결국 실패할 겁니다.

덤벼들기 전에 배워라. 인터넷 마케팅이 성공을 거두기 위해 기술적 능력이 필수적이라고 한다면 소위 인터넷 사업의 강자들 중 99%는 얼른 일자리를 알아보는 것이 좋을 겁니다. 자신이 할 줄 모른다면 e-북을 써줄 사람이나 소프트웨어를 만들어줄 사람을 고용하면 됩니다. 그러나 당신 대신 생각을 해줄 사람을 찾기는 힘듭니다. 제 말을 믿으세요. 그러니 사업주로서 전반적이고 기본적인 지식은 갖추고 있어야 합니다.

마지막으로 이 말을 명심하세요. 온라인이든 오프라인이든 큰 규모의 성공은 조그만 성공이 많이 모여 만든 기반 위에 지어지는 것입니다. 그리고 이 기반을 만드는 데 필요한 것은 바로 지식과 시간입니다.

40장

짧지 않은 길을 돌아보며

이 책에서 여러 내용을 살펴보며 긴 여정을 함께했다. 그중 어떤 길은 진흙탕이었고, 어떤 길은 이슬 맺힌 푸른 잔디가 덮여 있었고, 또 어떤 곳은 소똥이 군데군데 널려 있기도 했다. 지금 당신의 신발 밑바닥에 붙어 있는 것이 무엇이든, 그것을 거기에 가져다둔 사람의 의도를 이해해주길 바란다.

이 책에서 내 목표는 여러분을 즐겁게 하고, 새로운 사실에 눈을 뜨게 하고, 웃게 만들고, 생각하게 하고, 마지막으로 약간 화나게 만드는 것이었다.

나는 여러분이 안과 밖, 그리고 주변을 두루 살피게 만들고 싶었다.

만약 이 중 한 가지 목표밖에 완수하지 못했다면 내가 할 일을 제대로 하지 못한 셈이고 여러분은 『해리 포터 *Harry Potter*』나 읽는 것이 나았을지도 모르겠다.

이 책의 교훈은 바로 이것이다. 당신이 원하는 것은 무엇이든 할 수 있고, 되고 싶은 것은 무엇이든 될 수 있으며, 당신은 세상에서 가장 높은 산을 오르고, 세상에서 가장 깊은 강을 헤엄쳐 건널 수 있다.

당신에게 필요한 것은 오직 꿈과 계획, 그리고 소파에서 엉덩이를 떼어내 원하는 것을 이루게 만들 마음가짐뿐이다.

우리 어머니가 말씀하셨듯이 말이다.

"소원을 빌 때는 조심해라. 원하는 대로 될지도 모르잖니."

- **팀 녹스 공식 웹사이트**

  팀의 공식 웹사이트는 인터넷에서 가장 순위가 높고 급격히 성장하는 소규모 사업 관련 웹사이트 중 하나다. timknox.com은 소규모, 혹은 대규모 사업을 성공적으로 시작하고 성장시키고 관리하는 데 도움이 될 무료, 유료 콘텐츠로 가득하다.

  http://www.timknox.com

- **팀 녹스와 함께하는 소사업 상담 Small business Q&A with Tim Knox**

  상식적인 사업상의 조언과 포복절도할 유머를 적절히 섞을 줄 아는 팀의 기술을 고려하면 팀의 칼럼이 신문과 인터넷에서 가장 인기가 좋은 소규모 사업 관련 칼럼 중 하나라는 사실은 당연하다. 팀의 칼럼은 여러 신문에 기고와 재판이 가능하다. 아래 사이트에서 팀의 칼럼 모두를 볼 수 있다.

  http://www.timknox.com/columns.php

- **팀 녹스 라디오 쇼**

  팀은 주간 라디오 쇼 한 개와 생방송으로 혹은 인터넷으로 청취 가능한 월간 인터넷 팟캐스트 쇼를 진행한다. 모든 쇼는 주별로 다시 들을 수 있다. 아래 주소로 가면 상세 정보를 얻거나 쇼를 들을 수 있다.

  http://www.timknox.com/ontheair.php

● 팀을 강사로 초청하세요

소위 전문가들은 성공하려면 이름 뒤에 PhD, MBA, 그 밖의 여러 가지 영어 약자가 붙어야 한다고 말하지만 팀은 그것이 사실이 아니라는 것을 증명했다. 팀의 강연을 통해 사업에 관한 농담과 날카로운 견해 외에도 기업 임원, 기업가, 그리고 사업계의 지도자로서 팀의 성공적 이력에 바탕을 둔 진정한 조언을 얻게 될 것이다. 당신의 기업이나 조직이 팀과 그의 어머니로부터 무엇을 배울 것인가? 아래 주소에서 알아보자.

http://www.timknox.com/speaking.php

● 개인 코칭

팀은 기업가와 임원들에게 전화나 만남을 통해 개인 코칭 서비스를 제한적으로 제공하고 있다. 그를 찾는 사람들이 많아 매월 소수의 고객만 대화가 가능하다. 아래 주소를 참조하라.

http://www.timknox.com/mentoring.php

● 팀 녹스 뉴스레터

팀 녹스 뉴스레터는 매주 65,000명 이상의 독자들에게 배달되며 인터넷에서 가장 인기 있는 사업 정보물 중 하나다. 팀의 뉴스레터를 받아보고 싶으면 아래 주소를 참조하라.

http://www.timknox.com/newsletter.php

● 팀의 유머 사이트: 내 머릿속의 목소리

수상 경력을 자랑하는 유머 사이트 '내 머릿속의 목소리 The voices in my head'에는 호평 받는 팀의 유머 칼럼과 재미있는 만화가 실려 있다. 이것은 당신을 웃게 함과 동시에 생각하게 만들 것이다.

http://humor.timknox.com